INSIDE OUT
天團浮生錄

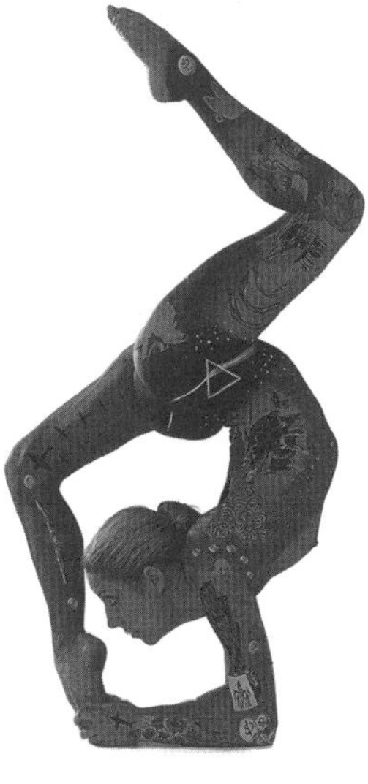

A Personal History of **PINK FLOYD**
平克佛洛伊德的內幕故事

尼克・梅森 Nick Mason／著

楊芩雯、林易澄／譯

Boulder Media 大石文化

目錄

推薦序一

我們也都只不過是牆上的另一塊磚頭，而，每塊磚頭，皆有暗面。

——白紀齡／資深音樂人

當初收到出版社的邀稿email的時候，覺得壓力頗大，這麼經典的大團，樂壇份量如此之重，藝術成就之高，我怕自己扛不住。但，我怎麼可以隨隨便便就表現出我的膽怯，先回時間太趕我怕會來不及，看看這事能不能就這樣算了。沒錯，我是有點怕，但是又愛面子。接著下一封信出版社願意多寬限七天並附上文字檔，此時的我尚不敢答應，但好奇地看了本書前兩個章節，我笑出來了。完全開懷篇式的妙語如珠，時不時的飛來金句。我一直以為像這種大團在橫空出世之時，一定是什麼地靈人傑、天有異象、瑞氣千條等等的，結果並沒有。當他們還沒開始組團只不過是不熟的同學時，別說車子不借開，連根菸都不給擋。所以，放心了，然後你就看到了你現在正在閱讀的文字。

本書的作者尼克・梅森「根本就是個被鼓手耽誤的 xxx」，我真的這麼認為。他若不是平克佛洛伊德的鼓手，節奏如行雲流水般的文字駕馭能力，絕對可以成為知名的暢銷書作家，抑或，這信手拈來放冷箭式的幽默機智，至少也會是個收視長紅的脫口秀節目主持人。在這本回憶錄形式的書中，尼克・梅森他既是「當事人」也是「觀察者」，用他的生花妙筆鉅細靡遺、忠實且「刻薄」的記錄了平克佛洛伊德從「地下」攀升到「殿堂」的過程。所以，你不會看到那種歌功頌德在河邊看小魚逆流而上的神話，但是，讓你倍感親切、生動爆笑又饒富哲理的「幹話」倒是不少。而且，字裡行間彷彿就是在說你，或，你周遭正在玩樂團的朋友，或，曾嚮往玩樂團的年輕時的你。比如說他們練團不勤，既使練團，大部分的時間也都在嘴砲。想出人頭地被注意，會去參加樂團比賽。沒錢卻妄想免費錄個 Demo，動腦筋去凹人家錄音室的休息時段。曾經被視為地下樂團（好雋永的名詞，不過現在大家都不這麼說了，改稱獨立樂團，專長是寫補助案，拿到補助才去錄專輯），也算是萬丈高樓平地起，再大的團也得先從地下冒出來。

其中也有些感慨的伏筆預埋，除非你的工作型態是單打獨鬥，不然你一定深有同感。樂團正名前的草創期，團員來來去去在所難免，會留下來的都是當時自覺技術不佳的人（偉哉，良禽擇木而棲）。而之後，團員之間的關係則是既「享受」也「忍受」，這像極了你在職場裡的 team work。

接下來的章節可以說是高潮迭起又曲折離奇，這個部分你得自行體會，畢竟閱讀的樂趣正在於此。我唯一可以闡明的是，如果你是平克佛洛伊德的死忠樂迷，對他們的專輯作品如數家珍，當文字映射到你熟悉的樂曲的時候，你的大腦會自動找 cue 點下，這真是種神奇的感官同步體驗。若你只是廣泛的西洋流行音樂的愛好者，到了第六章「月球沒有暗面」（1973 年專輯 The Dark Side of the Moon）與第九章「寫在牆上」（1979 年專輯 The Wall），你一定也會不自覺地跟著哼了起來，沒辦法這兩張專輯實在是太經典、太紅了。有多紅？我用這般誇飾的比喻：你知道這世界上有個人叫賈伯斯嗎？想想，一張專輯可以在 Billboard 專輯榜上停留超過 18 年，想沒聽過也很難，既使你只是位廣泛的西洋流行音樂愛好者。

不過，唱片工業始終就是個「生意」，business is business，賺錢至上。雖然投身這個產業的人初始都懷抱著極高的理想性，但，接下來就是看這理想性可以保持多久？這牽涉到「妥協的藝術」。其中包含「妥協的代價」以及最重要的：「妥協後的品質」，最後，再加上不可或缺的運氣。我想這是作者想揭示卻婉轉沒有直白說出來的本書的另一個重點（樂團的經營，當如是也）。因此，當你覺得平克佛洛伊德的音樂充滿著哲學的思辨氣質和對浪漫主義的想像力實踐，從空間迷幻搖滾的開宗立派，再一路狂飆到概念專輯登峰造極的藝術成就，這些在音樂、聲響、技術上的完美突破，皆源自於上述「妥協的藝術」，平克佛洛伊德從此定義前衛搖滾的新疆界。不過，我個人極喜歡作者尼克・梅森本人的說法：「在英國每兩戶家庭就擁有一張《The Dark Side of the Moon，月之暗面》：我的理論是實際數據是每七戶人家才有一張，因為這些家庭裡有許多記憶力差的人，不斷重複購買了這張專輯。」

總之，這本回憶錄，從頭到尾都精采，順暢到底絕無冷場，連文末的「後記」的後勁都極強。因為作者尼克・梅森是平克佛洛伊德自1965年成團以來唯一不離不棄的元老，由他執筆的正當性無庸置疑，但其他還「健在」的團員總得讓人家過目一下以示尊重。作者表示：「羅傑・華特斯（貝斯手）早已為這本書做出獨特貢獻，傳記即將問世前，羅傑讀完手稿，他們約在倫敦一間飯店碰面，聽聽羅傑的想法。他不辭辛苦的校對錯誤，並詢問我的一些闡述和重點（what's the point？）。這些觀察用綠筆註記，當他翻閱紙本，我偶爾驚見這綠筆大範圍揮灑的段落：羅傑只草寫了『胡說八道』橫越所有文字。」

還有，還有，「大衛・吉爾摩（吉他手）顯然常和羅傑・華特斯逛同一間文具行，因為他的評論也用綠筆標示，並且對校稿同樣細心。我特別感謝大衛的意見，因為我知道他一向對任何團員企圖寫樂團史『心存疑慮』，因為我們沒有一個人，在每逢本團史上決定性或創作的那一刻，全員到齊。」

另外，不給擋菸的理察・萊特（鍵盤手）也加入他的評論，從加勒比海中央的一艘遊艇傳真來，「經過那麼多年，理察終於願意透露我們在理工學院時，他拒絕給羅傑擋菸的真正原因。首先，理察說，羅傑要菸的時候態度有點咄咄逼人——還真不令人意外。但，更糟的是，要到菸後，羅傑會整包拿走並撕掉外層的玻璃紙，而理察很執著保有菸盒的完好無缺。」

（這就真的有些藝術家的龜毛）。

而最後，我想提出的警語是，雖然有為者亦若是。但，正在玩團的年輕朋友們，這幾位大叔的行徑看起來很帥，欣賞就好，請勿模仿。

推薦序二

也許瘋狂的是我們，平克佛洛伊德的團魂高傳真

——樂手巢 YSOLIFE 蔡舒湉

平克佛洛伊德是《樂手巢 YSOLIFE》最受關注的報導主題之一，在每次社群互動與歌曲推薦主題，「The Fab Floyd」每每榜上有名，再觀察每次樂手、樂迷的留言，那些崇拜與遺憾，其實都交織了一種痛惜。

印象中最深刻的平克佛洛伊德記憶是在建築師的辦公室裡，在沉甸甸的圖稿之間有一幅陳舊的《牆》電影海報，紙張受潮讓吶喊的臉孔更顯扭曲，也彷佛是一種叛逆意志的無聲宣示。會讓建築人特別有認同感，也許是因為有三位團員系出同門，從學生時代就熱衷於土法煉鋼各種稀奇古怪的噪音和多媒體藝術，這種令人腦洞大開的手工藝作風，也來自史東・索格森施展超現實主義包辦所有封面藝術，助力樂團從 2D 到 3D 全面建構令人神魂顛倒的感官世界，也因此特別適合在龐貝競技場、凡爾賽宮等文化遺產登台，超過半世紀以來持續吸引

知性的波西米亞魂。

想朝聖這座搖滾神廟，必不能錯過鼓手這本迷人的回憶錄，最風趣也最掏心的尼克・梅森細數昨日，從沒錢也要敗的器材、終究出包的比賽，到地下才是正義、被禁演才夠時髦，每段故事都讓樂團人看了心有戚戚焉，也最懂什麼叫作認識越深、殺傷力越重。在穿過這面平克佛洛伊德的三角稜鏡後，你猜會投射出什麼樣的自己呢？

簡單而深入，地下知識分子的寵兒

打開盤式留聲機，五零年代的青少年真的不能沒有一張貓王，再過十年，孩子們崇拜的男團不是滾石，就是披頭四，燈芯絨夾克和切爾西靴成為衣櫥必備。此時的平克佛洛伊德正值成團前夕，尼克・梅森和羅傑・華特斯是建築系同學，因為同樣醉心音樂，常翹課穿梭在樂器行、午後場電影院和 live 俱樂部之間。是奶油樂團跟吉米・罕醉克斯的現場讓尼克・梅森第一次下定決心走上音樂這條路，那晚他對著台上閃閃發亮的 Marshall 音箱和 Ludwig 鼓組流口水，更感受到一股所向披靡的力量，領悟不必要有帥哥主唱、華麗衣裝或是黃金歌曲結構，照樣可以做到震懾人心。後來到美國巡演時，平克佛洛伊德再次與「巫毒小孩」有了美麗的交集，當時名氣未開的他們被擺了一道，眼看著表演就要開天窗，竟接到吉米・罕醉克斯的神救援，要他們去他的「電子淑女」錄音室拿自己需要的器材。尼克．梅森書中少有的頌揚其中一次就出現在這裡：「有些人是真正的搖滾英雄。」

平克佛洛伊德的父母不乏病理學家、生物化學家、教師、影像從業人員這樣開明的專業人士，品味修養除了來自中產家庭的教養，他們也深受六〇年代中期蓬勃發展的倫敦地下文化運動和美利堅嬉皮串起的迷幻狂潮影響。一群受過高等教育的運動份子企圖透過辦學、刊物、展演活動解放多元思潮，而為了開拓音樂生涯和賺取升級器材的費用，平克佛洛伊德成為這一連串募款活動的演出者，並獲得「地下知識分子的佛洛伊德」稱號。

但他們絕非附庸風雅之徒，羅傑．華特斯的思想和文采都是鐵錚錚的事實。尼克．梅森表示，在發想《月之暗面》時，團員們都要做一份功課，也就是列出自己特別有感的生活壓力，再交給當時的創作首腦羅傑．華特斯咀嚼作詞。那時團員們年屆三十，有些人已娶妻生子，清單上充滿截稿期限、搭飛機恐懼、金錢誘惑、精神狀況、畏懼死亡等俗世困擾，而迎來的成果是平克佛洛伊德的巔峰代表作、全世界最暢銷的長青專輯之一，同時也是發燒友的黃金測試帶。

尼克．梅森精闢剖析《月之暗面》的成功，他認為所有偉大專輯都仰賴詞曲創作力與強烈的概念，這張代表作用詞通俗、意境深遠，所以能喚起更廣大的共鳴。聲響設計除了有招牌的環境音效，這次羅傑．華特斯也納入口語，他像個社會學家和哲學家，草擬出一系列生命課題，然後在艾比路錄音室所在的大樓隨機抓人來抽卡片答題、錄音。你可以在〈天空中的精采演出〉的開場白聽到有人談論死亡：「我並不害怕死亡／任何時間都可以，我不介意／我為什麼要畏懼死亡？沒有什麼理由，時候一到總得走吧／我從未說過我害怕死亡」；而終曲〈月蝕〉淡出時有滄桑的嗓音悵惘呢喃：「月球沒有暗面，事實上，它全都是暗的。」警衛的金句也順道定案專輯名稱。

最大的驚喜還是羽翼合唱團，當時他們碰巧也在艾比路錄專輯，孩子性格的保羅．麥卡尼夫婦欣然接受邀約，只是在回應這些趨近心靈暗角的大哉問時，偶像包袱讓他們處處防備。平克佛洛伊德也真夠 guts，竟不怕得罪披頭四傳奇，也沒貪心地用做行銷神器，最後竟將素材全數捨棄。尼克．梅森說，因為他們非常清楚知道自己想要的是什麼。

即興永不生膩，無師自通永不過時

在舞台科技進化出雷射光雕秀和多面舞台以前，平克佛洛伊德可說是最早用多媒體藝術豐富舞台呈現的先驅，在他們早期的現場，當觀眾被流光幻影催眠得神馳目眩，不遠的角落卻有人狼狽不堪地調動油彩、投影幻燈片、燈光鷹架和纏繞的線路。想做平克佛洛伊德的燈光師，你得先具備瘋狂發明家（或水電工）的精神，才有辦法用拮据的預算變通出革命性的光影裝置。

表演藝術也被納入現場，他們有位讀藝術學院的老朋友DIY過一套防毒面具怪獸裝，並簡單粗暴地在巨大陰莖連接水箱，以便於表演公然「撒尿」。有次表演〈迷宮〉時，平克佛洛伊德就讓這隻荒唐的怪獸潛伏在觀眾席，並搭配他們精心製作的滴水音效。又怎能忘了各種會飛的東西呢？噴射煙火可以想像，但造出飛天豬、漂浮金字塔，也讓各種投奔自由與爆炸意外接踵而來。雨也是殘酷的威脅，為了保護演出者和器材設備，《動物》的舞臺布景催生「升降式機械傘」，但是大衛・吉爾摩顯然不太滿意他的休閒保護傘，他覺得自己站在一棵滴水的棕櫚樹下很蠢。

迷幻時代的文青熱中於群聚，並透過音樂、舞蹈、多媒體裝置創作來表達獨特的自我，連酒精和藥物彷彿也成為某種群體狂喜的入場券。尼克・梅森表示，平克佛洛伊德之所以會拓展出漫長的獨奏，最初的原因其實是歌寫得不夠多，為了矇混過俱樂部的駐唱時段；另一個原因是觀眾常常嗑茫，熱烈的回應鼓勵樂團發展即興。雖然身處迷幻的環境，但平克佛洛伊德對酒精、藥物等任何可能影響他們上路表演的東西盡量保持距離，除了讓他們一輩子歉疚的席德・巴瑞特。

尼克・梅森在書中有幾段沉重又犀利的自白，一個是關於世人最愛問的席德・巴瑞特，在白髮蒼蒼之際，他仍忘不了席德抱怨的「為什麼約翰・藍儂不用上電視節目？」還有當年精神科醫師提出的假設：或許瘋的不是想當藝術家的席德，而是強拽住他闖蕩搖滾事業的團員。在失去席德的詞曲創作後，羅傑・華特斯繼而一肩扛起樂團的創作，後來演變成自視為平克佛洛伊德的化身，埋下與樂團分裂的種子。但尼克・梅森的檢討很柔軟，他認為團員們膽怯的服從、缺乏創作的信心，還有擔心各自被邊緣化，都該為不樂見的結果承擔責任。「承認這一點讓我很受傷，但無論理由是什麼，把羅傑投射成終極反派，雖然誘人，卻可能是錯置了。」

書中還不時閃現平克佛洛伊德的樂手祕笈，像是多年後重演〈回聲〉，大衛・吉爾摩分析他們之所以無法重現原曲氛圍，部分原因是合作的年輕樂手沒辦法捨棄技巧，不像七〇年代初的他們那樣隨意撥弄樂器。這個說法呼應理察・萊特的音樂哲學：「技巧比起想法次要得多。」而尼克・梅森也說過：「每段即興都代表啟動一次創作流程，我們一向認為那是樂團最難跨越的門檻，要容許自己把腦中所想彈奏出來，不忌諱也不設限。」精進演奏和克服心魔，其實是一體兩面。

音樂就是時間的藝術，也是當下的認同。樂迷最刺激的一分鐘，可能是一段即興獨奏；最解脫的三分鐘，往往是拔車鑰匙前從廣播滑出的音符。那假如你有超過十分鐘的時間，好比站在烤箱前等一塊牛排，或是加完班卻誤入階梯最漫長的捷運出口，請來一帖平克佛洛伊德吧！搭配那些高調得寂寞的環境聲響，不可能有更潤澤的靈藥了。

VOX

理工學院的日子

POLY DAYS 1

Nick

1 理工學院的日子

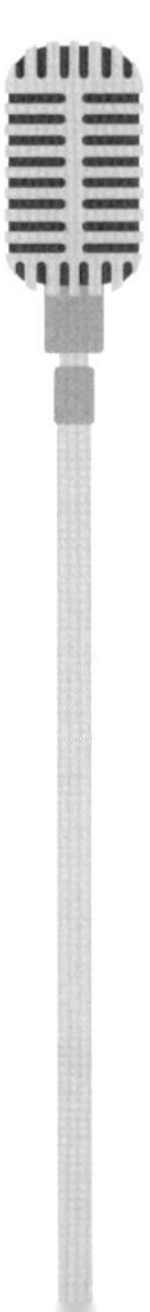

我和羅傑・華特斯（Roger Waters）在同一所學院共度六個月的大半時光後，他才肯放低身段找我說話。有一天下午，我正努力想把四十位建築系同學的細碎交談聲隔絕在外，好專心面對眼前的工程圖，這時羅傑修長而獨特的影子橫越我的整面繪圖板。儘管羅傑先前一直刻意忽視我的存在，但他終於看出我的內心擁有與他契合的音樂志趣，只是困在一個剛開始學建築的人身體裡。我們的命運分別被水瓶座和處女座[1]的不幸所主宰，羅傑必須想個辦法，讓我們齊心合力追求偉大的創意冒險。

沒啦不是，我已經盡量少掰了。羅傑會特地來找我，唯一的原因是想借車。

1 作者是一月二十七日出生的水瓶座，羅傑是九月六日出生的處女座。本書隨頁注都是中文版編注或譯注。

那輛車是一九三〇年出廠的 Austin Seven 'Chummy'，我花了二十鎊買下來。當時大多數青少年可能會選擇買更實用的車款，例如 Morris 1000 系列旅行車[2]，但是我父親對老車的熱愛灌注到了我身上，他也透過管道替我找到這輛車。在他的幫助下，我學會讓 Chummy 維持在能開的狀態。不過，羅傑必定是走投無路了才會要我借車給他。這輛 Austin 的巡航速度慢得像蝸牛，有一次我讓一個人上來搭便車，純粹是因為車子慢到他誤以為我是要停下來載他，實在有夠糗。我告訴羅傑車子不能開上路，這不完全算實話。有部分的我不情願把這輛車借給其他任何人，但我想我也發覺羅傑相當咄咄逼人。不久後，他撞見我開著那輛 Austin 車，對我的第一印象介於表裡不一與手腕高超間的模糊地帶。在這之前有一次，羅傑突然搭訕我們班上的理察・萊特（Richard Wright）[3]，向他討一根菸，結果被理克斷然拒絕。這是理克的慷慨成為傳奇的早期徵兆。發生在一九六三年春天的最初這些平凡社交往來，替我們日後多年既享受也忍受的關係埋下種子。

平克佛洛伊德（Pink Floyd）誕生自兩群相互重疊的朋友：其中一群的根據地是劍橋周遭，羅傑、席德・巴瑞特（Syd Barrett）、大衛・吉爾摩（David Gilmour）和許多未

2 Morris 1000 車系從一九五六年開始生產。

3 朋友常用暱稱理克（Rick）稱呼他，書中凡提到理克都指理察・萊特。

來的樂團夥伴從這裡出身。由羅傑、理克和我組成的另一群人，則在倫敦攝政街理工學院（Regent Street Polytechnic）建築系一堂大一的課上聚首，這是我記憶中我們共同過往的起點。

事實上，我進理工學院（日後鄭重改名成西敏寺大學〔Westminster University〕）的時候已經不打鼓了。學院當年坐落在小蒂奇菲爾德街（Little Titchfield Street），離倫敦西區市中心的牛津街（Oxford Street）不遠。回想起來，理工學院似乎來自一個過去的年代，老式木鑲板讓人聯想到那種規模龐大、講求實用的公學。在我記憶所及，除了一些茶具以外沒有真正的校內設施，不過理工學院位在大蒂奇菲爾德街（Great Titchfield Street）與大波特蘭街（Great Portland Street）周邊的服飾業區中心點，不乏咖啡館供應蛋、香腸和薯條到中午，每日特餐則有牛肉腰子派和果醬布丁卷。

建築系館裡設有其他幾個相關的學門，成為一間備受推崇的學府。系上依舊採用相當保守的教學方法：教建築史的老師走進來，在黑板上完美重現埃及卡納克孔斯神廟（Temple of Khons, Karnak）的平面圖，要求我們臨摹，和他們三十年來一樣。不過學校最近引進巡迴教師的概念，邀請站在新思想第一線的幾位訪問建築師，包括埃卓蕾德・伊凡斯、諾曼・福斯特和理克・羅傑斯[4]。教職員對建築造型的眼力顯然不錯。

我飄進建築系，並沒有什麼遠大的抱負。當然我對這個學科有興趣，但也沒有特別把它當成畢生志業那樣投入。我想我是覺得，論謀生，當建築師也不比其他任何職業差。但我大學時也沒有夢想成為什麼樂手。任何對這方面的青春志向，都因為駕照到手而黯然失色。

儘管我欠缺熱情抱負，但事後證明，這些課程所提供的多元訓練——包括美術、製圖和科技等——構成了良好的全能教育，也或許解釋了為什麼羅傑、理克與我或多或少都熱中科技和視覺特效帶來的可能性。日後我們投入打造光線投射的高塔、唱片封面設計到錄音室和舞臺設計的一切。每當邀來真正的專家參與，建築訓練都讓我們有能力提出內行的意見。

對那些喜歡尋找薄弱連結的人而言，我對科技和視覺的興趣應該是來自我的父親比爾，他是一位紀錄片導演。在我兩歲時，他接下殼牌電影製作公司（Shell Film Unit）的工作，於是全家人從我出生的伯明罕市（Birmingham）郊區地帶埃奇巴斯頓（Edgbaston），搬到了我度過成長歲月的北倫敦。

4 羅傑斯（Richard Rodgers）生於一九三三年，福斯特（Norman Foster）生於一九三五年，兩人都是一九六〇年代的新生代英國建築師，曾合組建築事務所。伊凡斯（Eldred Evans）生於一九三七年，是當時少見的女性建築師。

雖然我父親不是特別有音樂天賦，但他絕對對音樂感興趣，尤其是跟他的影片直接相關的音樂。在這些情況下，他可能會變得對音樂十分熱情，從牙買加的鋼鼓樂隊到弦樂部、爵士樂或朗・吉辛（Ron Geesin）更狂放的電子樂亂彈都有。他也對錄音器材、立體聲黑膠測試片、音效和賽車著迷，兩兩互搭形成多種組合，全部的興趣我都繼承了。

不過家族中倒是有一些音樂遺產的跡象：我的外祖父華特・柯蕭（Walter Kershaw）跟他的四兄弟組成斑鳩琴樂隊，發行過一張單曲演奏唱片，名稱叫〈盛大的國家進行曲〉（The Grand State March）。我母親莎莉是一位稱職的鋼琴家，她的演奏曲目包括德布西（Debussy）如今政治不正確到極點的〈黑娃娃的步態舞〉（Golliwog's Cakewalk）。家裡的七八轉唱片選曲甚至更兼容並蓄，包括古典樂曲、紅軍合唱團（Red Army Choir）表演的共產工人歌、兒歌〈泰迪熊的野餐〉（The Teddy Bear's Picnic）和舞曲〈愛笑的警察〉（The Laughing Policeman）。你無疑能在我們的音樂中找到這些影響的蛛絲馬跡——但我決定把它們留給其他更有活力的人去翻找。我也上過鋼琴課和小提琴課，但我沒有變成什麼音樂神童，這兩種樂器也都被拋下了。

我也要坦承自己莫名受到費斯・帕克演唱的〈大衛・克羅克特之歌〉[5] 吸引，這張單曲

5 帕克（Fess Parker）是一位美國演員，後文提到的浣熊皮草帽是帕克當年的打歌造型；〈大衛・克羅克特之歌〉（The

一九五六年在英國發行。即使在那年代，音樂與周邊商品之間的邪惡關係也顯然存在，因為我很快就戴上了一頂瀟灑的尼龍製浣熊皮帽，那條不羈的尾巴構成細膩的陪襯。

我第一次受到搖滾樂的衝擊應該是在十二歲的時候。我還記得自己拼了命地保持清醒，想撐過荷瑞斯・巴契勒[6]在盧森堡廣播電臺（Radio Luxembourg）傳授的難以置信的足球賭博祕訣，只為收聽節目「搖滾入夢鄉」（Rocking To Dreamland）。我在本地電器行買了一張比爾・海利（Bill Haley）的〈別了，短吻鱷〉（See You Later Alligator），幫助它在一九五六年三月打進英國單曲排行榜前十名，同年稍晚還砸下重金買了貓王艾維斯・普里斯利（Elvis Presley）的〈別太殘酷〉（Don't Be Cruel）。這兩張唱片都在家裡新的唱盤式留聲機播放，這是最先進的插電機種，連結的裝置貌似路易十四年代製櫥櫃與勞斯萊斯汽車儀表板的混合體。十三歲那年我擁有第一張密紋唱片（LP）——艾維斯的《搖滾樂》（Rock 'N Roll）。這張影響深遠的專輯以是至少另外兩位平克佛洛伊德團員買過的第一張 LP，我們這個世代的搖滾樂手幾乎全都如此。這不僅是美妙的新音樂，而且對一個叛逆青少年來說，當父母做出通常保留給寵物蜘蛛的反應時，還能帶來額外的興奮感。

Ballad of Davy Crockett）歌頌的對象是十九世紀初的田納西州眾議員，在德克薩斯獨立戰爭中遭俘並槍決。

6 巴契勒（Horace Batchelor）在一九五〇到六〇年代，固定在盧森堡電臺廣告宣傳如何賭贏足球的方法。

大約就在這時期，我背著劍橋包、穿著法蘭絨短褲和校服夾克去東倫敦看了一場有湯米·史帝爾[7]的娛樂秀——夾克是粉紅色滾黑邊，別著一塊十字架鐵徽章。我是自己一個人去的，顯然我班上的朋友沒人這麼有興致。湯米是壓軸，其他的演出者都很糟糕。英國音樂廳[8]出身的喜劇演員、雜耍人和其餘流落到這裡的表演者競相在湯米登臺前把觀眾都逼走，但我堅持到最後。我不得不說他棒呆了。他演唱〈唱藍調〉（Singing The Blues）和〈跟山頂洞人一起搖滾〉（Rock With The Caveman），跟他在「六點零五特別節目」（The Six-Five Special）的表現一模一樣，那是英國原創的流行音樂電視節目。他不是貓王，但他絕對有第二好。

接下來幾年，我和同樣發現搖滾樂的一群社區朋友愈走愈近，因此一起組一個樂團似乎是絕佳的點子。我們沒人曉得怎麼演奏，但這還是小事，重點是我們根本沒有樂器。因此分配誰彈奏什麼有點像在買彩券。我父母的記者朋友韋恩·米諾（Wayne Minnow）曾送我一對鼓刷，這是我跟打鼓唯一的連結。我小時候學鋼琴和小提琴失敗，所以我去當鼓手似乎天經地義。我的第一套鼓組購自蘇活區登曼街（Denman Street, Soho）的查斯·E·富特樂器行（Chas. E. Foote），包括 Gigster 系列的大鼓、年代與來歷不明的小鼓、腳踏鈸、銅鈸，

7 史帝爾（Tommy Steele）二十歲錄製第一張搖滾單曲（一九五六年），獲譽為英國本土最早的青春偶像。

8 指源於維多利亞時代的娛樂演出場所。

還有一本教材解釋 flam paradiddle（交替雙擊）與 ratamacue（先雙擊再交替）的謎樣技法（我到現在都還沒搞明白）。有了強大的配備，我加入朋友的行列，組成樂團「火熱鼓棒」（Hotrods）。

團員包括主奏吉他手提姆・邁克（Tim Mack），威廉・蓋莫（William Gammell）彈節奏吉他，麥可・克里斯基（Michael Kriesky）彈貝斯。我們也自豪團裡有一位薩克斯風手約翰・格瑞戈里（John Gregory），但他的薩克斯風年代是在四四〇赫茲的標準音高制定之前，比新的型號高半個音，因此無法跟團員合奏。在我們其他人的幫助下，麥可從零開始練貝斯。老實說，一群建造太空探測器的薩克遜人可能都表現得比我們好，不過我們表面上確實含含糊糊地做到了演奏樂器的樣子。我們雖然有幾部音箱，但它們實在太丟人現眼，所以拍團照時，我們覺得必須用原子筆和紙箱仿造出一部 Vox 音箱[9]。

多虧我爸從事拍片工作，我們有一臺全新的 Grundig 立體聲錄音機可用。相對於浪費時間排練，我們立刻投入第一場錄音。我們的錄音室技術就是反覆測試把兩支麥克風架設在鼓組與音箱中間的某個位置。遺憾的是這些錄音帶到現在都還在。

火熱鼓棒從未真正進展到跨出《彼得・岡恩》（Peter Gunn）影集主題曲的無數種版本，

9 著名的吉他音箱英國廠牌，披頭四、滾石合唱團都是愛用者。

我的音樂生涯似乎註定走得跌跌撞撞。但此時的我已經從預備學校畢業，進了弗倫舍姆高地學校（Frensham Heights），這是位於薩里郡（Surrey）的一間獨立男女合校。校內有女生（我在那裡認識了第一任妻子琳迪），有一個爵士樂俱樂部，而且三年級以上的學生可以穿長褲。沒錯，這就是我期待中的世故生活。

跟預備學校相比，我真心享受在弗倫舍姆的時光——學校在占地遼闊的一棟大莊園裡，靠近薩里郡的欣德黑德村（Hindhead）。雖然就校服夾克和考試而言相當傳統，但學校採取的教育方式自由開放得多，那裡的美術和英語老師都給我留下了美好的回憶。我也開始學習交涉技巧。由於學校鄰近弗倫舍姆水塘，我成功弄來了一艘獨木舟借給體育老師，回報是從此得以不必打板球。衣櫃深處有一件昂貴的板球針織衫可供證明，因為我的那件從來也沒從原本的包裝袋裡拿出來過……。

學校用莊園內的舞廳召開集會與其他典禮，不過舞廳定期發揮原本的用途，我們會跳華爾茲、狐步舞和華麗舞。然而我在弗倫舍姆時，舞廳從交際舞演進到蹦蹦跳跳，但我確定我們必須取得特別許可才能播放最新單曲，這是校方限制流行音樂入侵的手段之一。不過我們確實有一個爵士樂俱樂部，不是師長創立的，而是學生的非正式聚會：偉大的口琴吹奏家賴瑞・艾德勒（Larry Adler）的兒子彼得讀我們學校。我記得他彈鋼琴，而我們可能也曾嘗試過一起玩爵士樂。我們連要聽自己的爵士樂唱片都不容易，因為學校只有一臺黑膠唱盤，一直到我快畢業時，我們才有自己的唱盤。我去俱樂部其實比較像是為了逃避那些較辛苦又較不愉快的事，但它至少代表我對爵士樂已經開始有了興趣。日後我在倫敦到一百俱樂部（100 Club）之類的地方殺時間，聽英國的傳統爵士樂運動（trad jazz movement）領軍者演出，例如塞・羅里（Cy Laurie）和肯・柯耶（Ken Colyer）等樂手。但我從來都不喜歡許多傳統爵士樂手的全套裝備（圓頂帽和西裝背心那些的），因此後來改聽咆勃爵士樂（bebop）。我依然對現代爵士樂興致勃勃，但身為青少年，爵士樂必備的高超彈奏技巧是一道難以跨越的門檻。我回頭去把《彼得・岡恩》主題曲中鼓的部分練到純熟。

從弗倫舍姆高地學校畢業後，我又在倫敦進修了一年，然後在一九六二年九月進入攝政街的理工學院。我念了一些書，完成幾件作品充實我的作品集，也修了幾門課。不過我確實很認真經營外表，想穿得正確，偏愛燈芯絨夾克和牛角扣毛呢大衣。我也嘗試抽菸斗。在學院第二個學期的某個時間點，我跟高年級口中的「壞傢伙」——也就是羅傑——交上了朋友。

基於共同的音樂喜好，我們關於 Austin 'Chummy' 車的初次失敗交談，或許意外帶來一段漸漸增長的友誼。這段朋友關係在我們之間發展出另一種連結，因為兩人都喜歡能帶我們走出校外的任何事物，無論是尋遍查令十字路（Charing Cross Road）看鼓和吉他，去西區的電影院看午後場電影，或者前往柯芬園（Covent Garden）的芭蕾舞製鞋店「安潔羅與達維德」

（Anello and Davide），當年店裡也接受訂製低跟短筒牛仔靴[10]。偶爾，我也會因為想要到羅傑在劍橋的房子度週末而在週五提早開溜，拋下課業。

在政治上我們出身的背景相當類似。羅傑的母親是一位前共產黨員與工黨的堅定支持者，我的父母親也是：我父親曾經為了反法西斯而加入共產黨，隨後在戰爭爆發後脫黨，擔任電影攝影暨技術工作者工會（Association of Cinematographic Technicians）的代表。我們各自的女友（日後的妻子）琳迪和茱蒂也有這些共同背景。羅傑曾是劍橋核裁軍運動（Campaign for Nuclear Disarmament）青年分支的主席，他和茱蒂多次參與從奧爾德馬斯頓（Aldermaston）到倫敦的核裁軍運動遊行。琳迪與我至少去過一次核裁軍遊行，在遊行的最後一天到倫敦外圍會合，日後她還參與格羅夫納廣場（Grosvenor Square）的示威，並遭到警方以十分強硬的手段驅離。現在我會說，這或許相當準確地反映了我自己對政治的一般態度——略偏左派但不熱中，只是偶爾行為良好。

羅傑對他信念的堅持有一部分可能來自他的母親瑪麗（Mary）。她是位教師，丈夫艾瑞克・華特斯（Eric Waters，也是一位教師）於二戰期間在義大利遇害後，她獨力將羅傑和他哥哥約翰（John）撫養長大，展現了個人人韌性。羅傑跟席德一同就讀劍橋郡男

10 這款短靴由披頭四成員穿著後帶起風潮，在英國又稱披頭四靴（Beatle boot）。

子高中（Cambridgeshire High School for Boys）——他們的同學中有史東・索格森（Storm Thorgerson），日後在樂團史上扮演重要角色，擔任我們的平面設計師三十多年。學校也為羅傑提供了某一種惡霸教師的素材，後來以諷刺形式出現在專輯《牆》（The Wall）中。

羅傑的音樂活動跟當時其他青少年沒什麼特別的不同：刷幾下吉他，從老藍調唱片擷取riff（主題樂句）和點子。他和我一樣，是盧森堡廣播電臺的熱切聽眾，也收聽美軍廣播電臺（American Forces Network）。羅傑南下倫敦讀理工學院時把他的吉他也帶去了。有個跡象早早就顯示了他能學以致用：他利用當時的專業設計工具理查斯特（Letraset）轉印紙，把「我相信我的靈魂」[11]印在吉他琴身。在我們眼中，這實在頗厲害。

除了吉他，羅傑身上還散發著一種獨特的態度。他跟班上其他少數幾個人一樣，進理工學院前就已經在建築事務所工作過幾個月。他因此能用稍微老練的觀點看待這一切訓練可能通往何處，因此他對我們其餘大多數人都擺出一副不屑的樣子，我認為連學校職員看了都會覺得討厭。

同學強・柯爾波（Jon Corpe）對羅傑在理工學院造成的衝擊有一段生動的回憶：「他高

11 出自美國靈魂樂手雷・查爾斯（Ray Charles）的歌名。

䠷、削瘦、皮膚差，一副《荒野浪子》（High Plains Drifter）[12]的形象。他總是帶著他的吉他，在工作室或學生演員辦公室（理工學院戲劇社的辦公室，我們的排練室之一）或輕柔或強勁地彈奏。在我心目中，羅傑永遠跟人保持距離，唱著病態的失落歌曲。」

我們偶爾必須分成小組去完成作業，於是在一年級的某個時間點，羅傑、我跟強合作設計一棟小房子。我們的建築設計獲得好評，儘管它其實完全不切實際，但這主要是因為強是一位優秀的學生，他似乎樂於專注在建築上，而羅傑與我則把他的恩惠耗在咖哩和樂器上。

跟羅傑共事不容易。當時我還住在家裡，通常我從北倫敦的漢普斯特（Hampstead）出發，越過大半個城市，卻只發現羅傑釘在門上的一張紙條——「去了藝術家咖啡館（Café des Artistes）[13]」。他經常居無定所，有陣子他住在切爾西區（Chelsea）國王路（King's Road）旁一間非常破爛的空屋裡。沒有熱水，洗澡要到國王路往前走一小段的切爾西公共澡堂。沒有室內電話，有一些不牢靠得離譜的共同占屋者。這段經驗可能讓他提前適應了巡演生活，但就務實層面而言，要架起一塊繪圖板成了極端難事。

雖然羅傑住處的畫面、聲音與氣味一直留在我心中，但我對這個階段的理克本人卻沒什

12 美國西部電影，男主角是一位神祕硬漢。
13 羅傑開小差的去處名為咖啡館，實際上是有現場演出的音樂俱樂部，位於倫敦西南區。

麼清晰回憶，他的表現也從未大幅進步。我想他一進學院就領悟到建築不適合自己——根據理克的說法，那是一位職涯大師提議的，非常武斷——只不過理工學院花了一整年才得到相同的結論。雙方一達成共識，理克就離校去另覓出路，最後落腳倫敦音樂學院（London College of Music）。

歷史確有記載的是，理克在平納（Pinner）出生，他的父親羅勃（Robert）是牛欄牌奶粉（Unigate Dairies）的首席生物化學家，他家房子位於倫敦郊區的哈奇端（Hatch End）：理克從那裡去念布商艾斯克文法學校[14]。理克在學時吹小號，而且總是堅稱自己還不會走路就會彈鋼琴了……但接著又補充說他十歲才學會走路。真實情況是：他在十二歲時跌斷了一條腿，在床上躺了兩個月，只有一把吉他相伴，卻沒有老師。理克用自創的指法自己學會彈吉他，接著又在他來自威爾斯的母親黛西（Daisy）的鼓勵下，把同一套方法用在鋼琴上。這種無師自通的方法賦予了理克獨特的音色和風格，或許也讓他從此無法靠教音樂技法來謀生。

短暫接觸了一陣子的噪音爵士樂（skiffle）之後，理克就被傳統爵士樂給收服了，吹奏長號、薩克斯風和彈鋼琴。我要遺憾地說，他曾坦承自己有次拿了個圓頂帽當作長號的消音

14 布商艾斯克文法學校（Haberdashers' Aske's Grammar School）位於埃爾斯特里（Elstree），離哈奇端約十公里。這間公立男校收四至十八歲的學生。

器。他去埃爾派島（Eel Pie Island）看亨佛萊・利托頓和肯尼・波爾[15]演出，還到哈羅自治市（Harrow）的鐵路酒館（Railway Tavern）欣賞英國節奏藍調（R&B）的始祖人物西里爾・戴維斯（Cyril Davies）。週末他也搭便車或騎單車去布萊頓（Brighton），後來摩登青年[16]才開始騎上機車並採用銳舞者的穿衣風格（立領襯衫、西裝背心，偶爾再搭圓頂帽）。進理工學院前，他有一小段期間擔任柯達公司（Kodak）的送貨助理，在那裡的工作經驗大致上就是看著司機在中午悄悄溜出去打高爾夫球，晚上八點再回倉庫打卡下班，申報加班費。

大學時代我對理克的印象就是安靜、內向，有一群學院外的朋友。在強的記憶中，「理克長得帥又有男子氣概，睫毛又長又濃密，讓女孩子很感興趣。」

一年級時，理克、羅傑和我發現我們全都在克萊夫・麥特考菲（Clive Metcalfe）組的樂團裡，他是理工學院的另一位學生，跟我們的同學基斯・諾伯（Keith Noble）合組雙人拍檔表演。我確定克萊夫是樂團的原始發起人：他真的會彈一點吉他，顯然投入許多時間學這些曲子。我們其他人全都以「對啊，我以前會彈一點」的滿不在乎的方式入團，而不是基於任何熱切抱負。這個最初的理工學院樂團「西格瑪六」（Sigma 6）由克萊夫、基斯、羅傑、我

15 利托頓（Humphrey Lyttelton）和波爾（Kenny Ball）都是英國的爵士樂手。

16 摩登青年（mods）是倫敦的次文化族群，六〇年代受美國影響興起，理克愛聽的節奏藍調是摩登青年早期喜愛的樂風。

和理克組成，基斯的妹妹席拉（Sheila）偶爾來獻唱。理克的角色有些不明確，因為他沒有電子琴。如果俱樂部場地有鋼琴他就彈，可是少了音箱，誰都不可能在鼓組和 Vox AC30 音箱外聽見他彈奏。如果借不到鋼琴，他會放話要帶自己的長號來。

理克的女友——也是後來的妻子——茱麗葉（Juliette）更像是一位客座歌手，曲目包括多首藍調歌曲，她的〈夏日時光〉（Summertime）和〈狂愛走一回〉（Careless Love）唱得特別好。茱麗葉在理工學院讀現代語言，我們一年級讀完時她轉到布萊頓的大學，跟理克去倫敦音樂學院是同個時間。不過到那時我們已經在音樂方面找到夠多共通點，足夠讓我們的友誼持續下去。

我覺得後來反而是比較爛而不是比較好的那群樂手成為樂團的固定班底。我們短暫有過一位真正夠格的吉他手（我知道他很行，因為他有一把好琴和對的 Vox 音箱），但他來排練了幾次之後就跑了。根據我的印象，我們從未嘗試把陣容定下來：如果有兩位吉他手到場，就只是擴充曲目，因為其中一人必定會一些我們其他人沒學過的歌。此時的羅傑擔任節奏吉他手。後來因為羅傑拒絕再花錢買一把電吉他，加上席德入團，他才只好降格去彈貝斯。他日後提起：「感謝上帝我沒被降級去打鼓。」我必須贊同他這看法。如果羅傑去打鼓，我猜我應該會變成巡演經理。

就像大部分剛起步的樂團，我們的時間多半花在聊天、做計畫、想名字，遠遠勝過排練。

演出非常稀少，間隔甚遠。直到一九六五年，嚴格說來我們沒有一場演出算是商業表演，全由我們或同學為私人場合籌辦，而不是公開表演。生日派對、期末舞會和學生舞會是常態。我們在理工學院地下室的茶水間排練，除了適合學生派對的〈我是一隻爬行的王蛇〉（I'm A Crawling King Snake）和幾首搜索者樂團（Searchers）的曲子，我們也練習克萊夫朋友寫的歌，這位同學叫肯・查普曼（Ken Chapman）。肯成為我們的樂團經紀人兼詞曲創作者。他把我們提供的派對服務印成名片，還讓我們以「建築躁動」（Architectural Abdabs）為團名做了一次大型宣傳（幸好期間短暫）——有一張我們裝模作樣的照片，還有學生報紙上的一篇文章，表明我們擁護節奏藍調而非搖滾樂。不幸地，肯寫的詞對我們來說太偏向新奇民謠，例如「你可看過早晨的玫瑰？」（配上〈給愛麗絲〉的旋律）跟「留意間隙」。但他最後確實弄到了一個機會，讓著名音樂版權代理人[17]蓋瑞・布朗（Gerry Bron）來看樂團和歌曲試唱。我們下定決心為這次機會排練，但沒能一舉成功。蓋瑞喜歡歌曲勝過樂團（好啦，至少肯是這麼說的），但就連歌曲也沒獲得青睞。

　　到了一九六三年九月，我們二年級剛開學時，克萊夫和基斯決心以雙人組合單飛，因此樂團的下個版本就開始在麥可・李歐納（Mike Leonard）的房子周遭成形。麥可當時

17 音樂版權代理人從事的生意是跟詞曲創作者簽約，把音樂授權給藝人、電影、電視等商業用途，從中收取佣金。

二十四、五歲，在理工學院當兼職教師，除了熱愛建築之外，也著迷於民族打擊樂器以及節奏、動作和光線之間的相互作用，授課時總興奮地講個不停。一九六三年九月，麥可也開始在霍恩西藝術學院（Hornsey College of Art）教書，他買下北倫敦的一棟房子，想找一些房客來收房租。

斯坦霍普花園社區（Stanhope Gardens）三十九號位於海格區（Highgate），坐落在連棟愛德華時代房屋[18]之中，擁有寬敞房間和挑高天花板。麥可當時正在把一棟樓裝修成公寓，樓上是他自己帶有異國風情的住處與繪圖工作室。他打通大片屋頂區域，打造出非常適合做排練場地的大空間，不過算他幸運，樓梯根本太陡，我們很少有幹勁把全部器材搬上頂樓。

麥可的工作室也需要幾位兼職助手。他接了一個案子，幫倫敦郡議會（London County Council）增設學校特殊廁所，正好可以供應他正在家中打造光影裝置的設計建造經費。這些回收的金屬網或形同壓克力板的玻璃圓片，靠電馬達轉動投射光影圖案到牆上。麥可提議我們去當他的房客似乎是理想安排，於是羅傑和我搬了進去。接下來三年，理克、席德和其他許多熟人全都在不同時期住過這裡。早期的BBC（英國廣播公司電視臺）紀錄片《明日世界》（Tomorrow's World）捕捉到這地方的氣氛，片中呈現麥可的其中一座光影裝置在運轉，同時

---

18 指二十世紀初的英王愛德華七世在位時期，建築屬新巴洛克風格。

我們在樓下排練（節目大膽預測，到了一九七〇年代，地表上的每間客廳都會有自己的光影裝置。）

麥可有兩隻貓，分別叫通吉（Tunji）和麥吉（McGhee），一隻是緬甸貓，另一隻是暹邏貓，他跟羅傑都特別喜愛牠們。羅傑因此維持了多年與貓咪的關係。我想他是覺得牠們高傲的攻擊性很有撫慰的效果。屋中的牆壁上都掛著粗麻布，麥可會拿一條醃魚在麻布上拖過，然後按下一個老舊的車用喇叭，通知貓咪用餐時間到了。這時貓會停下威嚇鄰居的動作，衝回來、跳過信箱，展開一趟跳上牆並巡行窗檯的瘋狂之旅，直到發現偶爾釘在繪圖工作室天花板的那條醃魚。

斯坦霍普花園社區大幅改善了我們的音樂活動。多虧有一位縱容的房東，我們擁有自己的排練場地：沒錯，我們有陣子用「李歐納的房客」（Leonard's Lodgers）當團名。排練場地在公寓的客廳，所有器材一直架設在這裡。不幸的是，讀任何書都因此變得異常艱難，睡覺則幾乎是不可能的事，因為客廳也是羅傑和我的臥室。鄰居當然會抱怨，但雖然他們威脅要祭出的噪音禁令從未實現，為了以防萬一，我們還是偶爾會去附近阿奇威路（Archway Road）的鐵路酒館租排練室，減輕他們的痛苦。

麥可從來不抱怨。事實上，他成為活躍的參與者。他是個有才華的鋼琴手，我們還說服他買一架 Farfisa 牌 Duo 系列的電風琴，有陣子他變成我們的鍵盤手。麥可依然留著那架

Farfisa。另一個絕大的額外好處是麥可讓我們在霍恩西學院從事光和聲音的實驗。羅傑尤其耗費許多時間在那裡改良光影裝置，實際上有點在扮演麥可的助理。

就這樣，學院二年級的一整年我們都住在斯坦霍普花園社區，排練、偶爾演出，同時斷斷續續地念書。一九六四年九月鮑伯・克洛斯（Bob Klose）到來，是我們命運中下一個真正重大的改變。鮑伯也是一位劍橋郡男子高中的畢業生，跟席德一起來倫敦，進建築系時比我們低兩屆。鮑伯直接就搬進了斯坦霍普花園社區，因為我在夏天搬出公寓回到漢普斯特。此時事態已經變得十分明朗：如果我想留在理工學院（這在當時似乎是個好主意），我就必須更用功，而待在斯坦霍普花園社區是不可能念書的。

鮑伯身為吉他手的名聲響亮且實至名歸。跟他一起走進一間吉他樂器行是件樂事，因為連目中無人的店員都欽佩他的米奇・貝克[19]式爵士樂和弦和閃電般指法，儘管從我們的觀點來看，很遺憾他著實偏愛較保守的半空心電吉他，勝過Fender牌的Stratocaster電吉他。有了鮑伯，我們在音樂上感到更有自信，但由於基斯和克萊夫都離開了理工學院和樂團，我們迫切需要一位主唱。劍橋的人脈再度發揮效用——鮑伯為我們送來了克里斯・丹尼斯（Chris Dennis）。他比我們其他人大幾歲，曾經參與劍橋音樂社群中某些比較優秀的樂團。克里斯

19 貝克（Mickey Baker）是美國爵士樂吉他手，曾出版爵士吉他教學書。

是駐紮在諾霍特（Northolt）的英國皇家空軍牙醫助理。他沒有車（我通常是司機——依舊開那輛奧斯汀「知己」車），不過他有一套 Vox 牌 PA（舞臺擴音）系統，包括兩個落地喇叭，還有一個設有麥克風專屬輸入聲道的獨立音箱。在強硬要求之下，我們也可以把吉他連上 PA 系統。有了這一切器材，克里斯當然就順理成章地坐上了主唱的位子。

此時樂團名稱叫「茶具」（Tea Set）。身為主唱的克里斯有個糟糕的習慣，就是用口琴假扮希特勒的鬍子然後說「不好意思啊各位」，接著把每首歌的歌名都說成是「從奶奶的木頭義肢的節孔往外看」（態度一整個「泰然自若」——這是鮑伯形容的）。假如克里斯有留在團裡，當平克佛洛伊德成為倫敦地下知識分子圈的寵兒（這是我得知的可靠消息）時，我認為這樣的慣例應該會是一種拖累。

我們沒多久就跟克里斯拆夥了，這也是席德開始定期加入演出的時候。羅傑在劍橋認識席德，他媽媽在初中教過席德，甚至在席德來倫敦讀坎伯韋爾藝術學院（Camberwell College of Art）之前，我們就計畫納他入團。事實比較像是席德加入我們，而不是他召集一個樂團。鮑伯對那一刻有非常鮮明的記憶：「我還記得決定克里斯・丹尼斯命運的那次排練。地點在斯坦霍普花園社區的頂樓。克里斯、羅傑、尼克和我正在練習當時的幾首節奏藍調熱門歌曲。席德比較晚到，站在樓梯頂端靜靜看著。然後他說：『嗯，歌聽起來很棒，但我看不出我在團裡能做什麼。』」

雖然席德不確定自己可以做什麼，但我們都覺得他加入是對的事。因此克里斯和他的舞臺擴音系統的時日就不多了。既然克里斯是鮑伯找來的，所以羅傑認定鮑伯也該負責讓克里斯退團，結果鮑伯用托登罕宮路（Totterham Court Road）地鐵站的公用電話完成了這件事。反正克里斯碰巧也被派駐到國外。於是，席德就在半默認的情況下當上了主唱。

我對席德沒有任何童年的回憶，只能說一九六四年初次見面時，他十分討人喜歡。在一個人人都以非常幼稚、非常忸怩作態的方式裝酷的時期，席德卻很開朗外向，實在是跟不上潮流。關於我們初次見面的情況，有件事我至今都忘不掉，那就是他居然願意走上前來自我介紹。

席德在劍橋接受的教養，可能是我們所有人當中最有波西米亞風格、最開放的。他的父親亞瑟（Arthur）是大學和醫院的病理學家，而母親溫尼芙瑞（Winifred）始終鼓勵他追求音樂。他們容許甚至歡迎席德早期的樂團到他們家客廳排練。這對一九六〇年代初的父母而言是很先進的。除了音樂，席德的繪畫興趣與天分在劍橋郡男子高中階段就顯而易見。他父親過世不久後，他就去劍橋郡科藝學院（Cambridge Tech）讀美術。他的舊識大衛・吉爾摩也在那裡讀現代語言。這兩人相處融洽，午餐時光帶著吉他和口琴碰面即興演奏，隨後到法國南部待了一個夏天，搭便車在街頭四處表演。

席德・巴瑞特並不是一開始就叫席德——他出生時被取名為羅傑・基斯（Roger

Keith），但他常去劍橋一家當地酒館的河岸爵士俱樂部（Riverside Jazz Club）聽歌，其中有一位固定的鼓手叫喜德・巴瑞特（Sid Barrett）。俱樂部常客立刻幫新來的巴瑞特取了個綽號叫「席德」（Syd），只是改了拼法以避免完全混淆，而我們認識他時，他就已經叫席德了。

索格森印象中，在劍橋生活那群才華洋溢的朋友裡，席德是一位有趣、但未必是頂尖有趣的成員，他們全都對這座小城的風雅和文化與周圍鄉間充滿熱情。席德長得帥、富有魅力又風趣，會彈一點吉他，偶爾抽點大麻。不用說，他來倫敦加入我們的樂團時，我們的音樂品味沒有突然間轉變。我們大部分曲目都是波・迪德利、滾石[20]和節奏藍調的翻唱版本，席德對此顯得相當自在。史東也記得席德崇拜披頭四（Beatles），在當時他的朋友大多偏愛滾石。

就像斯坦霍普花園社區解決我們的排練問題，理工學院是一處現成的表演場地。在我印象中，我們在學院確實有許多作業。建築系的課要求我們進行大量的課後閱讀，晚上在家裡（以及後來在公寓裡）時我們都在用功，或至少努力試著用功，雖然有些事會讓人分心。我們週間很少去俱樂部或酒吧，但一到週五晚上，我們就可以在酒吧放鬆。週末在理工學院有例行活動，通常辦在氣氛像健身房的大禮堂。室內一端是舞臺，那裡會舉辦各種典禮，偶有戲劇作品演出。我們跳的舞都很簡單，會用唱盤大聲播放最新的熱門組曲，但偶爾也會敲樂

20 迪德利（Bo Diddley）是美國節奏藍調創作歌手；滾石是滾石合唱團（The Rolling Stones）的暱稱。

團來現場演出。

作為唯一的駐校樂團，有幾場活動我們得以幫主要的表演暖場。這對我們來說是十分重大的進展，我們必須強力自我推銷，抓緊機會。我們應該有拿到報酬，但不多，令人振奮的是演出機會。演出這個想法沒嚇倒我們，但全職演出者的專業精神卻使我們折服——不管怎樣，我們都只是要上臺表演幾首翻唱歌讓人跟著跳舞。他們表演曲目的方式凸顯了一個靠頻繁演出維生的樂團跟我們這種兼職學生之間存在著多大的差距。

我尤其記得幫三叉戟樂團（Tridents）暖場，當時團中的亮點是吉他手傑夫・貝克（Jeff Beck）。三叉戟是傑夫第一個算是有商業口碑的樂團，他們建立起不錯的名聲。更重要的是離開三叉戟時，傑夫接下艾瑞克・克萊普頓（Eric Clapton）在雛鳥樂團（Yardbirds）的位子，他不僅精進了自己身為偉大藍調搖滾吉他手的名望，還有能耐創作讓全場共舞的派對經典歌曲〈喂喂一線希望〉（Hi Ho Silver Lining）。

一九六四年聖誕節前後，我們第一次進錄音室。理克有個朋友在西漢普斯特（West Hampstead）的錄音室工作，我們費盡唇舌，說服他讓我們在一些休息時間免費使用一下。這次錄音包括一首節奏藍調經典老歌〈我是一隻蜂王〉（I'm A King Bee），還有三首席德寫的歌：描寫波・迪德利遇上007主題的〈雙O波〉（Double O Bo）、〈蝴蝶〉（Butterfly）、〈露西走開〉（Lucy Leave）。這些成為我們的試聽帶主要曲目，錄在四分之一吋的盤帶並壓製限量黑膠。它們非常珍貴，因為許多表演場地在現場試唱前預先索取試聽帶。

說來奇怪，大約就在這個時候，理克有一首叫〈你就是原因〉（You're The Reason Why）的歌獲得發表，收錄在亞當、麥可與提姆樂團（Adam, Mike & Tim）的單曲《小寶貝》（Little Baby）B面，他也因此收到七十五英鎊的預付金，比我們其他任何人都早了好幾年明白「敲竹槓」的真正含意⋯⋯。

後來我們在一九六五年春天成功當上倒數計時俱樂部（Countdown Club）的駐唱，位置在宮門街（Palace Gate）門牌1A的地下室，離肯辛頓大街（Kensington High Street）不遠。倒數計時俱樂部位於一棟飯店或公寓大樓底下，想當然爾，傳出的噪音導致了一些問題。這間俱樂部沒有什麼特別的主題裝潢或憂鬱氣氛，規畫方式以音樂為重，客群相對年輕，酒也十分便宜。我覺得店主是想說既然缺乏廣告宣傳，他期待像我們這樣的樂團能帶來一大群朋友撐場，而他們會在俱樂部的酒吧喝個痛快。

我們從晚上九點左右表演到凌晨兩點，中間休息個幾次。三場各九十分鐘的演出，代表到一夜將盡時我們會開始重複歌單，因為我們的歌都表演過了，加上酒精使聽眾的短期記憶力受損。我們也開始意識到漫長的獨奏可以延長一首歌。我們開始搜羅更多類型的歌，也凝聚了一群小而忠誠的支持者。我們起初有用音箱，但只成功演出了兩、三晚，俱樂部就收到一張噪音禁令。由於太想要這份工作（這是當時我們唯一有收入的演出），所以我們提議不插電演出。羅傑不知怎麼弄來一把低音提琴，理克把直立鋼琴整理一番，鮑伯和席德彈木吉他，而我用一對鼓刷。我曉得演出曲目包括讓鮑伯大顯身手的其中一首曲子〈月亮有多高〉（How High The Moon），還有〈高個子德州佬〉（Long Tall Texan），可是其他曲目早就不復記憶。

同時，我們也去應徵兩個可能的職缺。一個是節拍城市俱樂部（Beat City）的，他們在音樂雜誌《譜曲者》（Melody Maker）登廣告徵樂團，這本週刊有「樂手媒合」的資料——直到他們在二〇〇〇年停刊為止（有好多年時間，開頭第一筆資料都是「手風琴好手」）。我們看見節拍城市的廣告就去了，表演我們自己的歌的組曲。結果沒被錄用。

另一次是到當時最好的音樂節目《準備上臺！》（Ready Steady Go!）試唱，節目中可以見到時髦的年輕人隨著引人搖擺的年輕樂團起舞。它在相對新的商業頻道獨立電視網（ITV）播出，激進的尺度可以比BBC稍微大一點。可惜連「準備上臺！」的製作人都覺得我們對普通觀眾來說有點太激進，並提議我們再試唱一遍，這次表演他們比較熟悉的歌。但至少他們展現了一點點興趣，而且人很好，邀請我們大家下週回去加入攝影棚觀眾群。這給了我一個好理由，可以去卡納比街（Carnaby Street）買一條黑白千鳥格紋低腰喇叭褲，因為大步搖擺的觀眾會在鏡頭前露臉。這也是個機會，可以去看滾石和一匙愛（Lovin' Spoonful）這類樂團現場表演。

另一個開展我們事業的妙點子是參加搖滾樂歌唱比賽，我們報名了兩項。一個是在北倫敦的鄉村俱樂部（Country Club）本地活動。我們在那裡表演過幾次，擁有一小群歌迷，所以沒有費太大的力氣就進了決賽。不過就在這個節骨眼，我們遇上了麻煩。我們也入選了一個更盛大的活動，也就是譜曲者節拍大賽（Melody Maker Beat Contest）。在那個年代，「節拍」（beat）是一個嚴重遭到濫用的詞彙。我們緊張地把試唱帶跟在麥可家後院拍的團照一起寄了出去，我們的團服很搶眼，穿飾耳領襯衫配藍色義大利針織領帶，全都購自查令十字路的塞西爾・吉（Cecil Gee）服飾店。

試唱帶和針織領帶似乎發揮了功效。入選競賽後，我們才發現預賽跟鄉村俱樂部的決賽落在同一晚。決賽不可能改期，我們的預賽也不行，因為譜曲者節拍大賽是精心設計的機制，大量賣票給想來塞滿票箱的每個樂團支持者，好讓主辦單位賺錢。最後我們找了另一個團商量，讓我們第一個上場，這無疑是最不利的時段（且儘管沒有任何影響，但我們的橫幅布條卻被誤拼成 Pink Flyod。）我們原本的上場時間比較晚，就這麼換給了冠軍聖路易斯聯盟（St Louis Union），他們簡直不敢相信自己的好運——而且最後還得了全國首獎。演奏完畢後，我們匆忙趕往鄉村俱樂部，卻因為遲到而與第一名絕緣，結果讓一個叫薩拉森人（Saracens）的團出線，去爭取事業機會。

一九六五年夏天，鮑伯・克洛斯在他父親和大學導師堅持下離團。他是還偷偷摸摸跟我們演出了幾次，但即使我們就要失去公認最厲害的樂手，這似乎不被看作是重大挫折。這種奇特的預知能力，或說是缺乏想像力，在某種程度上成為一種習慣。

我即將展開一年的實習，地點是琳迪父親法蘭克・魯特（Frank Rutter）在吉爾福德鎮（Guildford）附近的建築事務所。我要感謝羅傑幫助我一路通過課程，在我險些當掉工程數學的重考時輔導我領略其中奧妙。羅傑雖然獲得一位校外考官的讚賞，但他反倒被留級一年，要他去增加一些實務經驗。我想教師群終究對羅傑長期以來的藐視態度做出了回應，再加上他也愈來愈沒興趣去上課。他們的決定若不是純粹為了報復，應該就是因為他們單純需要避開羅傑一陣子。

法蘭克是一位優秀務實的建築師，卻也景仰新的運動，且對文化與建築史有很深的理解。在某種程度上，我若是繼續走建築這條路，他可能就會是我嚮往的某種典範。他不久前完成了獅子山（Sierra Leone）的大學，剛開始著手英屬蓋亞那（British Guiana）的一間大學，也就是我以最菜新人之姿進公司時做的專案。雖然我負責的事相當初階，但卻讓我意識到自己雖然讀了三年的建築系，卻完全不知道要怎麼把繪圖板上的藍圖變成現實。這算是某種信心打擊。

我住進魯特家，在吉爾福德鎮南邊的瑟斯利村（Thursley），這棟大房子足以容納法蘭克業務繁多的繪圖工作室，外加家族成員和訪客。寬闊占地讓我們得以在午休時間選擇相當文明的活動，到草地上玩槌球。出於巧合，法蘭克日後把這棟房子賣給了皇后合唱團（Queen）

的鼓手羅傑・泰勒（Roger Taylor）。

整個秋天我們都持續演出，通常以「茶具」為團名，但此時我們有了另一個席德想出來的名稱。這個團名是在逼不得已的情況下產生的。我們用茶具的名號到一個皇家空軍基地演出，可能是在倫敦近郊的諾霍特，結果卻發現演出者名單上還有另一個樂團也叫茶具。我不確定另外那組茶具是先登場或後上場才享有優先權，但我們只好匆匆想出另一個團名。席德拿可敬的藍調樂手平克・安德森（Pink Anderson）和佛洛伊德・康西爾（Floyd Council）兩人的名字，爽快提出「平克佛洛伊德之聲」（Pink Floyd Sound）這個名稱。雖然我們可能透過一些進口的藍調唱片知道這些人物，但我們並不特別熟悉他們的名字，這在很大程度上是席德的點子。結果就一直沿用下去。

真是不尋常，一個臨時起意的決定竟能成為永久而自然的固定名稱，還留下了深遠的影響。滾石合唱團也是在類似的情況下想出團名的，當時布萊恩・瓊斯（Brian Jones）必須把團名報給《爵士新聞》（Jazz News），結果他低頭一看，就看見了穆迪・華特斯（Muddy Waters）專輯中的歌曲〈滾石藍調〉（Rollin' Stone Blues）。從那裡浮現數十年來的文化衍生商品、雙關語與聯想。以我們來說，日後我們成為地下音樂圈的駐唱樂團之一時，所幸粉紅色[21]與佛洛伊德的抽象組合擁有適切而模糊的迷幻暗示，假如從嚎狼[22]的爬行王蛇歌詞來取名字，恐怕就沒這效果。

我們非常偶爾會踏出倫敦，到真的有酬勞的場合演出。有次我們去薩里郡艾雪鎮（Esher）一處叫高松樹（High Pines）的鄉間大宅表演，一九六五年十月則在劍橋的一場盛大派對上演出，慶祝史東・索格森的女友莉比・嘉紐埃瑞（Libby January）和她雙胞胎妹妹羅西（Rosie）的二十一歲生日。那晚同場的演出者有Jokers Wild（獨一無二的大衛・吉爾摩是團員），還有一位年輕的民謠歌手叫保羅・賽門（Paul Simon）。史東記得，這場派對代表當時世代間的兩極分歧。莉比的父母籌辦了這場派對並邀請了他們的多位朋友，穿的都是三件式西裝和小禮服。莉比和她妹妹的朋友則主要是學生，穿的是嬉皮原型的寬鬆服飾，喜歡把音樂放得很大聲。莉比的父親不認同年輕的索格森，後來沒多久竟真的給史東開了一張空白支票，要他自行消失——永永遠遠。

儘管當時還不明朗，但我們的下一個重要突破將會是一九六六年三月在大帳篷俱樂部

---

21 平克的英文 Pink 也有粉紅色的意思。

22 指外號嚎狼（Howlin' Wolf）的美國藍調歌手切斯特・柏奈特（Chester Burnett）。

（Marquee Club）[23]演出。此前，我們的名聲是建立在席德這位主唱身上，加上我們跟霍恩西藝術學院聲光工作坊的有趣活動有一些連結。我們的原創歌曲不可能超過四、五首，其中大部分是我們在布洛德赫斯特花園（Broadhurst Gardens）錄試聽帶時錄製的。

唯一可能讓我們受到更多關注的是艾塞克斯大學（Essex University）的那場演出。在大學的慈善募捐舞會上，同在演出者名單上的有搖擺藍色牛仔褲（Swinging Blue Jeans）——他們確實來了，還有瑪莉安・菲絲佛（Marianne Faithfull）——如果她能及時從荷蘭趕回來的話。聽起來不太樂觀。當時我們的團名依然叫茶具，不過我們必定給人正在轉向迷幻風格的印象，因為就算表演曲目中有〈高個子德州佬〉，我們全都隨著木吉他的伴奏演唱，卻還是有人安排了彩油幻燈片和投影放映[24]。我猜想是在場的某個人或後續的口耳相傳，讓我們得以前進大帳篷俱樂部……。

我們把這次排定在大帳篷的演出視為打進俱樂部圈子的絕佳機會，但後來發現這場音樂表演是名為「幻覺」（the Trip）的活動，屬於俱樂部被私人包場的獨立活動。演出時間在週日下午，絕對不是大帳篷熟客會熱切到場的時段。

---

23 倫敦著名的音樂表演場所，創立於一九五八年。

24 把各種顏色的礦物油壓在幻燈片中間，把加熱後油彩流動的視覺投影到舞台上，是平克佛洛伊德早期常用的舞台特效。

我覺得這整場活動非常詭異。我們通常在節奏藍調派對演出，入場費等於一小桶苦啤酒。突然間我們卻要為一場「偶發藝術活動（happening）」演出，而且他們還歡迎我們繼續拓展延長的獨奏，那當初只是我們為了混過倒數計時俱樂部的駐唱時段才加進曲子裡的。主辦方請我們在週日下午的類似活動再回大帳篷俱樂部演出，後來這些場子有了「即興地下社會」（Spontaneous Underground）的名號。這真的是機緣巧合，否則我們就不會認識彼得・詹納（Peter Jenner）。

彼得不久前才從劍橋大學畢業，但他在校期間沒遇過平克佛洛伊德的任何一位團員（在當地居民與學生之間仍有顯著隔閡）。他在倫敦政經學院（The London School of Economics and Political Science）的社會政策系服務，教社會工作者社會學和經濟學，另外也參與一個叫DNA 的唱片廠牌。用他自己的話來說，他是「一位音樂迷」，特別喜歡爵士和藍調音樂，與約翰・霍普金斯（John Hopkins）、菲利克斯・曼德爾松（Felix Mendelssohn）和朗・阿特金斯（Ron Atkins）共同創立了DNA，用來傳達他們的廣泛音樂興趣：「我們希望DNA 是前衛的，可以是前衛的任何事物：爵士樂、民謠、古典樂、流行音樂。」

那個學年快結束時，有個週日彼得在改一疊考卷，改著改著覺得他需要出去透透氣。他決定從霍本區（Holborn）的倫敦政經學院一路走到沃德街（Wardour Street）的大帳篷俱樂部，他知道有一場私人的音樂活動正在演出。他是從熟識的柏納・史托曼（Bernard Stollman）那裡得知消息，柏納的弟弟史帝芬（Stephen）經營附庸風雅的美國音樂廠牌 **ESP**，旗下囊括濁氣樂隊（The Fugs）等藝人，並成為創辦 **DNA** 的靈感來源。

彼得回憶：「**DNA** 曾經跟自由即興樂團 **AMM** 合作過，一天之內在丹麥街[25]錄完一張專輯。合約超爛的：百分之二必須拿來付錄音室的租金，可能還包括給藝人的費用。身為一位經濟學家，我算出一張三十英鎊的專輯的百分之二只有七便士，而要有一大堆的七便士才能賺到一千英鎊——在我心中，這才稱得上一筆財富。我覺得如果 **DNA** 要成功，我們旗下就必須有一個流行樂團。當時正是我在大帳篷俱樂部看平克佛洛伊德之聲的那個週日。我確實覺得，他們團名中的『之聲』兩個字頗遜。」

「我觀賞這場表演的印象非常清晰。這個團基本上彈的是節奏藍調，例如〈露伊，露伊〉（Louie Louie）和〈撢撢我的掃把〉（Dust My Broom），當時人人都在彈這些東西。我聽不清楚歌詞，但那個年代沒人聽得清楚歌詞。但真正讓我著迷的是，他們的間奏並不是哀淒的吉他獨奏，而是一種詭異的噪音。我一下子搞不清楚那是什麼，結果噪音來自席德和理克。席德用他的 **Binson Echorec** 殘響效果器製造有回音的怪東西，理克也彈出反常而變化多端的長和弦，尼克用琴槌打鼓。就是這東西迷住了我。這算前衛！成交！」

---

25 丹麥街（Denmark Street）是倫敦錄音室和唱片公司雲集的街道。

彼得想跟我們聯絡，柏納・史托曼幫他牽線。他前來斯坦霍普花園社區見我們：「羅傑來應門。其他所有人都放假去了，因為這時是學期末。於是我們達成協議：『九月再見！』做唱片廠牌是我一時興起的念頭，是一種業餘愛好，所以等待對我不成問題。羅傑沒叫我滾，就只是說『九月再見』……。」

彼得來斯坦霍普花園社區的時候，我正以很低的預算第一次去美國旅行。我的美國行算是建築進修的一部分，想利用這次機會去見識一些美國的摩天樓，而不是美國民謠音樂的朝聖之旅。琳迪在紐約的瑪莎・葛蘭姆舞團（Martha Graham Dance Company）接受舞者培訓，這是我動身的另一個好理由，因為她在暑休期間會有段空檔。（理克的女友茱麗葉碰巧這段時間也在那裡。）

我搭乘汎美航空的波音七〇七班機，在紐約待了幾個星期。有些文化和建築的觀光，包括古根漢美術館（Guggenheim）、現代藝術博物館（MOMA）、利華摩天大樓，不過我確實也去看了幾場音樂演出。我看了濁氣樂隊，也去聽一些爵士表演，例如摩斯・艾利森（Mose Allison）和塞隆尼斯・孟克（Thelonious Monk）在前衛村（Village Vanguard）及其他格林威治村爵士樂俱樂部的現場演出。我花了不少時間逛唱片行，很多音樂沒進口，而且美國的唱片封套硬挺堅固，跟英國十分薄的封套相比顯得非常超值，是珍貴的戰利品。

琳迪和我買了一張要價九十九美元的灰狗巴士票，可以在三個月內無限次搭乘，接著就往西（對我們來說是如此）進行了三千英里的壯遊，除了偶爾加油與小歇，從東岸到西岸途中毫不停留。在巴士上，我們認識了一對新婚的美國夫妻，新郎即將前往越南。這對一九六六年的我們來說沒什麼意義，後來我才頓悟了這整件事的特殊含意，我有時依然會好奇他是否有活著回來。

當時舊金山還沒成為全世界的「愛之夏」首都，海特—艾許伯里依舊只是一個十字路口[26]。這座城市還更適合觀光（惡魔島聯邦監獄〔Alcatraz〕之旅）和吃海鮮。我們從這裡搭灰狗巴士往東到肯塔基州的萊辛頓（Lexington），跟理工學院的朋友唐・麥克蓋瑞（Don McGarry）和他的女友蒂爾德瑞（Deirdre）碰面。唐買了一輛五〇年代晚期的凱迪拉克，煞車不可靠，因此開在山路上非常刺激。我們幾乎是直接開往墨西哥城——只偶爾為了想看的建築物繞路。我們在城內胡亂晃了一圈，接著到阿卡普爾科（Acapulco）待一陣子，驚嘆淡季期間萬物的價格有多麼低廉：旅館房間每晚一美元。接著是一趟回萊辛頓的壯闊旅程，然後我才回了紐約，並飛越大西洋返鄉。

這趟旅程期間，平克佛洛伊德之聲還沒深深滲入我的意識當中。我只想著到了九月，

---

26 海特街（Haight Street）跟艾許伯里街（Ashbury Street）街交叉口是這一區的中心點，一九六七年的愛之夏（Summer of Love）期間吸引十萬人來到此地。

我就得回去為繁重的課業忙個不停。不過在紐約的時候，我偶然翻閱《東村番外報》（East Village Other），裡面有一篇報導介紹倫敦新崛起的樂團，文中就提到了平克佛洛伊德之聲。

在離家這麼遠的地方發現團名曝光，真的刷新了我對這個樂團的看法。我展現出一種天真到讓人想哭的信任，以為報紙上寫的一切都是真的，因此領悟到這個樂團有潛力成就更多，而不只是自我娛樂的途徑。

潛入地下 GOING UNDERGROUND 2

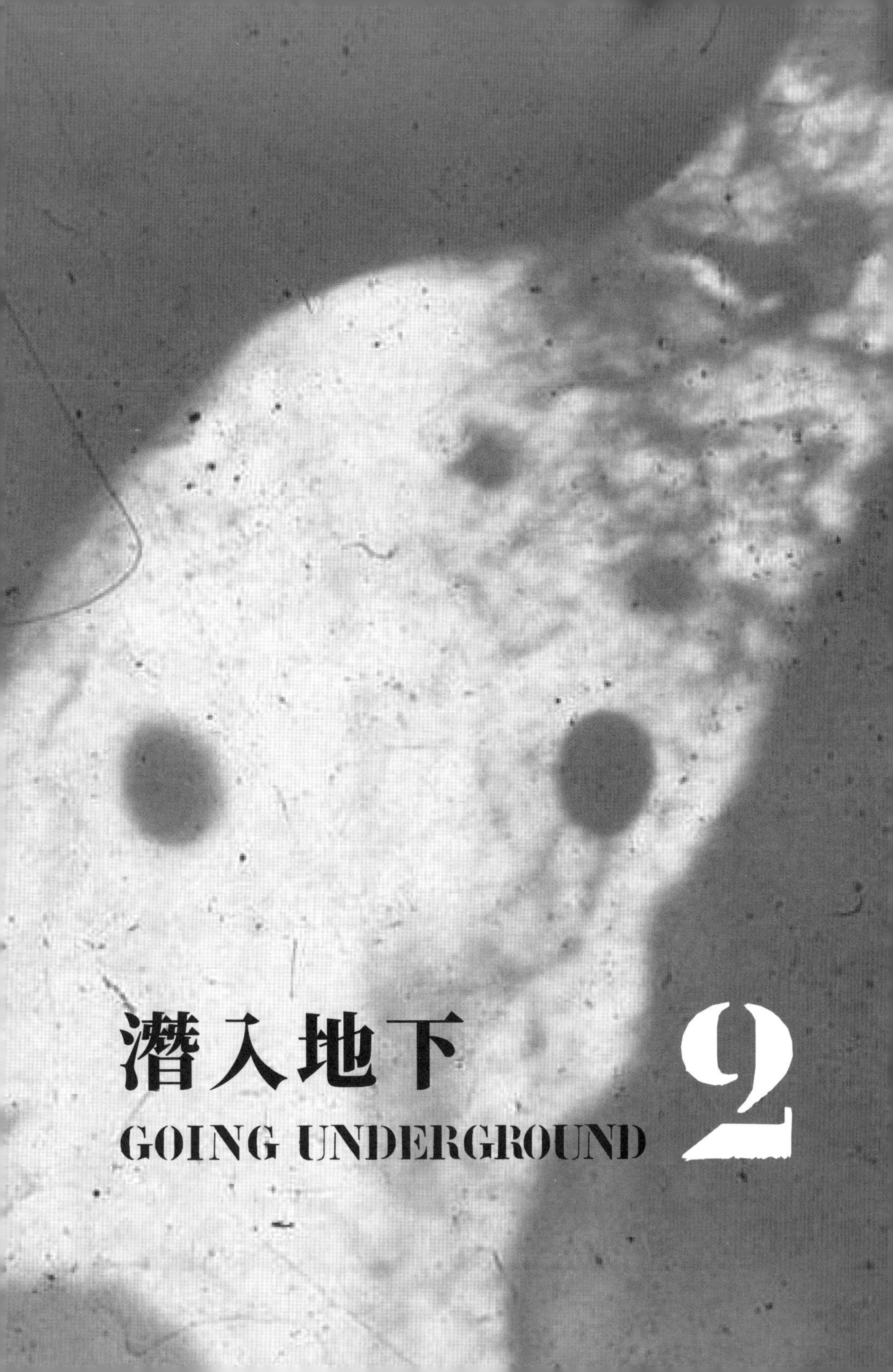

2 潛入地下

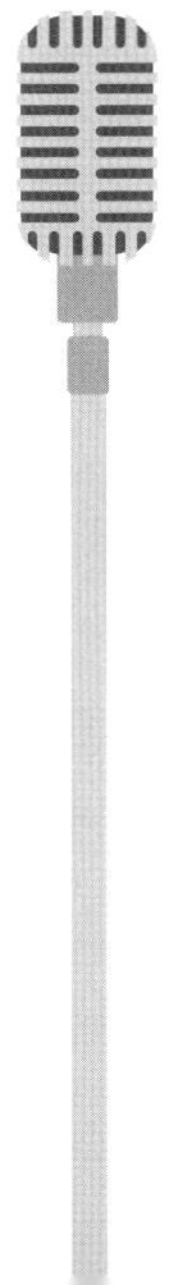

一九六六年暑假過後，平克佛洛伊德之聲的團員在倫敦重聚時，彼得・詹納還在等待。他回到斯坦霍普花園社區說：「我們想邀你們加入唱片公司。」羅傑告訴他，我們不需要唱片公司，但我們需要一位樂團經紀人。

這立刻重新喚起了我們對成功的模糊想像，這樣的美夢原本可能隨著夏季結束就消散了。我們對彼得的堅持有點驚訝，但也迫切想要把握任何一絲機會，最後一致同意讓彼得和他的夥伴安德魯・金（Andrew King）管理樂團。安德魯記得，有一次討論經紀事務時，我說過：「沒有其他人想當我們的經紀人，所以你不妨就……。」我們把他們的加入視為樂團的重大進展，讓我們有機會得到幾樣東西：有酬勞的穩定工作，一定的口碑，一些像樣的器材——我們若要從業餘轉成職業，這些全都不可或缺。

彼得和安德魯在西敏寺大學求學時就認識了。他們的父親都是教區牧師：安德魯即將升大四時，他的雙親因故必須搬離倫敦，索性決定找一戶善良的基督教家庭讓兒子在學期間暫住。就這樣，安德魯跟詹納家在紹索爾區（Southall）聖喬治教堂的牧師宿舍一起生活。彼得比安德魯小一歲，所以他們在學校時不太熟，但卻因為同住一個屋簷下而養成了共同的興趣。遺憾的是在我的印象中，這兩人雖然因為情誼而結成一個邪惡的同盟，卻不曾給過樂團什麼精神上的指引。但安德魯倒是注意到，教牧關懷在音樂產業中是個很好用的管理工具：「在牧師家裡，你必須隨時能夠面對上門的任何人事物。」

在牛津劍橋的入學考與秋季開學之間，安德魯和彼得透過另一條教會人脈（這次是聖公會〔Episcopalian〕）赴美，前往位於伊利諾州北京市（Pekin）的威士忌酒廠工作六個月。從這個地點到芝加哥度週末很方便，他們也因此有機會吸收豐富的電子藍調、爵士與福音音樂。

兩人就讀大學期間一直保持聯絡——彼得在劍橋，安德魯在牛津。當彼得決定開始當我們的經紀人時，他邀了老朋友安德魯來幫忙，更重要的是尋求金援。安德魯在一間把科學原理應用於教育訓練的公司工作，透過一部機器，請受訓者壓控制桿回答選擇題。幫這部機器撰寫了一個熱力學的程式後，（對熱力學只是略知皮毛的）安德魯被借調到英國歐洲航空（BEA），協助激發員工的動力。兩家公司都以為他在對方的辦公室，而安德魯實際上更可能是在賴床，或著 Rizla 捲菸紙在練習摺紙……航空公司職員或安德魯本人似乎都沒辦法激發出什麼動力，因此彼得在電話中的提議似乎有吸引力多了。

彼得回憶：「我們是好朋友，一起去看過許多音樂表演。我們就想：『我們何不來當這個團的經紀人，可能會很有趣。』安德魯已經離職，沒在工作，我覺得這會一直是很棒的嗜好。」他們共同創辦黑山丘企業（Blackhill Enterprises），名稱源自安德魯用一些遺產在布雷肯比肯斯山區（Brecon Beacons）買下的黑山丘牧場。其餘的遺產乾淨俐落地分配給山野生活和平克佛洛伊德之聲迫切需要的某些器材。

以往，當我們難得領到演出酬勞時，錢都是拿來升級我們各自擁有的器材：羅傑買了一把 **Rickenbacker** 牌的貝斯，我也從原本湊合著用的鼓組晉升到頂級鼓組。告別克里斯・丹尼斯和他的 **PA** 系統後，我們不是去借就是用場地有的隨便什麼系統，通常傳出的音質水準連火車站播音員都會覺得不清晰。黑山丘立即整頓了現況，帶我們走一趟查令十字路並買給我們一套 **Selmer PA** 系統，外加新的貝斯和吉他音箱。

原本彼得是打算繼續經營 **DNA**，同時教課並管理我們，安德魯則專心打理平克佛洛伊德。但 **DNA** 顯然不再運作之後，彼得就把精力集中在我們身上。在這兩人之中，彼得是皮條客（也負責社交），有談成協議的本事。彼得形容自己是「一等一的胡扯高手，至今寶刀未老」，而且還有個額外的優勢，就是在地下音樂圈有人脈。安德魯比較放鬆，相處起來很好玩，但由於太愛享受，他有時不太可靠。然而他否認這個傳說：有天晚上出去玩得太開心，結果我們北歐巡迴所有的備用現金全部都消失了。他說事實上，他只是在掏零錢時讓幾枚挪威克朗滾進了水溝裡。真不幸，羅傑敏銳的目光有看到那一刻。

除了在伊利諾州親身觀察過芝加哥的音樂圈之外，這兩個人對音樂產業幾乎是毫無經驗。但我們還比他們更菜，因此在我們看來，他們似乎擁有充足的人脈去找到更多更好的工作，跟唱片公司展開洽談。如果讓我們自己去跟唱片公司談合約，那才真的是瘋了，因為我們滿腦子幻想著排行榜榜首單曲，一定會跟第一間提出合約的公司用少得可憐的錢簽約。彼得和安德魯至少會禮貌地猶豫一下。

除了應該會有更多工作機會以及真的取得了新器材之外，彼得和安德魯組成的詹納—金團隊也替我們牽了線，進入倫敦初萌芽的地下文化運動，管道是透過彼得參與的倫敦免費就學（London Free School）替代教育機構。一九六六年的英國正歷經某些驚人改變。哈洛德．威爾遜（Harold Wilson）的工黨政府投入猥褻、離婚、墮胎和同性戀相關法律的修訂草案。避孕藥已可取得。女性解放發展成不只是一項理論，使得吉曼．基爾（Germaine Greer）和卡洛琳．庫恩（Caroline Coon，舉世首創毒品與法律諮詢電話專線「解脫」〔Release〕創辦人）等女性能夠平等參與。

這也是一段文化變遷的時期。披頭四帶頭營造了一種現象，國際音樂圈突然變成由英國樂團主導。在披頭四之後，美國的音樂市場就接受了英國樂團。這是東尼．布萊爾（Tony

Blair）的「酷不列顛」（Cool Britannia）原始版本。伴隨而來的是英國時尚、零售創新、模特兒和攝影師的蓬勃發展，服裝設計師瑪莉・官（Mary Quant）和歐西・克拉克（Ossie Clark）、卡納比購物街和畢巴服飾店（Biba），模特兒崔姬（Twiggy）、珍・詩林普頓（Jean Shrimpton）、貝里[27]和歌手唐納文（Donovan）等名號廣為人知。連英國足球都在一九六六年世界盃奪冠後開始走大運。

商業爆炸的同時，教育領域也湧現類似的活躍現象。這在很大程度上源自美術學校，不僅培養出優異的設計師和攝影師，也教出一個世代才華洋溢的搖滾樂手，包括雷・戴維斯、凱斯・理查、約翰・藍儂和彼得・湯森[28]。可供申請的獎學金增加了，因此繼續升學不僅對職涯有益，也是推遲不得不外出賺錢、認真討生活的煩人日子的絕佳方式。職缺相對多，長期的工作也容易得到，讓學生有了許多選項，包括時不時選擇休學（以及復學）。事實上，當《明日世界》（Tomorrow's World）影集裡的機器人什麼事都幫我們做好時，我們竟然在煩惱這麼多閒暇時間該做什麼，想來實在不可思議。

27 應指英國時尚攝影師大衛・貝里（David Bailey）。

28 雷・戴維斯（Ray Davies）是奇想樂團（The Kinks）的吉他手；凱斯・理查（Keith Richards）是滾石合唱團的吉他手；約翰・藍儂（John Lennon）是披頭四的吉他手；彼得・湯森（Pete Townshend）是誰合唱團的吉他手。

這一切唯一一個真正的負面影響要再過十三年才會浮現。在這個大膽、新穎且非常中產階級的另類世界，主流政治受到漠視。等到有人領悟時，已經太遲了。那些在六〇年代錯失了所有樂趣的壁花，在一九八〇年代上演復仇記，他們掌控了國家，並且蓄意破壞公衛醫療、教育、圖書館及他們能染指的其他任何文化機構。

一九六五年六月，有一場詩歌朗誦會辦在皇家阿爾伯特音樂廳（Albert Hall），是代表某種知識分子地下文化運動萌芽的重大時刻之一。登臺陣容包括艾倫・金斯堡（Allen Ginsberg）、勞倫斯・弗林蓋提（Lawrence Ferlinghetti）和格雷戈里・柯索（Gregory Corso）。主辦單位預期最多會有幾百人，結果有七千五百人到場。這波新興的知識分子地下運動開始圍繞著印度產書店（Indica Bookshop）凝聚。書店的資金由珍・艾雪的哥哥彼得[29]支付，他也是詹納和金的學生時代老友。印度產的其他創辦人有作家兼記者邁爾斯[30]，還有理克的朋友約翰・鄧巴（John Dunbar），鄧巴日後跟歌手瑪麗安・菲絲佛結了婚。書店原本在聖詹姆士區（St James's）附近的梅森花園街（Mason's Yard），另設一間藝廊，後來搬到南安

---

29 珍・艾雪（Jane Asher）是童星出道的英國演員，曾與披頭四成員保羅・麥卡尼（Paul McCartney）交往並訂婚；彼得・艾雪（Peter Asher）曾是樂團歌手，後轉任音樂經紀。

30 應指貝瑞・邁爾斯（Barry Miles）。

普敦街（Southampton Row）。這裡引進美國詩人的作品，藉此提倡思想與實驗文學，相關領域的跨界在美國已扎下深厚根基。「印度產」這個店名來自印度大麻（*Cannabis indica*）這種植物的學名，但也有個含蓄的版本，說它是「暗示」（indications）的縮寫。而在另一間「好優書店」（Better Books），安迪・沃荷（Andy Warhol）從美國來參加一場詩歌朗誦，隨行成員包括沃荷電影《沙發》（Couch）裡的明星凱特・海里瑟（Kate Helizcer）。海里瑟帶來了在英國前所未聞的地下絲絨樂隊（Velvet Underground）專輯。

這兩間書店都開闢管道引進前衛的美國搖滾樂，否則我們大多數人絕沒有機會聽見這類音樂，例如巴哥犬（Pugs）和發明之母（Mothers of Invention）樂團。有時候，這些在我們聽來古怪的美國團名會讓我們覺得他們是另類樂團，但他們的音樂卻相當傳統。後來真的聽多了美國團，例如鄉村喬與魚（Country Joe & The Fish）或大哥控股公司（Big Brother & The Holding Company），我們才常常驚覺這些音樂其實是受到美國鄉村或藍調樂啟發，儘管歌詞內容激進得足以讓他們被看成是地下樂團。

參與印度產書店的一些人也投身倫敦免費就學計畫，這由包括彼得・詹納在內的一群人籌辦，企圖在諾丁丘（Notting Hill）一帶提倡進修教育。這地下團體裡的其中一位主要推手是約翰・霍普金斯，外號霍皮（Hoppy），他從紐約的免費大學（Free University）汲取概念，而這在某種程度上激發了整個事業。（霍皮是刻意「退出」固定職涯的先驅之一，他在一九六〇年代初辭去哈威爾原子能研究院的工作，並成為自由接案的新聞攝影記者。）

彼得說：「倫敦免費就學的概念是要提供大眾非傳統教育。事後看來，這是一項極其自以為是的中產階級行動。我們全都享有特權背景，全都受過高等教育，但我們對所學不滿意。我們用非常狹隘的方式接受教育。」免費就學計畫旨在回應人們變得跟教育疏離的事實，而老師藉由教導其他人，也能從學生身上學習。計畫短暫燃燒了一年左右，然後就崩解了——所有的主要參與者都在忙其他的事，從新聞到籌辦活動都有。倫敦免費就學在某種程度上受到諾丁丘的多元文化主義啟發，迷幻運動亦然。彼得指出，人們並不記得戰後的英國是多麼了無生氣：「簡直一片黯淡。迷幻是在反抗單調之味。」

倫敦免費就學的聚會地點在諾丁丘塔維斯托克新月街（Tavistock Crescent）的一棟老屋（現已拆除），屋主是諾丁丘嘉年華會的創辦人羅妮・萊斯勒（Rhaunnie Laslett）。免費就學需要錢來維繫，主辦人也想創立一份新消息暨資訊報，好讓人人都得知有這項新的地下文化運動。彼得和安德魯想出了解決辦法：如同所有教區牧師的好兒子，他們知道如果想募款，你要不就是舉辦惠斯特撲克牌比賽，要不就是辦一場舞會。撲克牌局似乎不合適，於是倫敦免費就學租用本地的教堂禮拜廳（如今也拆了），位於諾丁丘波威斯花園社區（Powis Gardens）的諸聖堂（All Saints），並邀請平克佛洛伊德之聲演出幾首「流行舞曲」——我們決定繼續用大帳篷俱樂部表演期間席德想出的團名。

對於這次機會，我們也許沒有特別興奮：在教堂禮拜廳演出並不是我們期待新經紀人致力的目標。但它後來卻成為我們所能找到的最佳場地之一，因為倫敦郵遞區號W11的這區很快就把自己塑造成了另類社會運動的核心地點。整個諾丁丘地區漸漸變成倫敦最有趣的區域，結合了低廉的房租、跨文化的居民、倫敦免費就學等活動，以及熱絡的非法毒品買賣。本地警察為了打擊毒品也發展出有創意的辦案手法，主要跟羅織證據有關。這對激進的知識分子來說是新鮮事：除了核裁軍運動遊行之外，中產階級鮮少必須面對法律的黑暗面。

諸聖堂本身並不起眼，室內有挑高天花板和木地板，一端是架高的講臺，跟處處可見的無數類似教堂建築物相仿。但這場活動很快就呈現出自己的個性。聽眾不同於節奏藍調的瘋狂樂迷和《流行之最》（Top of the Pops）的節目觀眾。本地有時髦的兄弟會，也有以當「怪胎」自豪的學生或大學輟學生，他們會坐在地板上或只是揮舞著手臂四處晃，具體說明了後來所謂的「耍白癡」是什麼意思。他們不太有正常聽眾的樣子，而且常常嗑藥嗑得神志不清，連未乾的油漆他們都覺得不只是有趣而已，而是具有深刻的意義。這給我們帶來了超棒的影響。他們對我們演出中的即興部分不僅反應熱烈，還全盤接納，因此我們漸漸開始專注於拓展這個部分，而不只是行禮如儀地表演翻唱曲目。

燈光秀在諸聖堂的表演中扮演重要角色：這些活動的發想著眼點是「偶發藝術」，歡迎人們以自己想要的任何方式參與。一對美國夫妻——喬・布朗（Joel Brown）和托妮・布朗

（Toni Brown）——到訪時，原本投影了一些幻燈片。他們返美後，燈光秀的貢獻在彼得、他太太蘇米（Sumi）和安德魯心目中已經變得十分重要，因此他們著手打造某種替代品。在優先考量預算、又欠缺任何做劇場燈光設計朋友的情況下，安德魯和彼得決定不找專業燈光公司，而是直闖本地的電器行，採買大批家用聚光燈、普通開關、凝膠和圖釘，搞不好還用建築零工的身分獲得業內折扣。這些通用燈光器材全部裝入釘在幾片平板上的木板條，再把這怪異裝置接上總電源，只靠手動就能開關燈光。這是拼湊出來的設備，但在當時具有革命意義——沒其他樂團有這種舞臺照明。

《譜曲者》週刊在一九六六年十月二十二日的報導描述我們的典型演出風格：「幻燈片棒極了——色彩豐富、令人驚奇、怪誕、美麗，但在諸聖堂禮拜廳冰冷的現實環境下，一切都顯得有些淡漠。迷幻版的〈露伊，露伊〉沒達到預期效果，但若能把他們高超的電子技巧和一些動聽的抒情歌結合起來——擺脫過時的節奏藍調曲子，在不久的將來應該就能有亮眼的成績。」

我們演出歌單上的節奏藍調標準曲目愈來愈少，席德寫的歌則愈來愈多——其中許多首就構成了我們首張專輯的基礎。我們把節奏藍調的經典歌曲跟我們比較長的創作歌曲混在一起，因此常用來當開場曲的〈星際超載〉（Interstellar Overdrive），下一首可能就是很正統的波・迪德利的〈別以貌取人〉（You Can't Judge a Book by the Cover），或是席德的愛歌、查克・貝瑞的〈梅貝琳〉[31]。

雖然這一連串的表演為我們帶來固定聽眾，而且我們也慢慢被視為了「地下樂團」（它的定義在當時已經成形），但在我的印象中，沒有一位團員特別意識到這個運動本身的重要性。我們對運動的目標有共鳴，但絕對不是活躍的參與者。我們享受跟參與者相處，例如霍皮、羅妮・萊斯勒和黑人民權倡議者麥可・X（Michael X），但我們真正的興趣是在音樂界闖出一番事業，買一套新的舞臺擴音器材，而不是實現免費報刊的理念。

諸聖堂禮拜廳的收入協助免費就學計畫創立了專屬的報刊。《國際時報》（International Times）創刊是為了定期搜羅倫敦正在發生的所有話題和事件。典範是紐約的《村聲》（Village Voice）週報，以獨特方式結合藝術評論、調查報導及自由、激進觀點的喉舌。《國際時報》創刊時，在所有有趣的另類經銷點一份均售一先令，由愛書出版有限公司（Lovebooks Ltd）發行，印量一萬五千份。十月的一個寒冷夜晚，社方在肯頓區查爾克農場[32]的圓屋劇場

31 〈星際超載〉有多種版本，專輯版的長度是九分多鐘，表演版本常達十幾分鐘。；原書提到查克・貝瑞（Chuck Berry）時提的歌名是「奮發」（Motivating），疑屬誤植，可能指的是《奮發》（Motivatin'）專輯中的歌曲〈梅貝琳〉（Maybellene），歌詞裡有出現這個字。

32 肯頓區（Camden）的查爾克農場（Chalk Farm）亦位於倫敦市區，不是指真正的農場。

（Roundhouse）籌辦創刊派對。

圓屋劇場興建於一八四〇年代，原始用途是蒸汽引擎的檢修廠，然而場地和轉車臺不到十五年就遭到淘汰，因為引擎的尺寸變得太大。酒廠傑彼斯（Gilbeys）把這裡當作倉庫，不過到了一九六〇年代初，廠房已經破敗得厲害。有鏡頭詳細記錄了這樣一件事：我們的巡演助手把廂型車倒車開進了一位藝術家為創刊派對開模製作的巨大果凍裡，但巡演助手其實就是經紀團隊，因為我們根本沒有所謂的巡演助手。這場災難性的餐飲事故顯然對於增強秩序感沒有任何助益。

這裡沒有舞臺，但有一輛舊車廂拿來當架高平臺。我們的一整套樂器、音箱、燈光秀組合，全憑單單一條十三安培的導線運作，而那根本支撐不了一間普通廚房的供電。後果是亮度極低，大部分光線由火把和蠟燭提供。電力時不時用盡，宣告演出結束或中斷。圓屋劇場的燈光效果也很有限，包括安德魯和彼得自己做的設備，還有幾部供電不足的 Rank Aldis 三十五釐米投影機（用來展示暑假照片的那種家用機器），放入填充油、水、彩色墨水和化學物質混和溶液的幻燈片，用小型丁烷噴火槍加熱。不讓這套怪裝置過熱需要高超的技巧，否則玻璃片會裂開，墨水潑灑出來，可能引發小火災，必定造成一團亂。從我們燈光技師手指上的鮮豔墨印和手上的水泡就能立刻認出他來。

《國際時報》的創刊很成功。《小鎮》（Town）雜誌形容佛洛伊德的表演是「震破耳膜和眼球」，《國際時報》本身則說「嚇人的回授聲（feedback）為活動帶來詭異感受」。這很像波威斯花園社區的那場演出，只是又添了魅力。消息傳出去，重要人士與名人開始現身。好幾千人到場。這場活動讓時尚男女與名人齊聚一堂，包括保羅・麥卡尼、導演彼得・布魯克（Peter Brook）和米開朗基羅・安東尼奧尼（Michelangelo Antonioni）、演員莫妮卡・維提（Monica Vitti），並頒發政治不正確的「穿最短露最多」獎，據說由瑪莉安・菲絲佛拿下。軟機器樂團（Soft Machine）也來表演，在他們演出中的某一刻，有輛催緊油門的機車充當特別嘉賓驚奇登場。還有彩繪普普藝術的美國車、算命密室、整晚的小眾電影放映秀。這是我們有史以來面對過的最多一群聽眾。

我們確實花了不少時間待在人群中跟聽眾一起體驗，但那是我們最後幾次這麼做，因為沒多久，我們就開始退入樂團休息室那自我封閉的文化。我也還記得我們大部分人都化了濃妝，還花了一大堆時間把頭髮梳捲或刮蓬，打扮成我們以為流行明星該有的樣子。我們的服裝是另一項搾乾預算的事。還要再等好幾年，T恤的休閒態度才變得普遍，錢也跟著省下來了。但目前我們還是覺得緞面襯衫、天鵝絨喇叭褲、圍巾和戈希爾鞋店（Gohil's）的高跟皮靴是必備行頭。

十月底我們跟彼得和安德魯正式達成協議，成為黑山丘企業的合夥人。我們四人以及彼得和安德魯各擁有公司的六分之一，代表我們全都能分享佛洛伊德的成果，外加黑山丘與其他樂團合作的任何獲利，以及安德魯和彼得展望中的壯觀娛樂帝國。這項協議極其領先時代，用彼得的話是「用恰當的嬉皮方式安排」，安德魯則說是「一個迷人的點子」。

黑山丘在貝斯沃特區（Bayswater）的亞歷山大街三十二號開設字面意義上的店面——樓上有一間公寓，樓下是店面。這處房產由安德魯的女友溫蒂（Wendy）租下，再後來成為獨立廠牌硬唱片（Stiff Records）的原始總部。安德魯住在最高的三樓公寓，羅傑、理克、席德全都時不時住過那裡。喬・賈農（Joe Gannon）也住過，他是我們創團的燈光師，日後在美國當上成功的導演、製作人和燈光指導，與搖滾歌手艾利斯・庫柏（Alice Cooper）的合作尤其出名。這個地方很快就陷入混亂。一部分用來當作樂團的起居室和倉庫，一部分當作辦公室，直到我們的祕書、助理巡演經理、司機兼個人助理瓊・查爾德（June Child）到職，一切才有了秩序。她成為一位寶貴的團隊成員，後來嫁給黑山丘的另一位藝人馬克・波倫（Marc Bolan）。

在軟機器樂團的羅伯特・懷亞特（Robert Wyatt）記憶中，黑山丘是「一群友善的人。他們人非常好，在普遍不老實的經紀人間是高尚的例外，而且真正關心他們效力的人。我想我們大多數人都沒那麼幸運。」軟機器是我們少數結識的樂團，因為我們常發覺自己在超出主流流行音樂的範圍外打轉。在波威斯花園社區和圓屋劇場的偶發藝術演出實在不符合「力求進取」的傳統定義。

彼得和安德魯的經紀方式非常隨意，但事實卻證明他們在發掘樂團這方面擁有絕佳的直覺。平克佛洛伊德不是他們扶植的唯一樂團。雖然一開始他們必須集中心力滿足我們的需求，但他們也看準時機幫艾德格・布洛頓（Edgar Broughton）、羅伊・哈波（Roy Harper）開展職業生涯，還有波倫和他的暴龍樂團（Tyrannosaurus Rex），此外也跟沒在怕（Slapp Happy）和第三隻耳（The Third Ear Band）等樂團合作。

黑山丘跟古典樂演出籌辦人克里斯多福・杭特（Christopher Hunt）的關係，證明了他們對當時的我們是多麼有幫助。彼得和安德魯並未依賴已證實有效的方式，規畫在既有的俱樂部和表演場地巡迴，而是不斷尋找另類的方式來推廣他們的另類樂團。彼得的太太蘇米是克里斯多福的祕書。一九六七年一月，克里斯多福果真幫我們在大英國協研究院（Commonwealth Institute）裡籌辦了一場演出。肯辛頓這間精心打造的美麗音樂廳，主要用來辦世界音樂類型的獨奏會，例如最近變流行的若維・香卡（Ravi Shankar）。我們需要一位古典樂演出籌辦人的影響力替我們打通門路，否則我有把握，主管機關理所當然會判斷一定會發生騷亂——我想他們仍舊以為「搖滾樂」是跟緊身褲、泰迪男孩（Teddy boys）[33]和比爾・海利有關的事。西敏寺大學的人脈也派上用場，送上強納生・芬比（Jonathan Fenby）來撰

33 一九五〇至六〇年代在英國盛行的次文化族群，熱愛搖滾樂和節奏藍調。

寫平克佛洛伊德的第一批新聞稿，內容很棒，因為他知道什麼在媒體眼中是好故事。他當時是路透社的記者，日後成為《觀察家報》（Observer）和《南華早報》（South China Morning Post）的主編，也是一位傑出作家。我們透過強納生在優質媒體搏得了一些版面——首篇出現在《金融時報》（Financial Times）。一九六六年十月三十日，杭特・戴維斯（Hunter Davies）在《星期日泰晤士報》（The Sunday Times）的專欄寫了一篇關於迷幻的短文，並引述安德魯和羅傑的話，他們主張「如果你吃迷幻藥，你的體驗完全取決於你這個人是誰。我們的音樂則可能讓你嚇得尖叫，或是狂喜地尖叫。大部分是後面那種情況。我們發現我們的聽眾如今不跳舞了。我們通常能讓他們站在原地，張著嘴巴享受。」杭特用一個字來評論這一切：「嗯。」杭特正是不久後交出一九六八年的披頭四傳記、闖出流行音樂界觀察家名聲的那位記者。

我們繼續這種僅此一次的亮相。通常不太算真正的音樂表演，比較接近靠口耳相傳來公告的私人活動，少數幾次出城到布萊奇利（Bletchley）和坎特伯雷（Canterbury）等地，大部分位於倫敦，有回到霍恩西藝術學院，也有在諸聖堂多唱幾場——最後一次在那裡演出是十一月二十九日。也有幾次在圓屋劇場的後續活動，包括「迷幻地對決伊恩・史密斯」

（Psychodelphia vs Ian Smith）[34]，宣告「歡迎一切瘋狂行為！請自備偶發藝術和致狂喜藥物，菸隨意。」不過沒有一次全然捕捉到最初《國際時報》創刊派對的氛圍。

到其他場地表演是一條大起大落的經紀學習曲線。我們在一個天主教青年會的音樂表演活動演出時，負責的傢伙拒絕付清款項，硬說我們演奏的「不是音樂」。安德魯和彼得告上小額索賠法院——結果讓他們加上我們完全不敢置信的是，我們輸了，因為令人失望的法官完全同意青年會主管的看法……。

樂施會（Oxfam）十二月在阿爾伯特音樂廳舉辦的義演，取名叫「你一定是在開玩笑吧？」（You Must Be Joking?），儘管我們在演出陣容中墊底，這是另一次有助益的亮相機會。在我們前面有大批名人，包括喜劇藝人彼得・庫克（Peter Cook）、演員達德利・摩爾（Dudley Moore）、歌手克里斯・法洛威（Chris Farlowe）和艾倫普萊斯夥伴樂團（Alan Price Set），足以確保觀眾達五千人。艾倫・普萊斯拿我們開了個玩笑心，在他的Hammond風琴上敲出回音並宣稱這就是迷幻音樂，我們也由此察覺了音樂圈是如何看待我們的。那時我們覺得很丟臉，可能因為我們全部人的媽媽都在觀眾席上。如今任何怨懟都已經幾乎煙消雲散了。

---

34 迷幻地是自創字；伊恩・史密斯是英國殖民地羅德西亞（現今的辛巴威）的總理，任期從一九六四年至一九七九年，遭批評為種族歧視者。

我們也在十二月重返大帳篷俱樂部，卻把跟俱樂部和店裡常客的關係搞得相當尷尬。那裡的經理約翰・吉（John Gee）出身爵士樂背景，似乎對俱樂部此時邀辦的音樂演出感到不滿。接觸了無窮無盡的吵鬧樂團後，他十分暴躁，也對此不以為然（這可以理解），且似乎帶著同等的恨意討厭顧客和樂團。我們古怪的音樂和詭異的燈光，加上我們格外業餘的音樂技巧，肯定讓他反感至極。

遺憾的是，大帳篷的聽眾跟支持我們的群體都抱持頗類似的看法。大帳篷在一九五八年開業，原本是一間爵士俱樂部，但後來卻成了英國節奏藍調運動的中心。剛開始爵士樂手都很鄙視節奏藍調（如果不是痛恨的話），尤其因為某些樂手也靠伴奏維生，可以預見自己的固定演出（也就是飯碗）迅速消失。即使如此，大帳篷俱樂部卻是英國節奏藍調運動、而非地下文化運動的中心點。儘管我們確實有過一小段駐唱時期，但這其實比較像是一次短暫的邂逅。

大帳篷是一個典型的音樂俱樂部。超小的更衣室裡瀰漫著汗味和濃濃的廉價男用古龍水味——這麼做總比嘗試在洗手臺洗澡容易得多。而在大受歡迎的夜晚，俱樂部有一種在電梯裡辦學生派對的氣氛。若非如此，最好走到後方的酒吧，那裡供應上好的艾爾啤酒，裝在大塑膠杯裡，以防客人不滿音樂或不爽彼此。樂手演奏時都心知肚明，可能會被潑得一身溼，但只要不離開舞臺，至少可以避免被嚴重割傷。

所幸有那麼一家俱樂部似乎是為我們量身打造的——名稱叫 UFO，「地下抓狂」（Underground Freak Out）的縮寫。如果說印度產書店是地下運動在購物大街的店鋪，倫敦免費就學是它的教育體系，《國際時報》是它的艦隊街媒體[35]，那麼 UFO 就是它的遊樂場，由喬・波伊德（Joe Boyd）和霍普金斯（霍皮）創辦。喬是一位哈佛畢業生和音樂圈異類，一九六四年春天他第一次來英國，身分是藍調與福音篷車隊（Blues and Gospel Caravan）的巡演經理。他來幫篷車隊樂團拍照時認識霍皮。日後喬肩負伊萊克特拉唱片（Elektra Records）A&R[36] 的職務重返，他意外發現自己缺席時，整個地下運動突然壯大了起來。

一九六五年秋天回到倫敦的短短幾天之內，他出席倫敦免費就學的初次會議，並在一年後參與了成立一間夜店的想法。霍皮和喬找到場地：托登罕宮路的布拉尼俱樂部（Blarney Club），這間愛爾蘭舞廳的裝潢特色是三葉草、矮妖精以及一切愛爾蘭相關事物。從俱樂部走幾步路是警察局，而且位於兩間電影院樓下，這代表演出要到晚上十點左右電影院關門之後才能開始，因為噪音問題。地下抓狂俱樂部的首演夜是一九六六年十二月二十三日，由我們擔當開場表演，此後每週五晚上營業到隔天早上八點。

---

35 英國多間報社開設在倫敦的艦隊街（Fleet Street），街名後來成為媒體業的代稱。

36 A&R 是 artist and repertoire 的縮寫，在唱片公司負責藝人開發、訓練、確立風格定位。

地下抓狂在我們的職業生涯中開闢了一個新的層面：這雖然不是什麼有名的俱樂部，不過地點位於倫敦西區，這地方擠滿了想來看我們、也曉得會發生什麼事的人。那群聽眾我們大部分都很熟，我們也很期待在那裡登臺。我們每次到倫敦以外的地方去表演都感到的惶恐不安，而這個地方是個愉快的改變。由於知道自己有一群忠實聽眾，也開始有歌迷，我們會逃離樂團休息室到處晃，欣賞其他場表演：軟機器樂團常出現，另外有劇團、詩歌朗誦和表演藝術活動。我們也覺得有很多東西值得讚賞，而不像在首都圈外的時候，常覺得什麼都難以理解。地下抓狂感覺真的就像是我們進行那些探索時的基地營。

用瓊・查爾德的話來說：「人們想要的是那種氣氛。一片黑暗，你走下樓去……基本上像一個拉長的地窖。舞臺空間很有限，你要用小音箱，可能是AC30，燈光設備架得像一個小平臺。」她提到的燈光設備架設在類似油漆工和裝修工用的施工鷹架上。

小說《追星族》（Groupie）[37]的作者珍妮・法比安（Jenny Fabian）回憶在地下抓狂俱樂部的一個典型夜晚：「最棒的是週五夜晚，你可以盛裝打扮得像一個老電影明星，帶著迷幻藥，往下走進地下抓狂，看看所有跟自己一樣的人，買一根棉花糖四處飄，直到佛洛伊德上臺。他們是第一個真正的迷幻藥意識之聲。我會躺在地板上，而他們在臺上像超自然的滴水

37 Groupie 的另一中譯版本是骨肉皮。

嘴獸彈奏他們的恍惚音樂，迸發在他們身上的相同色彩也併發在我們身上。感覺彷彿被占據了，心神、身體與靈魂。」《追星族》在一九六九年出版時因為驚世駭俗而暴紅，書中的我們化身為很容易被識破的「緞面奧德賽」（Satin Odyssey）。

跟我們一樣，地下抓狂有各式各樣的燈光秀（我們依然是唯一有燈光表演的樂團）。樂手羅伯特・懷亞特回想，地下抓狂的正職燈光師馬克・波伊爾（Mark Boyle）「負責燈光，為了用不同顏色的化學物質做實驗把自己燒得遍體鱗傷。你會看到他戴著護目鏡站在高高的鷹架上，一副渾身燒焦的樣子。」還有一個叫傑克・布雷斯林（Jack Bracelin）的五十歲傢伙，他在沃特福德經營一個裸體主義者的聚落，時不時會利用地下抓狂的一個角落做小型燈光秀，大概是每當赫特福德郡[38]的天氣變差時。羅伯特記得，燈光秀讓他可以在某種程度上隱匿身分，好讓他的樂團能像聽眾一樣放鬆，陷入「同一片幽暗漩渦」。但當時我們的興趣還是利用燈光秀照亮、而不是遮蔽自己。

《小鎮》雜誌刊出關於地下運動的一篇文章，格外捕捉到地下抓狂的氛圍：「平克佛洛伊德是地下運動的駐唱樂團。他們的音樂聽起來更接近塞隆尼斯・孟克、而不是滾石合唱團。投影幻燈片讓樂手和聽眾沐浴在彩色流動光線的催眠、狂亂圖紋之中。隨著音樂發展，蜂巢、

38 沃特福德（Watford）位於赫特福德郡（Hertfordshire）。

銀河和跳動的巢室盡情加速，繞著樂團旋轉。」

我們雖然被選為駐唱樂團，自己卻不太有機會分享這個迷幻體驗。我們不在其中，沒吃迷幻藥，而是在圈子外頭，困在地下抓狂的更衣室裡。我們忙著團務：排練、外出表演、收拾東西、開車回家。迷幻文化在我們周圍，卻不在我們的內心。我們或許到印度產買了一本書，可是我們從來沒時間逗留。我們會讀《國際時報》，但主要原因是想看看有沒有關於我們的評論。在團員中，席德可能對廣義的迷幻文化稍微比較著迷，並且受到他那群朋友正在探索的某些哲學與神祕學面向吸引。但儘管他有興趣，我卻不認為他有充足時間去完全投入這個圈子——跟我們其他人一樣，假如我們也有興趣的話。

世界上其他人對於迷幻音樂的印象，來自刊登在《譜曲者》週刊的廣告，宣傳在圓屋劇場舉辦的除夕夜派對「迷幻狂熱」：「**什麼是抓狂？**當一大群個體聚集，透過音樂、舞蹈、燈光圖紋和電子聲音，用創意的方式表達自我。參與者已經從我們國家的奴隸制中獲得解放，穿上他們最有靈光的服裝，以群體的身分領悟他們擁有的一切言論自由潛能。**朋友，這一切正在發生！**」

約莫此時，我個人音樂發展的一個轉捩點是奶油樂團（Cream）在理工學院演出那晚。我們不時還是會回來表演，但那一場演出，我們只是買票的聽眾。布幕拉開那刻在我腦海中鮮明無比，奶油樂團的巡演經理在舞臺上，可能還在試圖把金傑・貝克（Ginger Baker）的雙大鼓釘在地板上。金傑是出了名的堅持要這麼做，全世界都有受損的大理石地板和地毯可以證明。從那一刻起，我就決定自己非得有一套雙大鼓組不可——並且立馬在隔天出門買了一組。

我們也許是迷幻樂的激進少壯派，但場上的硬體排場和樂團本身都使我們感到震撼。當艾瑞克・克萊普頓、傑克・布魯斯（Jack Bruce）和金傑奏起〈N. S. U.〉[39]的開頭時，我盯著那套香檳金的 Ludwig 鼓組口水直流，而其他團員則癡癡渴望著那一大堆的 Marshall（馬歇爾牌）音箱。布幕幾乎立即再度闔上，因為他們決定調整並修正幾個技術問題，連這都使我們欽佩。後來吉米・罕醉克斯（Jimi Hendrix）擔任特別來賓演奏幾首歌更是錦上添花，這是他在英國首次登台。

就在那一夜，我明白了自己想要好好做這件事。我愛上了這一切的力量。不需要穿披頭四那種外套[40]和飾耳領襯衫，也不需要有一個長得好看的主唱站在前面。沒有主歌—副歌—主歌—副歌—獨奏—副歌—結尾的歌曲結構，而且鼓手不在後方那個討厭的小平臺上……他就在前面。

---

39 這首歌名來自非淋菌性尿道炎（Non-Specific Urethritis）的縮寫，盛傳克萊普頓罹患 NSU，奶油樂團索性拿來當歌名自嘲。

40 指無領的休閒西裝外套。

這只是更強化了我們的藍圖：渴望得到更多工作，買更多器材並敲定一張唱片合約。在一九六六年底，時運開始對我們有利。有了席德的獨特歌曲創作和我們的riff形式，我們確實擁有相當粗略、但絕對原創的音樂態度，可以去向唱片公司提案。

這段時期的事件進展非常快。我們與彼得・詹納在暑假前後的隨意聯繫，在整個秋天如雪球般愈滾愈大，而到了冬天，用彼得的話來說，是「如火箭般起飛」。唱片公司、報章雜誌和經紀公司都對這種新現象大感興趣。《譜曲者》刊出一篇專題報導探討現況，《哈潑&女王》（Harper's & Queen）雜誌的天線也有了反應。彼得回想自己意識到有些什麼正在發生的一刻。當時他正要去托登罕宮路的地下抓狂，走進牛津街時，「這群孩子全都在脖子上掛鈴鐺。我心想：『該死，這真的開始發生了。』真是難以置信。」

琳迪完成在美國的舞蹈訓練後回到英國，來到一場名叫「抓狂埃瑟爾」（Freak Out Ethel）的活動看我們演出。她依然記得眼見我們從學生翻唱樂團迅速轉型成迷幻開拓者的驚訝心情。用安德魯的話形容：「我們沒意識到，但潮水已經衝上海灘，而平克佛洛伊德恰好在浪峰上。」在他看來，我們實際上玩什麼音樂，以及我們究竟能不能彈都是次要的，重要的是我們在對的時間出現在對的地點。

除了經營地下抓狂，喬・波伊德依然參與A&R和製作，但他在伊萊克特拉唱片的前老闆傑克・霍茲曼（Jac Holzman）只是心不甘情不願地開給我們百分之一點八七五的版稅。我們不願意接受，因為當時伊萊克特拉還只是個小小的民謠廠牌——不過他們後來簽下了門戶樂團（The Doors）。我們要的是一間像樣的唱片公司。喬和我們一樣，也迫切想要看到我們簽給某間公司。寶麗多唱片（Polydor）準備提出相當不錯的條件，並且讓喬擔任獨立製作人。就在合約看似就快談妥之際，喬為了讓這一切盡快成真，成立了自己的公司女巫季節音樂製作（Witchseason Productions）。

我們的錄音期安排在一九六七年一月，地點是離國王路不遠、老教堂街（Old Church Street）上的聲音技術錄音室（Sound Techniques），由喬製作、錄音室老闆約翰・伍德（John Wood）當錄音師。所有的錄音都先在四軌盤帶機上製作，再重製成單聲道，包括我們現場唱過一陣子的歌〈阿諾連恩〉（Arnold Layne），以及〈星際超載〉的一個版本。我們把貝斯跟鼓錄在一道音軌，吉他和 Farfisa 牌雙拍檔電風琴的顫音錄在另外兩道音軌。任何音效都在這三道音軌併進第四道音軌時加入，例如〈阿諾連恩〉曲中反覆出現的鼓聲，演唱人聲和任何吉他獨奏都用疊錄加入。歌曲的最終混音隨後拷貝到一卷單聲道盤帶上。

一間專業的錄音室往往能讓聲音聽起來美妙。在西漢普斯特的錄音室，我們第一次在回放時聽見樂團的聲音，鼓和人聲有一點回音效果，加上像樣的混音，聽起來棒呆了。聲音技術錄音室又拉高了一個層次。這間錄音室自豪擁有時下最先進的 Tannoy Red 喇叭，也就是那個年代最好的喇叭。這組落地喇叭以核桃木飾板包覆，高度約五英尺，跟我們常用的比起來，具備不可思議的低音感染力。

現在回頭聽〈阿諾連恩〉和同期的其他歌曲，我發現自己不覺得難為情。我肯定沒有對我們年少時期的作品感到尷尬。即使錄製得相當快，整張專輯聽起來還是頗專業。在音軌有限之下，你必須早早決定哪種樂器錄在哪一軌，接著再混音。但說真的，音樂品質似乎沒因此折損。

〈糖果和葡萄乾圓麵包〉（Candy And A Currant Bun）原本叫〈再捲一根菸〉（Let's Roll Another One），歌詞裡有一句是「我在嗨，別掃我的興。」考量到專輯預計踏入的唱片業依然非常保守，把這錄在母帶上顯然是場愚蠢冒險，因此我們不得不臨時拼湊出另一版完全不同的歌詞。

基於某些緣故，我們也相信有必要替〈阿諾連恩〉拍一部宣傳片。雖然《流行之最》這類電視節目不太採用影片，除非是要介紹不可能來英國的某些美國音樂表演，不過我們已經把自己看成了一個能善用多媒體的樂團。瓊・查爾德的舊識、也是我們這群人唯一認識的電影導演德瑞克・尼斯（Derek Nice）受雇拍攝這部影片，於是我們出發前往薩塞克斯郡（Sussex）的海岸開始工作。

我想我們選擇薩塞克斯郡是因為我父母親住在附近而且不在家，顯得相當省事。這解決了住宿問題，並且提供異乎尋常的嚴冬時節英國海邊場景，對我們來說很適合。雖說以現今的影像標準來看顯得粗糙，還挪用了《一夜狂歡》（A Hard Day's Night）[41]的氛圍，但這部黑白影片出奇地不落俗套且頗幽默，拍攝我們四個人在海灘，而第五個團員竟然是商店櫥窗中的模特兒假人。我們在短短的一個陰霾的日子裡拍完所有的畫面，事實上當警車開過來想要終止這場歡樂時，我們正要從東威特靈（East Wittering）的停車場離開。由於當地還有另外一位惡名昭彰的居民，也就是凱斯・理查[42]和他的同夥，我認為執法人員一直期望可以再逮到一票大的。我們擺出無辜的中產階級臉孔，說我們沒看到可疑的人事物，但假如我們留意到任何一點點不恰當的事，一定會立刻通知他們。他們沒搜車真的算好狗運。車裡有一個假人模型，除了一頂警察頭盔以外全身光溜溜。

一切似乎都確定下來。我們有寶麗多唱片提出的條件、一位製作人、幾首歌的錄音，甚至有一部宣傳片。然而，終究要有一個人被犧牲，這在音樂圈是常有的事。而在這個案例中，吃虧的人是喬。原因是布萊恩・莫里森（Bryan Morrison）過來插了一手。布萊恩經營自己的表演藝術經紀公司，雖然從來沒聽過或看過我們演出，但看到報導和我們得到的反饋後，他邀請我們去建築聯盟學院（Architectural Association School of Architecture）的一場音樂活動。

---

41 披頭四的音樂電影，一九六四年夏天在英國和美國熱映。

42 滾石合唱團的吉他手一九六六年在西威特靈置產。

他想親眼看看這個熱門新樂團，並在我們某次排練〈阿諾連恩〉時出現。喬記得自己內心立刻一沉，因為布萊恩問起寶麗多開的條件，並說我們應該可以拿到更好的合約。布萊恩跟EMI（百代唱片）關係良好，他資助聲音技術錄音室，拿了一卷試聽帶，向EMI的高層熱烈談論我們。除了我們是時下的熱門話題外，他們對我們所知不多。不過布萊恩能言善道，他們決定簽下我們。

對喬來說，鐵定無法克服的難題是EMI不喜歡用外部的錄音室或製作人，畢竟他們擁有艾比路錄音室（Abbey Road）。他們想用自己人來製作，也就是剛從披頭四錄音師獲得拔擢的諾曼・史密斯（Norman Smith）。這就是他們提出的條件，我們也默默順從——部分原因是條件比寶麗多好，再加上EMI是大廠牌，託披頭四的福。要不要進EMI根本不是問題，他們是那個年代英國主要的唱片公司，與笛卡唱片（Decca）並列——寶麗金（Polygram）在當時還沒冒出頭來。而且彼得跟EMI的畢契・史帝文斯（Beecher Stevens）和他的同事處得來。他們提出五千英鎊的預付金並負擔錄音費用，這是不錯的待遇，或者用安德魯的話來說，「爛待遇，但比披頭四（的待遇）好一千倍」。

討厭的任務落到了彼得身上，負責告訴喬這個壞消息。彼得宣稱他直到今天都還有點內疚，不僅放了喬鴿子，還表現得相當漠然。安德魯則說：「彼得和我這麼喜孜孜地拋棄喬，實在是很無恥。」但在那個年代，沒有人會跟唱片公司簽約，然後又把自己喜歡的製作人帶進去。就這樣，我們成了EMI唱片的藝人，而且跟大部分樂團不一樣，我們帶了一張現成的唱片。

簽約後不久，我們去里茲市（Leeds）的女王音樂廳（Queen's Hall）演出。這位址以前是市內電車的車廠，如今成為可容納五千個穿喇叭褲北方樂迷的表演場地，見證奶油樂團和小臉合唱團（Small Faces）領銜主唱十小時狂歡派對中的種種高潮起伏。《每日快報》（Daily Express）形容這裡是「夜晚的卡納比街移到北邊」。

結果我們往北移動的速度很慢。我們一過中午就從倫敦出發，因為不太曉得里茲在哪裡，英國第一條高速公路M1剛在一九五九年通車，此時只通到考文垂市（Coventry），安德魯的雷諾老車是我們不可靠的交通工具。到我們凌晨時分回來時，我甚至連去學校簽個到都沒辦法。順帶一提，在女王音樂廳時我決定嘗試用藝名。我想諾克・梅森（Noke Mason）會是個蠻搞笑的變體，就向一個當地報社報上這個名字，他們也爽快印在我們的照片底下。這一招我從此沒再重複使過。

就在這一場演出過後，我明白了我不可能繼續兼顧課業和樂團生活。表面上我還在念建築，但想當然爾，我基本上所有的時間都花在排練、表演或路途上。即使有強・柯爾波幫我做全部的課堂作業，我還是跟不上。顯然學位授予不只是根據簽到簿。強也記得，我從未給人對建築特別感興趣的印象。據他所述，我總覺得建築這種事最好留給建築師去做。但援手近在眼前。

我永遠感激我的導師喬・梅奧（Joe Mayo），他建議我休學一年，說那會對我有好處。他要我放心，說我隔年若想回來，他保證讓我回來。他沒明講，但我猜他看得出來，我頂多就是成為一位平庸的建築師。我確信他認為把時間用來過不一樣的生活，就算沒能帶給我更好的職涯，至少也能讓我成為一位更好的設計師。校長給我的幫助就沒那麼大了。他寫給我一封信，裡頭全是些可怕的警告，說我放棄的是康莊大道，所以我也沒費事把那封信拿給爸媽看。我離開理工學院時覺得自己有天會再回去，但我始終沒有回去。

我是團中最後一個認清不祥預兆的人。羅傑恨不得趕緊終止在費茲羅伊・羅賓森聯合建築師事務所（Fitzroy Robinson and Partners）幫英格蘭銀行（Bank of England）設計金庫的工作。我相信他按規定要簽《官方保密法》的文件，並承諾不透露保護現金所需的混凝土量體詳細規格。要是能說他做的設計至今仍在保護我們的不義之財，這會是不錯的感覺。理克早就決心全職投入音樂，席德也已經不再現身坎伯韋爾藝術學院。

EMI對我們這個剛簽下的樂團有一個特殊的顧慮，媒體宣傳部門為此演練了一整年。他們簽下的是一個被貼了「迷幻標籤」的樂團，而我們雖然可以（用狡猾的方式）宣稱自己對毒品相關事物一無所知，並堅稱美妙的燈光只不過是千變萬化的家庭娛樂，但無庸置疑的是，捧紅我們的這整場運動是不可能保密的。他們裡頭的某些人確實滿懷著傳福音般的熱忱，想讓全世界都開始嗑藥。在這個時期，大眾有一個普遍的惡夢（或美夢，端看你怎麼想），就是哪天會有一個瘋狂的嬉皮把迷幻藥加進自來水供應中。

在各式各樣拐彎抹角的訪談中，我們都說自己連「迷幻」這個字的意義都不是真的很了解。主流世界的人顯然有許多困惑，因為在某次訪談中，我們覺得有必要解釋清楚：「抓狂」應該是放鬆且自發的，不是「一群瘋男人在扔酒瓶」（套用羅傑的話）。從《譜曲者》的一篇訪談可以看出我的典型回應：「談起迷幻，一定要很小心。我們不把自己稱為迷幻樂團，也不說我們演奏迷幻流行樂。只是大家把我們跟這連在了一起，而我們又成天受邀到倫敦大大小小的抓狂和偶發藝術活動。」對此羅傑又補充：「我有時候覺得那只是因為我們有大批的器材和燈光，主辦者可以不必幫樂團雇用燈光師。」

我們還必須履行 EMI 的另一項義務，就是表演三十分鐘的「藝人測試」或試唱。這是每位新演出者的必經之路，但對我們而言是畫蛇添足，因為我們已經簽約了。我們的下一項任務是提交一首單曲給唱片公司，當然了，我們正好有一首稍早前準備好的歌。三月十一日〈阿諾連恩〉（B 面歌曲〈糖果和葡萄乾圓麵包〉）正式發行，來自在 EMI 之前喬・波伊德製作、聲音技術錄音室錄製的原始版本。（嘗試重錄這首歌的結果沒有比原本的好。）距離我們的暑假、我們跟彼得和安德魯展開合作關係才過了六個月，我們就成為擁有專業錄音的藝人。

跟 EMI 簽約幾個月後，我們受邀出席唱片公司的一場盛大社交聚會，席間有成群的 EMI

名人，包括實際上簽下我們的畢契・史帝文斯（他不久就跟EMI拆夥了——我相信跟我們沒關係）。舞臺架設在企業總部坐落的曼徹斯特廣場（Manchester Square），我們帶來燈光秀並對嘴唱〈阿諾連恩〉。人人都吃喝了許多開胃小點和香檳，少數人則用迷幻藥當配菜。

我清楚記得跟約瑟夫・洛克伍德爵士（Sir Joseph Lockwood）一起搭電梯，總裁只有六十多歲，但在我們眼中似乎年高九十。音樂產業又遭遇一波驟變，他顯得波瀾不驚。他倒是讓〈阿諾連恩〉宣傳片的導演尼斯十分不安，因為他建議他們在樓上安裝倫敦塔的背景布幕，這樣所有的樂團就可以進公司在鏡頭前對嘴唱熱門歌曲，再也不用送藝人去世界各地。約瑟夫爵士大幅領先了時代。

必備的簽約儀式進行時有照片為證，顯然是多疑法律部門的要求，以防任何難對付的樂手日後宣稱簽名是偽造的。我們由衷感到興奮並相當自滿。我們被推上在幾個月前仍只是幻想的位置。所以聽到要拍照時，我們因為亢奮衝腦，用了最丟臉的方式歡欣嬉鬧。

5

FREAK OUT SCHMEAK OUT

抓狂才怪

3

抓狂才怪

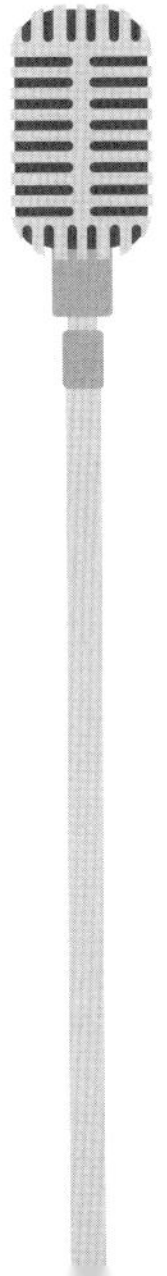

熱烈慶祝與 EMI 簽約之後，就該開始認真工作了。我們跟其他許多樂團不一樣，還沒繳清音樂圈的入會費。事實上，我們連付訂金都談不上。我們沒有投入大把時間在路上奔波，也沒花個一整年在繩索街的各家俱樂部演出[43]。我們一九六六年的整個秋天都在少數幾個偏愛的場地表演，待在普遍支持我們的聽眾的舒適避風港內。我們還沒跟潛伏在迷幻村外的未知文明交過手。

交通對新樂團來說是一個重大問題——或許現在依然如此。跟父母借車是個轉圜餘地有限的選項，尤其因為塞滿了鼓組和團員，車子幾乎立刻就會折舊。買一輛廂型車是迄今最大

43 繩索街（Reeperbahn）位於德國漢堡，這句話暗指一九六〇年代初在當地演出的披頭四。

的資本支出，卻毫無把助學金揮霍在新吉他或新大鼓上的那種魅力。不過，儘管你可以用不盡理想或借來的器材大雜燴撐過一場演出，但樂團和不斷增加的成堆設備依然必須抵達活動現場，並在散場後平安回家。

敲定唱片約之前，我們那輛 **Bedford** 廂型車的極限通常限縮了倫敦以外的行程。我們還是茶具樂團的時期就成為這輛車的驕傲車主，當時在某個週六深夜的經銷商前院用二十鎊買下。業務員不敢相信他的好運——這輛廂型車搞不好正等待運去廢車廠。他突然展現慷慨，宣告賣這輛車附贈「新靴和新血」，用二手車的術語來說是換一組新輪胎並負擔路稅。這輛 **Bedford** 慢到不可思議（連我的 Austin 'Chummy' 都能給它超車）。它在速度方面表現欠佳，可靠性又更差。

有次我們又遭遇了額外的阻礙：器材失蹤了。理克經常在演出後負責把我們的器材搬到黑山丘辦公室，靠這多賺個五英鎊。但有一次下工時間特別晚，他逃避責任，只把廂型車停在攝政公園過夜。到早上，所有搬得走的昂貴設備都被偷了，包括 **PA** 系統（安德魯買給我們那套）和吉他。經紀公司的資金用光了，也沒有慈善機構出面幫我們紓困，所以在此一定要為後代子孫留下記錄：是我媽借了我們亟需的兩百英鎊，讓我們重新購買最重要的零件，這是她永恆的功勞。理克以前偶爾會因為這樁意外事件而產生短暫的罪惡感，但他倒也不曾真的提議做出任何補償。

跟EMI簽約不久後，我們買了一輛福特Transit廂型車。它被視為一種嚴肅的地位象徵，是樂團座駕界的勞斯萊斯。福特汽車在一九六五年十月引進Transit車系時，市場供不應求，甚至聽說過有竊賊把樂團的器材卸下來，偷走廂型車。Transit的配備包括一具三升排氣量的引擎、雙後輪和改裝過的車廂，可以把所有器材收進後車廂，巡演人員、燈光師和四個團員則不太舒適地坐在前面的頭等艙。到了這個時候，一輛像樣的廂型車已經是必要的東西——因為我們終於透過經紀人布萊恩・莫里森拿到了大量工作，他正是發揮巨大影響力敲定EMI合約的人物。某次在聲音技術錄音室排練〈阿諾連恩〉時，我們第一次見到布萊恩。彼得和安德魯提醒過我們，有一位音樂產業的重量級人物可能來訪，我們心懷幾許不安等待他的到來。錄音室的門甩開，布萊恩和他的兩個跟班現身。跟地下圈子相比，這三個角色顯然屬於倫敦黑勢力的一部分。沒有喇叭褲或寬鬆罩衫（Kaftan），而是穿義大利西裝和絲絨領駱駝絨大衣。這三個人手插在口袋裡，冷冷地盯著我們看——似乎對眼前所見無動於衷。

安德魯和彼得在決定跟誰合作前找了幾間經紀公司談過，包括丹麥街上著名的諾爾蓋經紀公司（Noel Gay Agency），那裡的表藝經紀全都穿最正式的晨禮服。但他們要求抽百分之十五，布萊恩只要了百分之十。布萊恩得到了這份工作。

雖然布萊恩的衣著外表讓人聯想到汽車經銷商實習生，但他其實就讀中央藝術設計學院[44]。他開設辦公室是為了管理漂亮東西樂團（The Pretty Things），後來擴展到音樂發行和藝術經紀領域。漂亮東西團中有另外兩位藝術學院學生迪克・泰勒（Dick Taylor）和菲爾・梅（Phil May），迪克曾加入剛起步的滾石合唱團。到我們加入時，他擁有可觀的藝人名單，陣容中有安斯利鄧巴復仇記（Aynsley Dunbar Retaliation）、赫比・高因斯（Herbie Goins）和夜貓樂團（Night-timers）。接著他又納入黑山丘的所有藝人，包括費爾波特協定（Fairport Convention）、不可思議弦樂團（The Incredible String Band）、艾德格布洛頓樂團（Edgar Broughton Band）、暴龍樂團，以及凱斯・威斯特（Keith West）和他的明日樂團（Tomorrow），團中有後來 Yes 樂團的史帝夫・豪（Steve Howe）。

布萊恩有一間體面的音樂事業辦公室在查令十字路一百四十二號，也就是錫盤巷音樂產業區（Tin Pan Alley）。地點位於一間全日暢飲俱樂部樓上（規避英國當時嚴格販酒法規的一種手法），我猜每週只需花他八英鎊。外牆畫滿塗鴉向漂亮東西的一個或全部團員宣告不渝熱愛，室內則是永恆的喧鬧地獄。布萊恩懶得用內線通話，直接從私人辦公室越過隔間牆對他的祕書大吼。事實上每個人都在吼，不是對著話筒吼，就是朝彼此吼。這裡跟黑山丘溫

44 中央藝術設計學院（Central School of Art and Design）在一九八九年與知名的聖馬丁藝術學院（Saint Martin's School of Art）併校。

和平靜的世界天差地遠，黑山丘的打扮是寬鬆的罩衫，還飄著廣藿香精油的味道。

除了經紀事業外，布萊恩也是倫敦某些重要場地的獨家代理。擔任漂亮東西的經紀人時，他領悟到既當經紀人、也掌控演出場地的額外優勢。但有時候，就算是經驗老到的布萊恩也可能驚慌失措。有一次他幫朋友的忙，答應代理另一間經紀公司的業務，佣金對分。在某一家夜總會，他跟負責另外那間經紀公司的兩兄弟碰面。談話之際，兄弟檔的其中一人告退，跟夜總會經理上樓「處理經紀公司的獨家代理問題」。接著布萊恩就聽到有人跌下樓梯的聲音。此時另一位兄弟也告退，過去往攤在地上的倒楣夜總會經理身上補了兩三腳。偏好用一瓶上好波爾多淡紅酒說動客戶的布萊恩悄悄溜走。後來他才知道那對兄弟姓克雷（Kray）[45]。安德魯也遇過業內比較強硬的一面，不過跟克雷幫無關。據說有一間經紀公司為了解決一場紛爭，把演唱會主辦人（也是日後的寶麗多唱片主管）羅伯特・史汀伍德（Robert Stigwood）掛在窗外。這家公司還有一個外號小指頭（Pinky）的合夥人，據稱會切掉遲遲不肯簽約的吉他手的手指頭。安德魯最靠近那個世界的一次，是去蘇活區一間經紀公司收取辦在皇家藝術學院（Royal College of Art）的演唱酬勞。安德魯抵達，門開了，他看見一場聖誕

45 克雷兄弟檔在一九六〇年代是叱吒風雲的英國黑幫，檯面上是經營夜總會的名人，私底下收保護費、恐嚇、謀殺無惡不作。一九六八年兩人遭逮捕定罪。

派對熱鬧進行中，有頭髮吹得很高的幫派女伴作陪，這場盛會顯然是用我們表演的錢出資的。他說他來替平克佛洛伊德樂團領酬勞。「喂，這裡有個小子想要我們的一點錢……。」人人都把注意力轉向安德魯。全場短暫停頓，接著整間屋裡爆出狂笑，門邊的傢伙從褲後口袋裡厚厚一疊鈔票抽出錢來。安德魯轉身離開，派對重新開始。

隨布萊恩一同造訪聲音技術錄音室的兩個跟班是他的助理東尼・霍華德（Tony Howard）和史帝夫・歐洛克（Steve O'Rourke）。東尼是哈克尼區（Hackney）出身的小夥子，第一份工作在《新音樂快遞》週刊（New Musical Express）做辦公室助理，因為他原本打算成為一位音樂記者。短暫走上岔路擔任夜總會發牌員和賓果遊戲廳叫號員時，他遇見漂亮東西樂團的菲爾・梅，由菲爾牽線搭上布萊恩。布萊恩說服東尼來自己的經紀公司工作。

史帝夫在接受會計訓練後，到一間寵物食品公司當業務。最後他被炒了魷魚，原因是雇主發現他每到週末就開公司配車在布蘭茲哈奇賽道（Brands Hatch）狂飆，還把分內的例行拜訪分配給其餘業務員，好讓自己有時間經營埃奇威爾路（Edgware Road）一間叫公牛（El Toro）的俱樂部。接著史帝夫在另一間表藝經紀公司待了短短三個月，布萊恩就覺得他經驗充足了，完全可以勝任。

有了布萊恩擔任經紀，我們的工作量終於達到了我們一直想要的水平。但這卻像是某種毒酒，因為在那些演出中，樂手和觀眾完全不搭配。在主流舞廳尤其如此，那裡的觀眾只想隨著靈魂樂演奏跳舞，不然就是親眼見見《流行之最》節目上的明星。我們不只兩種條件都不符合，高級俱樂部還為了過濾客人而實施服裝規定：一定要穿西裝打領帶，不准留長髮，也不准穿牛仔褲。這不僅代表我們沒辦法到酒吧喝一杯，順便跟當地人聊聊，而且我們自己的一小群支持者也永遠過不了門口那一關。

對主流觀眾而言，觀賞平克佛洛伊德演出必定是令人困惑的經驗。我們在〈看艾蜜莉玩耍〉（See Emily Play）之前從沒在電視上曝光過，那裡幾乎所有的人都完全不認識我們。我們唯一上過前二十名熱門單曲的〈阿諾連恩〉又在其餘表演曲目中毫無代表性，何況這首歌得到的廣播放送次數有限，也沒上過電視。一位演唱會主辦人在活動結束後來找我們，說：「太可惜了，小夥子，要是你們能有幾首像話的歌就好了……。」

觀眾面對一小時詭異又嚇人的音樂，加上一個能見度不高、又不值得尖叫的樂團，他們的反應從冷漠到火爆都有。這是我們第一次接觸到不保證給予支持的客人，假如沒有一個經紀人堅持事先收到支票，我們大概永遠拿不到酬勞。所幸有足夠的新場地讓我們持續工作。更改預定演出在當時還是陌生的概念，因此我們就這樣一場一場表演下去，雖然留下許多困惑，但過去也就算了。在一九六七年，我們甚至無法指望一群富有同理心的學生觀眾。當時沒有大學巡演這回事，部分原因是城市以外的大學比較少，也有部分是因為辦音樂演出顯然不被視為合宜的學生休閒活動。也因為如此，我們只能在一間間的俱樂部和舞廳工作。

瞥一眼我們在一九六七年的演出清單，就能看出我們在一九六六年下半年只有二十場，隔年就暴增到超過兩百場。這不包括我們的首次赴美巡迴，跑遍歐洲做電視宣傳，或是錄製三首單曲和一張專輯需要的時間。毫不令人意外，所有這些演出往往匯集成平淡無奇的綜合體，由燈光昏暗的休息室以及從伯明罕回倫敦的M1高速公路連往直接回家的主要幹道組成。在全部樂團都會停留的沃特福德峽藍野豬（Blue Boar）休息站，皺巴巴的絲絨長褲比卡車司機的工作服還多。

儘管如此，還是有少數幾場演出值得回憶。我們在一九六七年的蘇格蘭巡演相當具有代表性，只包含五場演出，前兩場遠赴蘇格蘭北部的埃爾金（Elgin）和奈恩（Nairn），我們的撒克遜人（Sassenach）入侵在那裡迅速遭到擊退。在《莫雷、奈恩暨班夫地區報》（Moray, Nairn and Banff Courant），我們獲得的宣傳跟本地的水果蛋糕比賽差不多，而觀眾對我們作品的典型評語是：「你們知道我在我的小浴缸裡都能唱得更好嗎？」

在離家近一點的地方，反應也沒好到哪裡去。在鄧斯特布爾鎮（Dunstable）的加州舞廳（California Ballroom），舞臺上方的包廂是觀眾表達反感的理想地點，他們把手中的酒直接澆到團員頭上。羅傑事後的評論饒富哲思：「他們不可能反感到那種程度，至少他們還留住酒杯。」然而在倫敦伊靈區（Ealing）的羽毛俱樂部（Feathers），一枚十進位制之前的便士銅幣逕直擊中羅傑的額頭，這投射物不能說不硬。我特別記得這件事，因為剩下的演出時間

「火熱鼓棒」樂團——（從左到右）麥可・克里斯基（貝斯）、提姆・邁克（主奏吉他手）、威廉・蓋莫（節奏吉他）和約翰・格瑞戈里（薩克斯風）。這個樂團還不打算復出巡演。

我的第一輛車是1930年出廠、排氣量750cc的Austin 'Chummy'，停在漢普斯特花園郊區（Hampstead Garden Suburb）的家外面。

這是外祖父華特・柯蕭的班卓琴樂隊。我媽好心告訴我，她父親是「留鬍子那個人」……。事實上他是前排左起第二位。

「西格瑪六」樂團在攝政街理工學院排練──（從左到右）克萊夫・麥特考菲、席拉・諾伯、基斯・諾伯、羅傑、我，還有一位原本身分保密的吉他手。現在我歡樂地揭曉，他是維農・湯普森（Vernon Thompson）。

羅傑和我就讀攝政街理工學院的第一年。

羅傑協助麥可·李歐納（左嵌圖）操作他的一座光影裝置。

攝於斯坦霍普花園社區——（從左上順時針排列）鮑伯・克洛斯、席德、羅傑和理克。

某個冬日攝於東威特靈海灘。後來我們在這裡幫〈阿諾連恩〉拍了一部宣傳片——（從左到右）羅傑、我和席德，理克在後排。

「茶具」樂團和（不）可靠的Bedford廂型車，停在劍橋市的羅傑母親家外面。從左到右：鮑伯、理克、羅傑和我，克里斯・丹尼斯在車頂。

攝於1966年8月彼得和蘇米夫婦結婚當天。

顯然還沒成為厲害攝影師的安德魯・金。

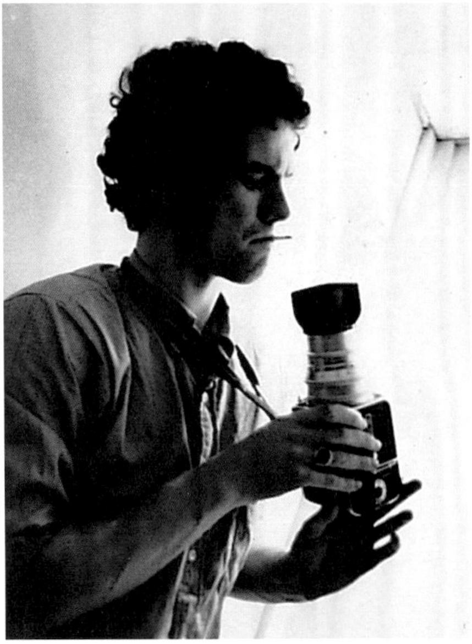

我們在大帳篷俱樂部以團名「平克佛洛伊德之聲」登場，我的裝備是Premier鼓組和卡納比街買的褲子。

這個好例子可以看出我們在諸聖堂用了什麼光影效果，這樣的投影
也在1966年整個秋天沿用。

攝於地下抓狂俱樂部，一個觀眾席地而坐的典型夜晚。

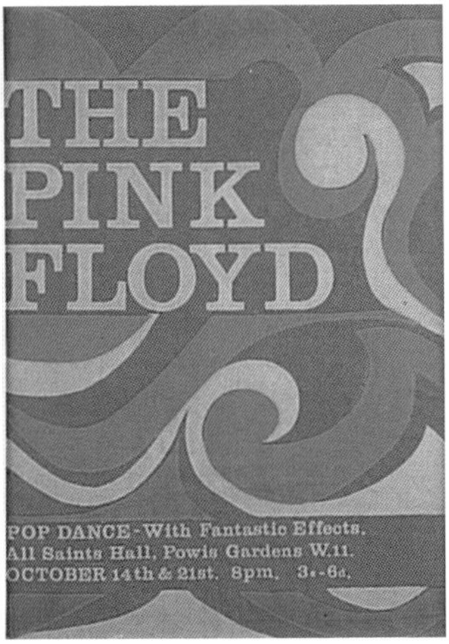

一張早期的平克佛洛伊德海報，由安德魯的女友、後來的妻子溫蒂・蓋爾（Wendy Gair）設計印刷。

外號霍皮的約翰・霍普金斯在地下抓狂俱樂部巡視地盤。

麥可・英格利希（Michael English）和奈喬・威茅斯（Nigel Waymouth）創作的地下抓狂俱樂部海報，他們公司用「哈普希什和多色衣」（Hapshash & The Coloured Coat）的名號行走江湖。（按：哈普希什是大麻樹脂哈希什的諧音字，多色衣的典故出自《希伯來聖經》。）

席德的肖像照，由安德魯・威塔克（Andrew Whittuck）攝於地下抓狂俱樂部。

德佐・霍夫曼（Dezo Hoffman）操刀的EMI宣傳照——注意喔，完全沒有麥克風和任何一種電線。

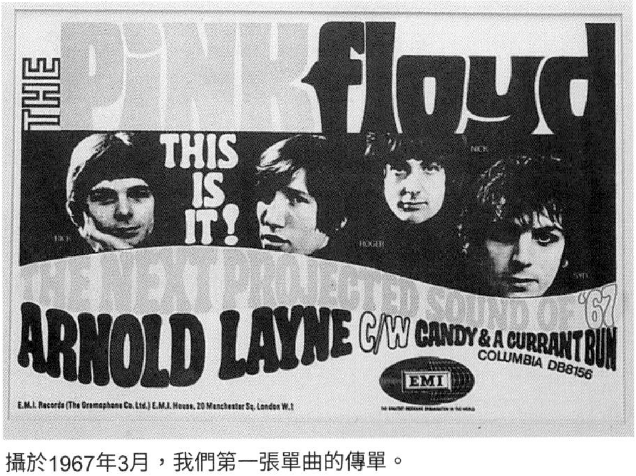

攝於1967年3月，我們第一張單曲的傳單。

1967年春天布萊恩・莫里森攝於艾比路錄音室，當時在錄製《破曉風笛手》。

我們早期的宣傳照，由科林・普蘭姆（Colin Prime）攝於倫敦市羅斯金公園（Ruskin Park）。

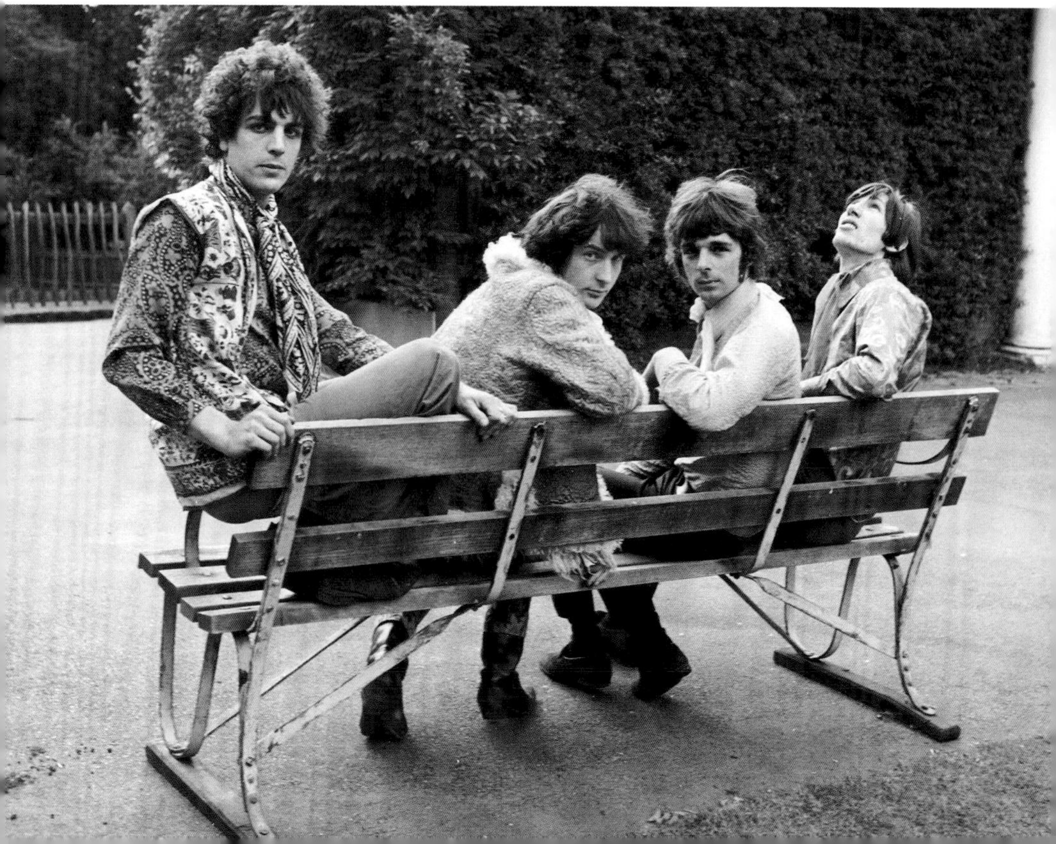

(上) 攝於1967年5月，方位角調整器在伊莉莎白女王音樂廳的「五月遊戲」演唱會擔綱要角。

(右) 貝瑞・薩伊德（Barry Zaid）繪製的演唱會海報插圖，捕捉到我們這段時期的奇趣和怪模怪樣。

1967年席德和羅傑攝於渡輪上，這艘船要載我們去哥本哈根市的星星俱樂部（Star Club）演出。

1967年7月上電視節目《流行之最》，我的雙大鼓占了顯眼的位置。

Late News Flash ! !
It's all happening . . .
SCHIZOPHRENIC
PSYCHEDELIC POP !
FREAK OUT-SCHMEAK OUT
Turn up, Shell Out, Get Lost
MUSIC IN COLOUR
by
THE PINK FLOYD
For the first time outside London the Pink Floyd develop a Total Show and Explosive Sound with Films, Light and Image all combined into a single Image
Late Extra News Flash ! !
We've had so many requests from all over the North that we have also included, by public demand . . .
THE NORTH'S TOP RAVE
THE
ROLL MOVEMENT

做這張傳單的主辦單位不懂反諷，把我們登在《譜曲者》雜誌廣告裡的搞笑措辭一字不差地回收利用。

製作人諾曼・史密斯（左）和安德魯攝於艾比路錄音室。

攝於艾比路錄音室的三號錄音間外——（從左到右）瓊・查爾德、理克、席德和彼得。

1967年拍樂團形象照時淘汰掉的照片。

羅傑都在找丟銅板的傢伙。基於行凶者在當地的朋友肯定比我們多得多，很幸運羅傑沒能找到他。事實上，要不是有一位真正忠實的歌迷傻傻的以聽得見的音量說他欣賞我們的才華，我們可能會蒙受更多傷害。群眾有了一個比較好開刀的對象，於是轉而揍了他一頓。

另外一場難以忘懷的表演適逢曼島（Isle of Man）的蘇格蘭雙週（Scots Fortnight），在七月的這兩週期間，會有大批格拉斯哥人來島上狠狠地度假尋歡。這個特定表演場地的舞臺架得很高，遠離舞池，因此連最高的凱爾特人也沒辦法抓住演出者的手腳把他拖進場中打群架。演唱會主辦人哀怨地建議，依照他的經驗，無論場中發生什麼事最好都繼續演奏，保持室內燈光全亮並忘了我們的燈光秀。我們實在應該聽他勸告的。跟我在鼓組後方坐定位時發現的徵兆相比，他的提醒根本不算什麼。我無法不注意到前一個樂團鼓手幾分鐘前坐的地方有一灘血。他顯然被認定鼓技欠佳，遭直接擊中。

當我們開始演奏，並且調暗燈光，觀眾驚訝得安靜了下來。起初我們以為是臺上的音樂和燈光秀吸引了他們的注意，但一陣驚悚的持續低音很快就顯示出不是那麼一回事。實情是，黑暗給了他們一個互相暴打的機會。我們太晚聽從主辦人的建言，只是履行了合約上的義務，在度假的蘇格蘭人互毆個半死的同時提供迷幻樂伴奏。如同我們的好友朗・吉辛最愛宣布的那句話：「下一首舞曲會是一場火拼。」

很奇怪，這些經驗沒有澆熄我們的熱情。我們有如遭到砲火攻擊的一個排，某些表演場合的恐怖情狀和怒罵轟炸反而強化了我們的樂團精神。我們甚至可以在回家路上拿這些事開玩笑，說服自己下一場演出會更好，彷彿某種古怪宣洩療法的一部分。

在這些舞廳，我們經常遇到一個特定的技術問題。在綜藝節目《倫敦守護神劇院週日夜》（Sunday Night at the London Palladium）的影響下，舞廳認定旋轉舞臺是在夜晚換場表演的高明手法。但隨著我們的音響器材和燈光鷹架愈來愈多，舞臺開始旋轉時，現場就會陷入全面混亂。PA系統的喇叭線一拉伸到極限，顫抖的器材堆就會隨之垮下。重拍《龐貝末日》（Last Days Of Pompeii）時，整套喇叭就在我們周圍墜落，巡演工作人員連滾帶爬地趕緊接回電力。當舞臺在晃動了最後一下之後終於停住時，從頭到尾勇敢站在原地的樂團看起來活像《星際爭霸戰》（Star Trek）中被克林貢戰艦命中的星艦組員。

這個時候，我們倒是已有類似巡演組的工作人員，但說到為我們搬運器材的助手，我們通常是接收其他樂團不要的人。有一次，我們天真地以為只要是在奶油樂團做過巡演助理的人一定都很棒，因此完全沒要求任何種類的推薦信。結果這位巡演助理之所以會離開奶油樂團是因為他喝得醉醺醺，連前往表演場地都做不到。他和他的共犯乾脆偷偷摸摸溜到經紀人家，把廂型車鑰匙塞進信箱，再悄悄潛入夜色中離去。在我們這裡，他是有抵達表演場地，但里程表數字和他拿來請款的汽油帳單之間有一些很不尋常的差異——顯然表明他從倫敦到布萊頓途中，繞路去了巴爾幹半島一趟。這表示他跟我們的合作關係只能戛然而止。

下一個巡演助理也沒好到哪裡去。當我們知道樂團的喇叭為什麼會問題不斷時，他只能走人。我們跟 Watkins Electric Music（沃特金斯電樂公司）簽下贊助合約（「不得了！」是 WEM」），但我們和查理・沃特金斯（Charlie Watkins）都不明白，為什麼我們的 WEM 喇叭會這麼常壞，而且都壞得這麼嚴重。後來發現，我們這位吃裡扒外的內賊一直偷偷把新的振膜備品換成舊的破振膜，再一路跑去西區，把新的賣給萊爾街（Lisle Street）的電子用品店。難怪我們的聲音會如此獨特。

考量到工作人員的素質難以預測，每個跟黑山丘有關的人都必須分攤工作並長時間投入，包括樂團、經紀人和行政人員。就算是臨時頂替的工作人員，在一個夜晚，可能傍晚必須遠赴諾福克郡（Norfolk）替連續兩場演出做準備，隨後把所有東西運回倫敦，趕上凌晨兩點在地下抓狂俱樂部登場。最後巡演組員確實變得更有紀律，尤其是在彼得・韋恩・威爾森（Peter Wynne Willson）到職後。

彼得是一位經驗豐富的劇場燈光師。他參與一場奧爾德馬斯頓村（Aldermaston）核裁軍遊行而遭到奧多中學（Oundle school）開除，隨後搬進村莊，再到鄉下，最後到倫敦西區的劇院工作。他在柯芬園的鄂冷街（Earlham Street）有一間公寓，跟他的女友蘇西・葛勒—瑞特（Susie Gawler-Wright，人稱「迷幻名媛」）一起住。後來席德也住這裡——蘇西在劍橋待過一段時間，認識許多共同的朋友。

我們在諸聖堂演出那陣子，彼得不時會來看我們。喬・賈農當時負責我們的燈光，所以彼得加入團隊時扛起巡演經理的職責。但要擔任這個職務，他有一項特定的缺憾——沒有駕照。因此彼得負責搬運器材，理克則駕駛廂型車。後來彼得接管音響設備（他自己招認並非他的強項），喬離開後他才負責燈光，蘇西從旁協助。

彼得接手金和詹納拼湊出來的燈光鷹架，儘管以他的專業精神看來「極度不可靠」，但運作得意外順暢，直到一場藝術學院的演出時，連接兩段裝置的詭異電線突然送出四百四十伏特的暴衝電流，竄過整組燈光系統，在燦爛的熊熊火光中毀了它。彼得集中心力用三部一千瓦的 Rank Aldis 幻燈片投影機打造更先進的系統，並開始實驗用不同方式處理光線，讓光穿透偏光鏡和乳膠製的拉伸薄膜。這樣創造出來的色彩「很壯觀，但非常暗」。彼得發現，用保險套做出來的應力偏光模式是最好的。結果有天晚上，廂型車和巡演人員遇上警察攔檢。執法人員困惑地發現，其中一位組員——約翰・馬許（John Marsh）——坐在前座裁切一堆保險套。「別理他，」彼得鎮靜地說。「那是我們的巡演助理——他瘋瘋的。」

另一種處理光的方式是在長鏡頭尾端的前方，以四十五度角擺設一面鏡子。接著再振動這面鏡子，製造出利薩茹曲線（Lissajou）的圖紋。把斬波器和色相環插入閘門，調整色相環旋轉的速度，就能創造他所謂的「色彩蟲」。

彼得的發明之中還有一種是利用電影燈，把它逼到超過建議的極限以達到最大亮度。在電影燈前架設一個由馬達驅動、轉速極高的彩色玻璃環，安裝在大小約二乘三英尺的盒子裡，靠彼得找來的幾個橡膠腳墊斜立在樂團旁。由於沒有專業的供應商，彼得到埃奇威爾路和托登罕宮路的軍需用品店搜刮軍用等級的器材、電線和連接器——這些物品特別耐用，在還沒有航空箱之前的年代也能載著跑遍英國。

彼得的裝置成效驚人。有了這兩種色環，可能性不只乘以二，而是變成二的平方。藉由調整色環的速度，造就的顏色只能說是——「泛著銀光金屬質感的紫色。尼克的手臂會在後方的投影幕上拖曳出彩虹，賞心悅目。」但由於溫度不均、遭到晃動敲擊、色環劇烈旋轉，玻璃有一種令人驚恐的傾向，就是失控然後劈哩啪啦地碎裂，邪惡的玻璃碎片會從很近的地方飛向樂團。我們到哪都必須攜帶大量的備用玻璃環——我們實在也該帶著護理人員的急救箱才對。羅傑與我把這些裝置稱為「戴立克[46]」，向它們的機械本質以及對人形生物的明顯惡意致敬。如今光線已是我們演出中不可或缺的元素，在當時的一篇《譜曲者》訪談中，我嚴正地說：「燈光師實際上必須是團隊的一分子」，雖然我顯然不打算分給他任何版稅。

在路上時，我們能省錢就省錢。我們會提前在路邊的酒鋪買酒，這樣就不必花大錢去酒吧。我們不考慮住旅館，寧可長途開車回家，因此其他每個樂團顯然都在享受的那種夜夜笙

---

46 戴立克（Dalek）是英國電視劇《超時空奇俠》（Doctor Who）裡的外星人，為了征服宇宙而剷除他們眼中的低等種族。

歌的生活也注定與我們無緣。基於布萊恩莫里森經紀公司（Bryan Morrison Agency）安排演出的本領，我們必須不斷地在國內縱橫奔走，因此感覺我們彷彿總是在廂型車上。更刺激的是我們一直處於耗盡汽油的恐懼當中，因為巡演助理只肯去至少提供四倍綠盾印花[47]的加油站——那是最早的顧客忠誠度制度。

我們手頭總是很緊：儘管工作增加了，我們卻還是債臺高築，因為我們不斷升級器材。理論上我們付給自己三十英鎊的周薪，但實際上卻只拿得出七英鎊十先令，因此為了補足收入，有賺頭的方案總是受到歡迎。許久以後，在某趟前往歐陸的跨海渡輪上，巡演助理約翰提議只要羅傑給他二十英鎊，他就一邊學狗叫、一邊從船尾爬到船頭。這是個讓羅傑覺得難以抗拒、讓其他乘客感到困擾的交易。約翰實現了承諾，並且對這個成功的賺錢計畫興奮不已，因此又提議在航線中點從側舷跳下渡輪游回英國，以此交換羅傑的房子。賭性堅強的羅傑受到強烈誘惑。他知道約翰失敗的機率比較高。但既然這也代表我們剩下的巡迴都不會有燈光秀，理性終究占了上風。

在無盡的旅程之間，我們偶爾會回地下抓狂俱樂部辦主場活動，但一九六七年一月以後，只能每個月一次左右。然而，這年春天有兩個大日子，讓我們得以跟原本的聽眾保持聯

---

47 綠盾印花（Green Shield stamp）創立於一九五八年，供英國消費者集點換商品。

繫。四月二十九日的「十四小時的幻彩夢（14-Hour Technicolour Dream）」是在亞歷山德拉宮（Alexandra Palace）的通宵活動，藝人包括亞歷克斯・哈維（Alex Harvey）、軟機器和亞瑟・布朗（Arthur Brown），全都由霍皮籌辦，《國際時報》那群人也可以在警察突襲臨檢後籌措更多資金。「一團亂，但成功了。」安德魯回憶。對許多人來說，這是縈繞在他們記憶中的開拓性迷幻活動，形同這整個時期的顛峰，樂團和藝人一直演奏到天亮。例如詹納說：「這場『幻彩夢』象徵一切。這是純粹迷幻樂愛好者的顛峰，像一場加冕儀式，這夥人最後的盛大活動。當平克佛洛伊德登上這座有點年久失修的廳堂，時間已是黎明，暮光穿透所有的老舊彩色玻璃窗，人們爬上亞歷宮風琴周圍的鷹架。基本上每個人都茫了，除了樂團以外，但席德可能也茫了。那是一場偉大的音樂演出——雖然天知道實際上聽起來是什麼樣子。」

但其他人覺得這件事實在太商業化了：地下文化運動被音樂這一塊主導，因為它是最能獲利的部分——「幻彩夢」其實根本是一場大型搖滾音樂會。作家邁爾斯回憶，稍早朝觀眾撒尿以坐實前龐克資格的蒼蠅樂團（The Flies）在我們表演時站在舞臺邊叫囂辱罵，大喊「叛徒！」我不記得這件事，但假使蒼蠅樂團真有這麼做，他們說的或許也沒錯：整場活動背棄原則。而我們在地下抓狂俱樂部的忠實聽眾，原本已經習慣享受共同分享的體驗，卻發現自己面對的是安全須知與十英尺高的舞臺，還成了怪胎秀的展品。

從我們的觀點來看，「幻彩夢」更是一場後勤惡夢。當天傍晚我們才在荷蘭演出，表演完、打包，由過度興奮的荷蘭人在夜裡高速駕車搭上最後一班離境飛機，接著瘋狂趕往北倫敦登場亮相。基於這般行程，不太可能享受以愛之名迷幻集會帶來的任何好處。席德呈現出一種徹底抽離的狀態，他究竟只是茫了，還是蒙受了更官能的神經損傷，我依然毫無頭緒。

相較之下，我覺得兩週後的「五月遊戲」（Games For May）是我們參與過的最重要演出，因為這場音樂活動包含的元素成為我們往後三十年演出的一部分。彼得和安德魯透過克里斯多福・杭特把活動辦在倫敦南岸的藝術中心伊莉莎白女王音樂廳（Queen Elizabeth Hall），他正是安排我們到大英國協研究院演出的主辦人。事實證明克里斯多福的古典樂資歷再度派上用場，他是能夠謀畫這處顯赫場地入場許可的少數幾個人之一。

雖然我們沒什麼時間去為那兩小時的演出準備與排練，但我們還是成功把這一晚設計成平克佛洛伊德的多媒體表演。跟我們平常的演出不同的是，這場沒有暖場藝人，所以我們可以掌控環境並創造一種特定的氛圍。伊莉莎白女王音樂廳的觀眾有座位，所以用意很明顯：這是一場獨一無二的搖滾音樂會，他們要做的是聆聽與觀賞，而不是跳舞。這場表演的很大一個部分是riff演出。我們有平常的歌單，開場曲是〈看艾蜜莉玩耍〉（「你會失去你的理智，玩起免費的五月遊戲……」），但多數選曲都用來當成媒介，例如〈星際超載〉，扮演不斷變換想法的框架。人人都記得席德的詞曲創作，但他對riff搖滾樂的激進概念也許值得同等的讚揚。

我們準備了一些額外的燈光和一架泡泡機，以及家用幻燈片投影機。若要投射任何形式的光線，這些都必須架設在前排座位正中央。這在技術上和法規上都需要一些臨場變通，因為當時的燈光和混音是從舞臺側邊控制。還要再過幾年，把音效和燈光控制臺設在觀眾席中間才變成標準做法。

根據《國際時報》的報導，這場活動是「很好的構想……一場名副其實的二十世紀室內樂盛會。廳中的整潔外觀與寫意相連的媒介形成完美結合。」只可惜我們無法從中獲利、逃過來年無止盡例行演出的苦差事。

方位角調整器（**Azimuth Co-ordinator**）在「五月遊戲」初登場。這個裝置由理克操作，我們委託艾比路錄音室的工程師柏納・史貝特（**Bernard Speight**）製造。機臺有兩個聲道，各配置一支操縱桿，一支控制他的 **Farfisa** 電風琴，另一支控制音效。操縱桿直立時聲音在中央，但如果桿子移往邊角，就會把聲音送到廳內對應角落的喇叭。理克可以讓電風琴的聲音環繞在觀眾席周圍，或者製造明顯從一邊邁向另一邊的腳步聲——由一架 **Revox** 盤式錄音機傳出。沒人記得這臺機器的名字是誰想出來的，不過牛津英語詞典對方位角的定義是「從天頂延伸到地平線的弧線，以直角分割天空。」我覺得這名字似乎取得頗好。

還有，我們從此被禁止在伊莉莎白女王音樂廳表演。不是因為過度興奮的觀眾撕爛座椅，而是因為有一位打扮成胖海軍上將的巡演人員朝著走道灑花瓣。音樂廳主管機關認為，這對走路較不穩的觀眾有潛在的安全危害……

這是搖滾樂團和場管單位之間非常典型的不尊重，且常常演變成徹頭徹尾的敵意。在安全和燈光事務方面，他們會強加數不清的細瑣規則，其中有些是合理的，許多則純粹是為了反對而反對。有一項規則尤其令我們惱怒，就是對於搖滾樂團，場館要求的觀眾席照明度高於其他娛樂形式。這對我們特別傷，因為燈光秀的效果受到嚴重削弱。我們偶爾會出動一把空氣槍，以確保場地照明度符合我們的喜好。實際上呢，被所有的主要場館禁演是非常時髦的事，如同安德魯所說，一定要告訴大家你被禁了，就算你沒被禁也要說你有。我想就跟幾乎其他所有樂團一樣，我們也曾經被阿爾伯特音樂廳「終生」禁演了一小段時間……

〈阿諾連恩〉也遭到禁播，包括海盜廣播電臺[48]的倫敦電臺（Radio London）和卡洛琳電臺（Radio Caroline），以及BBC。由於當時只有幾個電臺在播送節目，這真的導致宣傳陷入困難。禁播令來自歌詞的模糊指涉，如果你非常努力嘗試的話，有可能理解成是在歌頌「性變態」。當然，沒過多久，BBC就忽然（天真爛漫地）看不出路・瑞德（Lou Reed）〈何不來冒險〉（Walk On The Wild Side）歌詞中有任何的性意涵。這在如今顯得很荒謬——而且想到二十一世紀的歌詞有多露骨，甚至會覺得有種美妙的保守之感——但在當時，人們依然對審查非常敏感。宮務大臣（Lord Chamberlain）一直掌管倫敦的劇院到一九六七年，而甚至

48 指架設在船上的無執照電臺。

到了一九七四年，我們在現場演唱會播放的影片都還要向英國電影分級委員會（British Board of Film Censors）取得許可（奇怪的是，我們還會取得另一項特殊許可，就是不必在播放正片前把放映許可秀在銀幕上，以免破壞效果。）

不管怎麼說，要讓廣播節目播放我們的歌都很難，因為播出時間依然非常有限。樂手工會（Musicians Union）跟BBC達成協議，限制廣播放歌的時數每週不得超過四十小時。這麼一來，就有時間留給兼職樂手組成的廣播管弦樂團演奏音樂。歌曲是優美的小號獨奏時還行，但當他們嘗試重現〈紫霧〉[49]時，聽起來就像是一個獨臂的人在糊壁紙。

面對這些阻礙，我們和其他任何寄望享有單曲排行榜前二十名榮耀的樂團就只剩一個選項：買榜。在POS（銷售時點情報系統）出現之前的年代，運作方式很簡單：大家都知道回報唱片銷量數據的是哪些店家，所以就派出很多不同的人到正確的分店，不斷購買特定單曲。在買榜跑腿者的辦公室，你似乎必須非常謹慎。不小心開錯櫃子，可能就會有大量未拆封的唱片掉出來，把你砸成重傷。還有位專家會收取一百英鎊的報酬，在自己的跑車上裝滿花和巧克力，然後跑遍唱片行，說服櫃檯後的女孩調整銷售數據。她們都樂意之至。

〈阿諾連恩〉在一九六七年三月發行，曾登上英國單曲排行榜二十名。下一首選中的是

---

49 〈紫霧〉（Purple Haze）是罕醉克斯展現吉他技巧的名曲。

〈看艾蜜莉玩耍〉，我們嘗試在艾比路錄音室錄製。但我們就是無法複製〈阿諾連恩〉的聲音，於是我們全都垂頭喪氣回到聲音技術錄音室，重現當時的神奇公式，這讓喬・波伊德有了某種諷刺的欣慰。

由於〈阿諾連恩〉遭到禁播，等到〈艾蜜莉〉發行時，我們已經有了一些額外的優勢。我想電臺多少有點羞愧，他們如果沒有表現出一副接納閃閃發光青春事物的樣子，在年輕世代間的名聲似乎可能會急轉直下。所有的廣播電臺都放了這張單曲，結果我們在兩週後登上十七名。打進前二十大榜單讓我們有資格上《流行之最》節目，這在往上爬的階梯象徵重要的新一階，也帶給我們真正的曝光。讓全國電視觀眾看見會直接影響我們的人氣，也就等於身為現場演出樂團的賺錢能力。有了「上過電視！」的光環，每晚至少可以多賺個一百英鎊。

這一天大多花在排演、化妝、整熨高檔服裝、洗髮修剪，從頭到尾待在 BBC 位於萊姆園（Lime Grove）街區設備齊全的攝影棚。巡演助理很快就發現，妝髮部門不認得新樂團的任何成員，因此他們大可走進來，找女孩子聊天，把頭髮洗一洗、修剪並吹乾。我很少看到像那天晚上漫步在 BBC 走廊上那麼光潔而香噴噴的巡演助理。

但我覺得節目本身幾乎是一波反高潮。即便是最好的情況，對嘴唱都讓人感覺十分愚蠢，何況這根本不是最好的情況。對嘴唱永遠是一件苦差事，對鼓手來說更是如此。為了不發出太大聲音，你完全不能打到鼓面，再不然就是只能敲鼓邊。兩種方法看起來都非常尷尬。後來這整套可怕的儀式變成使用塑膠鈸和塑膠鼓面。此外，你渾身充滿表演的腎上腺素，卻毫無身體活動或真正的觀眾反應來消解。不過跟節目本身相比，事後完全沒有興奮感，更是讓人靈魂死亡。我猜我原本期待上過電視後，世界會從此改變。我們現在肯定是真正的流行明星了吧？但似乎不是。世界一如既往地運轉，而我們又前往另一個糟糕的場地。觀眾依然討厭我們，但我猜至少他們討厭的是「上過電視！」的我們。

隔週單曲衝上前五名，所以我們把這些流程又重跑了一遍。第三場也在規畫中，但席德從中阻撓。他拒絕上節目，這也預示了日後的問題。他說出來的理由是：「如果約翰・藍儂不必上《流行之最》，為什麼我要去？」

這張單曲是不可能衝上排行榜第一名了。普洛柯哈倫樂團（Procol Harum）差不多同時間推出〈蒼白的淺影〉（A Whiter Shade Of Pale），文風不動占據榜首。每週我們都絕望地看著榜單，安撫自己：現在應該人人都已經買過一張〈淺影〉了吧——但很明顯，就算真是如此，這些人不是短期記憶出了問題，就是想擁有兩張。（普洛柯的蓋瑞・布魯可〔Gary Brooker〕在《譜曲者》週刊評論單曲：他馬上就注意到〈艾蜜莉〉。「平克佛洛伊德。聽到那可怕的風琴聲，我就認出來了……。」）

商業成功對我們所有人來說都充滿吸引力，只有席德除外。此時我們正式的EMI製作人是諾曼・史密斯，他還記得，在討論要幫〈阿諾連恩〉選後續作品，並且提到也許應該選〈看艾蜜莉玩耍〉作為單曲時，席德的反應彷彿「單曲」一詞是個骯髒的概念。雖然他樂於構思有記憶點的音樂想法，他卻討厭把任何事物「商業」化。

EMI 派史密斯來聲音技術錄音室監督〈看艾蜜莉玩耍〉錄製，以及在艾比路錄音室製作我們的第一張專輯《破曉風笛手》（The Piper At The Gates Of Dawn）[50]，錄音期間從一九六七年三月開始。用諾曼的話來說，他嘗試「成為一位有名的爵士樂手」之後，看見《泰晤士報》上的廣告去應徵 EMI 的實習錄音工程師。年齡上限是二十八歲，諾曼正值三十四、五歲，因此他幫自己減了六歲，結果令他意外的是，公司居然請他再去面試，跟另外一百多位應徵者一起。其中一位面試官問他對克里夫・理查（Cliff Richard）的看法。這位歌手當時剛剛崛起，諾曼對克里夫沒有好話。再次出乎他意料的是，面試官傾向於贊同。諾曼被錄取，成為三位新實習工程師之一。

從那時起，他開始掃地跑腿、買菸泡茶，偶爾在工程師的命令下按個按鈕。接著有一天，「這四個髮型滑稽的小伙子來了」。披頭四來到艾比路錄音室。在純粹的機緣巧合之下，諾曼被派去錄他們的試唱帶——之後他心裡想：「這是我們最後一次看見這群小伙子了，因為

50 本書一律沿用在臺發行的專輯名稱。《破曉風笛手》原文出自英國兒童文學《柳林風聲》（The Wind in the Willows）的章名，描述對象並非風笛手，而是暗指希臘神話牧神潘（Pan）吹的潘笛。

他們不怎麼樣，而這還是客氣的說法。」披頭四可不這麼想，而諾曼則幫他們錄完了專輯《橡皮靈魂》（Rubber Soul）。

諾曼一直夢想當上製作人，而製作人喬治・馬丁（George Martin）離開 EMI 並創立 AIR 錄音室之後，公司要他接手旗下的帕洛風唱片（Parlophone）。他發送出第一波介紹信後，接到莫里森的回電，請他看一個叫平克佛洛伊德的樂團。諾曼和剛加入 EMI 負責 A&R 的畢契・史帝文斯意見相左，他們都努力想打下自己的地盤。兩人都想簽我們進 EMI 的事實可能對我們有利，因為他們分別強力遊說我們加入唱片公司。諾曼記得，他花了一番功夫才說服高層簽下這個不熟悉的樂團，五千英鎊的預付金在當時是天價。高層最終同意時，他們告訴諾曼（可能是在開玩笑），他可以簽我們，但他的飯碗就看這次了。

我認為諾曼把我們視為他向馬丁看齊的機會。和我們一樣，他也想充分利用錄音室設備，個性非常溫和，本身也是一位有才華的樂手。對我們所有人來說，最重要的是他樂於教我們，而不是把製作過程搞得神祕兮兮來維護他的地位。

我們錄音時，諾曼的助手是 EMI 資深正職工程師彼得・波恩（Peter Bown），他也在錄音室待了很多年，什麼都見識過，也大部分都做過。有一次早上錄音時，彼得和安德魯力勸我們演奏全部曲目，從中選幾首開始錄，給我們的新夥伴留下深刻的印象。不幸的是，他們前一天都錄晚班。三十分鐘後，波恩已經趴在控制臺上睡著了，諾曼則記得自己很快就追隨了他的腳步。

由於我們缺乏錄音室經驗，有諾曼這樣的製作人是一大幸事。樂手獲准靠近混音控制臺的情況依然相當少見，甚至聽過有人找來職業伴奏，以節省錄音室時間。但披頭四已經開始改變這種情況，因為他們很成功，說服了唱片公司慢慢減少干預。基本上，後來的每個樂團都該大大感謝披頭四，因為他們塑造出一種態度：流行音樂應該由藝人來創作，而不是為藝人打造。

從錄音的第一天起，諾曼就鼓勵我們參與整個製作流程。他注意到我們對錄音的科學與技術很有興趣，用他的話來說，「當時的樂團大多只是企圖成為默西之聲（Mersey Sound）[51] 風潮的一分子」。

當時艾比路錄音室（正式名稱是 EMI 錄音室）是保守主義與激進主義的怪異混合體。公司也有一個龐大的工程部門，自行生產專屬的錄音機、音控臺和硬體效果器。錄音使用一臺四軌錄音機，再併進四分之一英寸的單聲道或立體聲盤帶。所有的剪輯都由實習工程師拿黃銅小剪刀完成，以防任何磁力影響聲音。整棟建築物全部漆成某種綠色，我只能設想靈感來自 KGB 總部盧比揚卡大樓（Lubyanka）。

51 默西河從利物浦出海，默西之聲泛指一九六〇年代從利物浦出身的樂團，以披頭四為首。

跟BBC很像，這種組織培養出一大群優秀工程師。他們已經精通每一種樂器和樂團的錄製技術，完全不怕一天錄搖滾樂，隔天錄赫伯特・馮・卡拉揚（Herbert von Karajan）與八十人編制的管弦樂團。不過，古典樂和流行樂在上流階級涇渭分明。雖然流行樂的發行為錄製古典樂帶來資金，但高層卻不把流行音樂的創作者視為同一個等級。推翻這種過時的階級制度，總裁洛克伍德爵士居功厥偉。背景說明：在他加入EMI的兩年前，董事會已經判定「密紋唱片沒有未來」。

由於電子效果器尚未問世，像艾比路這麼設備齊全的錄音室有一個特點：集團擁有大量樂器，四散在錄音室各處。Bell鋼琴、Hammond風琴、電子小鍵琴、定音鼓、鑼、三角鐵、木魚、搖鈴和風鳴器任人使用。（在《風笛手》和《不解神祕》〔A Saucerful Of Secrets〕[52]專輯中都能聽見，我相信披頭四的好幾張唱片也一樣。）還有一個包山包海的音效資料庫，以及鋪設磁磚的專用回音室，我們特別愛用來錄腳步聲。

雖然在我的記憶中，《風笛手》的錄音進展頗為順利，人人普遍懷抱熱忱，而且席德似乎比較放鬆、氣氛也更專注，但諾曼不這麼認為。「我扮演的角色從來都不容易。我總覺得時時刻刻都如履薄冰，對席德說話總得小心翼翼。他總是非常脆弱。可能他疊了一軌人聲，

52 平克佛洛伊德的第二張專輯。

我去找他說：『好，席德，這基本上不錯，但何不這樣那樣？』但我從沒得到任何回應，只有『嗯哼，嗯哼』。我們會重錄，然後他就會唱得一模一樣。我們可以錄一百次人聲，結果永遠都一樣。這個人的性格中有某種頑固的本質。」

每週我們在錄音室做歌一、兩天，那裡的時段嚴格控管（每個時段三小時，分早班、中班和晚班，確切遵守午餐和下午茶休息），其餘時間則外出表演。我們錄音時能夠得心應手，部分原因是我們錄的實際上是現場表演曲目。現在聽《風笛手》這張專輯，大約就能知道我們在地下抓狂俱樂部和圓屋劇場表演的是哪些曲目。不過錄音室版本必然較短，獨奏譜寫得更簡潔，以符合一首歌三分鐘的需求[53]。

然而，當我們在類似加州舞廳的地方面對眼神凶狠的群眾，建議是抽掉專輯中比較異想天開的幾首歌：天知道他們會怎麼理解那位名叫牢騷格林伯（Grimble Gromble）的侏儒[54]。儘管如此，找到替換歌曲不是問題。安德魯回憶：「席德寫歌的速度飛快，歌曲常常從他腦中源源不絕地冒出來。有一個創作力大爆發的點。有些人可以持續下去，有些人則沒辦法。」

〈星際超載〉是黑膠（當年的情況）呈現現場演出縮減版的一個例子。從波威斯花園社

53 早期的七十八轉黑膠唱片單面僅能錄製一首三分鐘左右的歌，其後業界沿用三分鐘的慣例。

54 指《風笛手》專輯裡，〈侏儒〉（The Gnome）歌中描寫的情節。

區的活動以來，〈星際〉一直是我們現場表演的核心曲目。圍繞席德的 riff 彈奏，這首歌通常每次都依照相同的結構順序加入不同元素演奏。在專輯裡歌曲長度不到十分鐘，現場可能拉長到二十分鐘。訣竅是重新調整這些歌的結構，好讓它們符合當時一首歌的制式長度限制。另一個問題是：現場演出一首歌時，難免每次的表現有好有壞，尤其是 riff 的部分。錄音則是另一回事，必須經得起反覆聆聽。兩種版本必然會有很大的不同。

至於其他結構比較分明的歌，諾曼得以施展他的製作才能，加入編曲與和聲，並善用音控臺和硬體效果器所能操控的音效。他也協助展示艾比路樂器與音效資料庫潛藏的一切可能性。一旦認識到它們的潛力，我們很快就開始加進各種外界元素，從切進〈天文學牧師〉（Astronomy Domine）的無線電，到〈自行車〉（Bike）結尾的大鐘。玩「具象音樂（musique concrète）」絕非獨創——喬治・「影子」・莫頓（George 'Shadow' Morton）已經在香格里拉樂團（Shangri-Las）的〈幫派老大〉（Leader Of The Pack）[55] 裡用過摩托車。不過這在當時還很新奇，自此成為我們創作過程的常見元素。

由於諾曼跟披頭四合作過，因此可以料到我們早晚會在錄音的時候見到這些大人物。不說別的，光是我們這兩團就以前所未有的方式占用了艾比路的大量錄音資源，也因此，兩個

55 〈幫派老大〉是一九六四年的美國流行歌。

團幾乎都像是住在這裡。後來我們發現自己想在錄音室待更久，於是跟EMI重談條件，把版稅從百分之八減到百分之五，用以交換無限的錄音室時間。

我們被帶進二號錄音間，當時這「絕妙四人組」（Fab Four）[56]正在裡面忙著錄〈漂亮莉塔〉（Lovely Rita）。音樂聽起來很棒，專業得讓人難以置信，但就跟我們撐過最糟糕的演出時一樣，這次經驗讓我們津津樂道而不是徹底灰心。瞧我們這麼沒經驗，技術也不純熟，實在很難解釋我們這古怪的自信究竟是如何維持住的。我們幾乎沒跟披頭四說笑，只是謙卑地在他們調整混音時乖乖坐在控制室後方。過一段適當（且尷尬）的時間後，我們又被帶出去。每當披頭四進駐艾比路，錄音室必定會有一種大事發生的感覺，同時隨行人員則在錄音室的結界內，把他們包在一種不尋常的微氣候中。

《風笛手》在一九六七年八月發行。彼得稱讚諾曼的貢獻：「諾曼很傑出。他成功製作出一張棒呆了的商業唱片，把平克佛洛伊德做的音樂濃縮進三分鐘，而且沒毀掉那詭譎的音樂性，或是席德作品的古怪本質。」但彼得還是不清楚這張專輯的賣點。「我只在乎單曲，對專輯的表現沒概念——這顯示出我的天真。」只是等到專輯上市時，幫助我們步上軌道的地下文化運動已經在無情的商業壓力下開始動搖。

56 披頭四的外號。

商業圈已經盯上了迷幻音樂的新浪潮，舉凡流行音樂節目、舞會與私人歌唱聚會，如今都打著「捉狂」的廣告。光是這個詞的另類寫法就令人歎為觀止[57]。到了四月中，彼得、安德魯和我們自己都覺得應該來一場搞笑模仿，取名叫「抓狂—才怪（Freak Out-Schmeak Out）[58]」來奚落他們，可是連趕搭流行、或單純只是愚蠢的演唱會主辦人都不懂笑點，他們的廣告依然樂得使用「到場，掏錢，迷失」這句話——迷幻藥導師提摩西・李瑞（Timothy Leary）名句「打開，連通，離群」的變化版[59]。人人自娛的原始概念已經輸給了能賣錢的商品。

地下運動的發起者也受到攻擊。在當權者粗暴的火力展示下，《國際時報》以淫穢罪名遭到起訴。霍皮持有大麻入獄，押送到苦艾林監獄（Wormwood Scrubs）服刑六個月，他的苛刻判刑引發頗強烈的抗議。地下抓狂俱樂部的群體變了：儘管向來敏銳的演出規畫人波伊德請來對策樂團（The Move）和佛洛伊德，六月連續幾個週末都吸引了廣大的人群，但這些引出引來的觀眾如今到場卻是為了觀察這個現象，而不是參與。

一項意料之外的發展是，小報認定這是一種危險的反文化，開始窮追猛打。當年稍早，

57 原本抓狂活動的措辭是 freak out，作者在取笑跟風的人只改成 freak-out，毫無創造力。
58 玩諧音的句型，用諧音來嘲諷這不是真正的抓狂。
59 李瑞的原句是 Turn on, tune in, drop out，改寫版是 Turn up, shell out, get lost。

《世界新聞報》（News of the World）刊載了一篇報導，說地下抓狂俱樂部都在進行悖德的勾當——俱樂部因此遇上不少麻煩——並且提及了平克佛洛伊德那群危險的顛覆者。突然間，一切就是性、毒品、搖滾樂。特別讓人惱怒的是，他們說的那些好東西我一樣也沒體驗過。事實上，這篇文章沒能揭發任何重要的事，還報導錯誤，說我們曾經自稱是「社會偏差人士」。「偏差」這個詞經常能讓小報記者見獵心喜；在這個案例中，記者在我們的一張海報上看見「社會偏差人士」字樣，就興奮過了頭。他沒發現這不是在說我們自己，而是米克・費倫（Mick Farren）領軍的暖場樂團的名稱。我們找了律師，最後跟對方碰了一面。對方使出黑臉／白臉的慣用手法，結果我們就溫順地同意他們用一則標準的道歉啟事了結此事，用這麼小的字級刊在後段版面。

媒體沒發現真正的故事：我們的主唱、吉他手和詞曲創作人已經開始嚴重崩壞。這件事我們不是不知道，但在我們看來，席德是時好時壞，只是壞的時候似乎持續增加。我們太渴望樂團成功，因此決心說服自己他會走出這個階段。我們身邊的其他人則看得比較清楚。瓊就事論事：「席德服用大量迷幻藥。很多人都可以吃一點然後正常過日子，但如果你一天要神遊個三、四次，而且是每天……」

席德住在克倫威爾路（Cromwell Road）的一間公寓，在彼得回憶裡是「席德跌入幻覺的災難公寓」。我們從未踏進去——只接席德上車去排練或演出，也沒跟他的室友有過聯絡。

傳言你絕不能在那裡喝東西，連一杯水都不行，除非是你自己倒的，因為所有喝的都加了料。這不是我們其他人熟悉的世界。在那時候，羅傑、理克和我依然效忠喝啤酒的學生文化，偶爾來點烈酒。我們更清楚席德的生活方式對演出有什麼影響。

在「十四小時的幻彩夢」，席德跟我們其他人一樣疲憊，但他的症狀嚴重許多。瓊在照顧他：「我們先是找不到席德，然後我發現他在更衣室，他茫到……整個不行。羅傑・華特斯和我扶他站起來，我們把他弄上臺。他有一把白色吉他，我們把吉他掛在他脖子上。他走上臺，想也知道觀眾已經發火了，因為他們愛他。樂團開始彈奏，席德就只是站在那裡。吉他掛在他脖子上，但他的雙手就是垂在那裡。」

我們預定不久之後要在溫莎（Windsor）的全國爵士藍調音樂節（National Jazz and Blues Festival）上表演。結果我們被迫取消。向音樂媒體發布的訊息是，席德罹患「神經衰弱」。由於我們不得不退出，他們改派了可憐的保羅・瓊斯（Paul Jones）上臺。保羅不久前才跟曼弗瑞德曼恩樂團（Manfred Mann）拆夥，正享受著演唱節奏藍調的成功單飛生涯。他在「你們喜歡靈魂樂嗎？」的呼聲中登臺，結果花之子嬉皮群眾卻朝著舞臺大吼：「不喜歡!!!」還扔了一堆愛的串珠鍊和啤酒罐。與此同時，取消這些演出讓我們其他人又窘又怒，經紀人則努力試著擬出一個計策。

我們說了很多，卻沒有採取什麼行動，主要是因為缺乏如何處理迷幻藥物問題的資訊。

最後彼得幫席德約了心理名醫R・D・連恩（R. D. Laing）看診。我想是羅傑載席德到北倫敦接受諮詢的，但席德拒絕配合，所以連恩也束手無策。但他確實提出質疑現有想法的一項觀察：沒錯，席德也許惶惶不安，甚至精神失常。但造成這個問題的也許是我們其他人，因為我們渴望成功，並強迫席德配合我們的野心。也許席德其實是被一群瘋子包圍了。

羅傑也打給席德的哥哥，說我們非常擔心。他到倫敦見了席德一面，現身時說他覺得一切都會沒事。這樣的情況一再重演。我們會一直談論席德的情況，但接著他就會有一段健康專注的時期，這時我們就會想：太好了，他恢復正常了。

最後我們決定送席德去福門特拉島（Formentera），這個小島離西班牙伊比薩島（Ibiza）不遠，同行者是近期取得行醫資格的山姆・赫特（Sam Hutt），他想去那裡度假、思考自己的未來。山姆是地下文化運動的專屬醫師，同情迷幻藥物使用者與樂手：身為波音杜溫與美好的湯（Boeing Duveen And The Beautiful Soup）、後來的漢克旺福德（Hank Wangford）創團成員，山姆能站在藝人的角度思考。「我是個非常時髦的醫生。我在醫院都穿愛之夏的裝扮——不披白袍，而是粉紅印度蠶絲無袖及膝小外套，上面的圖案看起來像紫色精蟲，襯裡是金色摩爾水波紋。還搭配威廉・莫里斯（William Morris）那類圖紋的印花喇叭褲。」

我們慌亂取消八月的預定演出，全部延後一個月。席德在女友琳賽・柯納（Lindsay Corner）、理克與茱麗葉、山姆與妻子和新生嬰兒的陪伴下前往福門特拉島。羅傑和茱蒂待在伊比薩島，搭渡輪只要一小段時間。結果並不成功：席德毫無改善的徵兆，倒是偶爾會有暴力發作。在一個風狂雨驟、雷電交加的夜晚，外頭的激盪反映了席德內心的煎熬——根據茉麗葉的回憶，席德甚至真的想要爬牆[60]。

與此同時，身在英國的我們還在設想樂團的出路。羅傑告訴《譜曲者》：「目前必須大量演出才能維生的事實使我們感到沮喪，許多地方和場館並不真的合適。我們都喜歡自己的音樂，那是我們背後唯一的動力。我們不能再一直去俱樂部和舞廳演出了。我們想要全新的環境，我們甚至有一個點子，就是利用馬戲團帳篷。」我們看見了未來的方向，但卻似乎沒辦法實現。

席德從福門特拉島歸來時，狀態不見改善，我們則沒頭沒腦地重新投入工作。克服一些困難後，我們完成了九月在英國和荷蘭的幾場演出，也去德連利亞錄音室（De Lane Lea Studios）錄製席德稍顯錯亂的最新力作。此外，我們也倉促準備樂團的第一次美國巡演。我們預定十月二十六日在比爾·葛拉漢[61]的舊金山費爾摩音樂廳（Fillmore）唱開場，但旅程並不順利。事前安德魯就說他一直很擔心跟這趟巡演相關的所有事情。他的憂慮很有道理。

---

60 翻牆（climb the walls）常指內心煩躁無處發洩，這裡描述席德不只焦躁，還真的去爬牆。

61 葛拉漢（Bill Graham）是美國著名的演唱會主辦人。

當安德魯提前去找紐約的經紀人拿這趟巡演的合約時，經紀人漫不經心地把手伸進抽屜，拿了一把槍遞給安德魯，供他在巡演時使用。安德魯對槍械不熟，詢問是否非帶不可。「你不一定要收下，小子。如果你不想用槍，我就放回抽屜。」即便是英國最棘手的巡演也從沒做到這個程度。

接著安德魯前往另一端的西岸。我們的工作許可證還沒到手，意思是我們會錯過前幾天的表演。安德魯記得自己坐在比爾・葛拉漢這位傳說中異常暴躁的活動主辦人辦公室內，聽著他為自己管理的傑佛遜飛船合唱團（Jefferson Airplane）痛罵某位倒楣的唱片公司主管。掛掉電話後，他把注意力轉向這個樂團無法到場的稚嫩英國人。「為了比爾・葛拉漢，任何樂團都一定會露面，」他大吼。

場景拉回倫敦，我們的情況是天天守在那邊等待文書程序走完的消息，才知道我們究竟能不能當晚去搭飛機。我們在倫敦的美國大使館度過無數個小時，等待正確的簽證核發。現在的巡演需要大量的文書作業，但在當時，官僚作業是一點也沒少，溝通卻比現在緩慢困難得多。不只文件有問題，安排美國樂手騙徒山姆（Sam The Sham）和他的法老王樂團（The Pharaohs）過來交流也有問題——當時工會還是規定英國和美國的藝人必須對等交換。

比爾的解決方法是在倫敦的半夜打給美國駐英大使，結果讓他強行通過了文書作業。他聘請在灣區演出的艾克和蒂娜・透納（Ike and Tina Turner）來頂替我們，他們因此成為在費爾摩音樂廳演出的第一組黑人明星。最後簽證終於到手，我們及時出發，趕上在比爾另一個舊金山場館冬地（Winterland）的演出。一開始就沒有好兆頭。一位不安的空姐要席德在起飛前把菸熄掉，結果他就在她震驚的目光底下，隨手在飛機的地毯上（而不是菸灰缸裡）捻熄香菸。難怪汎美航空那趟班機的服務留有改善空間。我們深夜才飛抵舊金山，不僅累壞了，迎接我們的還不是美國歌迷俱樂部的尖叫聲，而是因為空等了好幾天而怒不可遏的比爾・葛拉漢。

我們也跟安德魯會合，他還是很擔心。他去過了有五、六千個座位的冬地音樂廳，見識了這個地方的規模和巨大舞臺，也檢視了功能強大的三十五釐米放映機，它讓我們功率一千瓦的入門款 Aldis 器材相形失色。這座場館平時的燈光秀由獨立的專門機構負責，規模完全不同且適合音樂廳的空間。安德魯意識到以這場地的規模我們恐怕會吃不消，因此大方且明智地說我們會「整合資源」。事實上，我們豈止是吃不消，根本就是吃不了兜著走。

隔天我們都在拼命努力湊齊某些器材：我們只帶了吉他，別的都沒有。我以為這裡會有一套鼓。所有和支援相關的承諾都神祕地消失了。事實證明唱片公司一點忙也沒幫。給理克用的琴找來了，一套鼓組起來了。尊爵（Premier Company）是英國公司，透過關係經紀公司的網絡在美國運作。本地業者聽說要出借器材給尊爵旗下沒什麼名氣的英國樂團應該很不高興，而他們最有名的代言人基斯・穆恩（Keith Moon）[62] 又以駕馭鼓組時的破壞傾向聞名。因此我懷疑他給我的是堆在儲藏室後方那些不成套的鼓、鈸和配件——鼓組中每一件都是不同的顏色。

我們終於踏進冬地，遇見這趟巡演的第一個驚喜。場館的經營團隊非常專業，登臺名單中的其他樂手友善得讓人神清氣爽，對我們玩的音樂展現熱忱，而且沒有我們在英國熟悉的「把臺上其餘所有人比下去」的競爭心態。不過，雖然海報宣傳我們是「英國燈光之王」，用安德魯的話來說，燈光秀顯得「很可笑。非常坦白說，我覺得自己真是個蠢蛋。」

我們幫「大哥控股公司」（珍妮絲・賈普林〔Janis Joplin〕初期主唱的傑出樂團）暖場，有個週末是瑞奇・海文斯（Richie Havens），下個週末則是H.P.・洛夫克拉夫特（H.P. Lovecraft）。珍妮絲穿著傳說中的那件毛皮大衣，是南方安逸香甜酒的公司為了感謝她而致贈的。我不確定要感謝的是她個人喝掉的酒量，還是要感謝她帶著一瓶南方安逸上臺，成為產品代言人的早期案例。羅傑自己也帶了一瓶酒，並請珍妮絲喝。表演結束時她把酒瓶遞回來，已經空了。

跟第一流場館的群眾相比，這些觀眾更接近我們在地下抓狂俱樂部的追隨者。加州是嬉

62 誰合唱團（The Who）的鼓手，除了高超鼓技外也以破壞行徑聞名。

皮理念的中心點，特別是舊金山。可惜我們無法那麼放鬆，因為我們飛抵時有時差，排定的演出日期亂糟糟，資金不足、器材不足又應接不暇。更糟糕的是，席德參加這次重要演出的方式是在演奏〈星際超載〉時把吉他弦轉鬆降調，直到弦整個鬆脫。

然而一線希望尚存，有少數幾場演出比較成功，例如在洛杉磯威尼斯區（Venice）的獵豹俱樂部（Cheetah Club）。雖然我們在比較大的表演廳不是頭牌藝人，而且其他登臺藝人都曲目緊湊、排練充分、彈的是自己的樂器，但在俱樂部，我們是主角，燈光得以發揮某種程度的實際效果，我們也可以掌控整體的氣氛和情緒，如同在地下抓狂的表現。

去獵豹俱樂部表演時，席德認為自己燙過的頭髮太捲，必須弄直他才有辦法繼續。他派人去買了一罐髮膠，厚厚地抹在頭上來解決問題。他穿著一雙用橡皮筋綁緊的奇特綠色靴子登臺，接著又故技重施，第一首歌從頭到尾都在給吉他降調。羅傑盛怒之下發狂攻擊自己的貝斯，結果割傷了手。他借來一把西洋梨形狀的 Vox 牌貝斯，琴弦上方少了拾音器蓋，所以他的手一直卡到無遮蔽的那端。表演結束時他把琴摔爛。貝斯的主人似乎十分高興，靜靜地把碎片打包帶走。儘管如此，這場演出還是很棒。觀眾愛我們，獨特的暖場團「婁塔與用手的人」（Lothar And The Hand People）也是。似乎沒有人真的叫婁塔——那其實是樂團幫特雷門琴（theremin）取的暱稱，這種樂器是俄國的非凡發明，在特雷門琴的天線前揮動雙手可以製造類似《超時空奇俠》的音效，布萊恩・威爾森（Brian Wilson）在〈感覺正好〉（Good

Vibrations）裡用過[63]。此外，這團也有幾位非常性感的妙齡女子，她們沒拿樂器，只是在興致大發時隨音樂扭動，風格相當前衛。

樂團的宣傳有一部分是以電視為中心。MTV 音樂臺出現以前，作法是安排樂團去上一檔當紅的明星節目。主持人通常是一位有點年紀、亟欲延長自己職業生涯的歌手，他會演唱幾首歌，接著請來賓出場聊天，中間穿插像我們這種音樂表演。由於席德已經接近一種精神失常的痴呆狀態，你可能會覺得這絕非成功之道，而你還真說對了。席德很難搞，甚至從中作梗。彩排時他完美地對嘴唱歌，實際錄影時卻懶洋洋地站在原地，導播只能一直說「好，這次來真的囉」，卻始終叫不動他。因此羅傑和理克被迫分擔主唱的任務，而席德就站在那裡，眼神空洞陰鬱地瞪著不遠處。我們又尷尬又嗨地對嘴唱完〈艾蜜莉〉後，主持人就示意我們上前小聊。如果麥克風的範圍內有其他來賓，他們就會狠狠抓住機會，把握上鏡頭的寶貴時間，插嘴講一段故事、一個笑話，或一句很蠢的評語。

在另一檔由帕特・布恩（Pat Boone）主持的節目上，他好心阻止其他來賓靠近，想跟我們盡情閒聊。儘管我們其他人在情急之下敏捷地卡位，他卻偏偏選了到目前為止都非常不穩定的席德聊天。當他問席德喜歡什麼時，全世界都屏住呼吸。我們緊張得發抖，無數不合宜

63 〈感覺正好〉是海灘男孩（The Beach Boys）的歌，由團員布萊恩譜曲兼製作。

的答案湧入腦海。結果席德開朗地說：「美國。」帕特笑了，觀眾大聲歡呼，我們其他人則冒出一身冷汗，連忙把他架走。

不在電視攝影棚時，席德的狀態也沒好到哪裡去。有次我們跟國會唱片（Capitol Records）開完會出來，站在洛杉磯好萊塢大道（Hollywood Boulevard）和藤街（Vine Street）的轉角。「拉斯維加斯這地方真好，」席德說。隨後，在一間典型的加州汽車旅館「好萊塢夏威夷人」（Hollywood Hawaiian，有投射燈照亮著仙人掌、裝潢俗豔），羅傑發現席德坐在椅子上睡著了，手指間還夾著一根愈燒愈短的香菸。

自此之後，我們受夠了。安德魯打給人在倫敦的彼得，要他「把我們從這裡弄出去」。我們完成了在西岸的使命，但取消東岸的行程，直接飛去荷蘭演出。如果還需要證據來證明我們刻意忽視席德的精神狀態，這就是了。我們居然覺得搭機飛越大西洋後立即排定更多演出會有幫助，實在是匪夷所思。

回到英國，莫里森幫我們在罕醉克斯的巡演談到登臺時段。這是看罕醉克斯表演的絕佳機會，還能真的跟我們欣賞的樂手共度一些時間。最後我們發現自己跟其他樂團有一些共同點，尤其是暢快樂團（The Nice）。他們似乎有類似的音樂偏好，不過技術純熟得驚人，鍵盤手基斯・艾莫森（Keith Emerson）的琴技著實精湛，後來成為ELP樂團中的E。

這次聯合巡演的行程非常緊湊，以活動主辦人而言，主要目標是確保罕醉克斯的歌迷值回票價。這代表無論發生什麼事，他的演出時段都要準時。有人拿著碼錶站在舞臺側邊，以確保我們沒有超出預計的八分鐘。在安德魯印象中，我們哪怕是只超出三十秒，都會收到嚴厲的警告，再犯的話則會被踢出巡演。所以我們比較長的歌都必須大幅刪減，例如〈星際超載〉。威爾森回憶，聯合巡演期間的場館一開燈，我們的燈光幾乎就消失了。他嘗試說服經紀團隊，任何合約都要堅持一項附加條款：必須關掉室內燈並提供銀幕和投影器材的架設位置。但那還要再過幾年才會實現。

席德依然極度不可靠（而且還有幻覺）。有一次他連劇院都來不了。我們很早就得知他無法到場，因此說服暢快樂團的大衛・歐利斯特（Dave O'List）頂替他上台。我們打在大衛身上的燈光很暗，也確實唱了〈星際超載〉。我知道這絕對是一場合格的演出，而且我認為也沒有多少觀眾發現換了人。

這趟巡演是我們第一次真正接觸到一直以來想像中的搖滾樂世界。流行明星的褲子很緊、道德感很鬆，配上尖叫的女孩子，身上的洋裝也很緊，道德感則更鬆。這是我們非常罕見地在街上被興奮過頭的女孩子追著跑的一次——我沒辦法形容有多罕見。從此我深深同情狐狸的處境，因為轟隆的馬蹄聲（或少女的腳步聲）一直緊追在後，真的恐怖到不行。在這個特定的獵場（也許比正常的獵場平衡一些），獵人與獵物的角色不總是那麼分明，因為聯合巡演的樂手和隨行人員也都在縱情求偶……女孩們八成才剛畢業，但在飯店大廳，她們卻一個個神色自若，搜尋著下一個可以誘捕的目標。

有一輛大家一起搭的巡演巴士，就像一趟瘋狂的校外教學，除了頭牌藝人以外所有的樂手都在上面。我們這陣子的交通方式一直變來變去。幾個月前，我們認為可以買一輛賓利轎車，因為基於某種錯誤的認知，我們以為這會是實用的交通工具，還可以提升我們的形象。於是又有一位汽車業務員得逞了。我們有了一些刺激的駕車體驗，因為沒有一間修車廠能讓煞車好好運作。羅傑至今仍會夢到這輛車，他清楚記得，有次從某一場演出駕車離開時，他被迫直接從一個圓環頂上開過去。我們也向戈德弗瑞戴維斯租車公司（Godfrey Davis）租過一輛車，簽名的是安德魯，因為他們不租車給樂手。後來我們遲了好幾個星期才尷尬地去還車，里程表顯示一萬七千英里，後座的垃圾堆到膝蓋那麼高。此後租車公司似乎就改了規則：如果一家公司跟音樂產業有任何關聯，即使是企業主管簽名也不夠拿來擔保。

我們在罕醉克斯巡演的同時發行單曲〈蘋果和橙〉（Apples And Oranges），又一次企圖打造熱門歌曲。這也是一首席德的奇想之作，原本可以是很棒的專輯曲目，但或許不太適合作為單曲。但在壓力之下，我們試圖強打這首歌，並在史密斯的協助下加入了疊錄的合唱與回音。印象中，我們不常現場演奏這首歌（如果有的話）。美國方面可能給了一定的壓力，要我們配合巡演發行單曲，但我們在那裡根本沒時間進行真正的宣傳。在這個案例中，我們採信了別人給的建議，結果學到一個課題：有時候——就算不是每一次——最好堅持自己的直覺，自己做決定。

巡演結束。一九六七年十二月，我們在倫敦奧林匹亞展覽中心（Olympia）演出，這次活動的名稱是「聖誕節續臨大地」（Christmas On Earth Continued）。席德再次徹底陷入昏沉，我們其他人也終於忍到了極限。是時候面對事實了。我們一直企圖忽視問題，希望它會自己消失，但即便是我們對成功的貪念，也已無法再掩蓋事實：我們沒辦法跟這樣的席德走下去，況且這根本已經不好玩了——對席德來說無疑也是。我們不想失去席德。他是我們的詞曲創作人、主唱、吉他手，也是我們的朋友——雖然從我們對待他的無情方式，你也許看不出來。

我們原本的想法是追隨海灘男孩的腳步。會想出這個對策，是因為我們聽了關於布萊恩・威爾森的故事：由於無法現場演出，他實際上是待在家裡寫歌。我們認為可以擴充樂團陣容，多找一位吉他手來分擔席德的壓力。有人提到傑夫・貝克的名字，倘若成真的話，一定會是個有趣（且驚人）的實驗。我不認為在那個時候，我們當中誰會有勇氣打這通電話。結果羅傑在二十五年後做到了。

但我們知道有個人可以找：羅傑和席德的劍橋時代老友——大衛・吉爾摩。

部分的總和
THE SUM OF THE PARTS
4

4

部分的總和

我們第一次小心翼翼地向大衛・吉爾摩提出邀約是在一九六七年底，當時我在皇家藝術學院一場演出的觀眾席上看見他。藝術學院在阿爾伯特音樂廳隔壁，地下抓狂俱樂部歇業後，這是當時最像我們主場的地方。我們在學院的幾個系上都有朋友，因此在海報設計、唱片封套、攝影和音樂之間產生了一定程度的交流，此外也持續利用皇家藝術學院的設施來進行課外活動。

大衛不是學生，因此我推測他來這裡是為了看我們。我在休息時間悄悄走向大衛，低聲問了他是否有可能加入我們，擔綱額外的吉他手。這不是基於我單方面的徵召魄力，只是因為這是我們當中第一次有人有機會跟他開啟這個話題。大衛確實有興趣，我猜主要是因為大衛雖然覺得我們不像他的前一個團 Jokers Wild 那麼老練（這點正確無誤），我們卻擁有他們從未到手的一切配件：經紀公司、專輯合約，和幾首熱門單曲。

Jokers Wild 是劍橋地區評價最高的樂團之一。在眾人眼中，他們全是高造詣的樂手。克萊夫・韋漢（Clive Welham）取代了原本的鼓手威利・威爾森（Willie Wilson），接著又跟提姆・倫威克（Tim Renwick）在薩瑟蘭兄弟與顫動樂團（Sutherland Brothers and Quiver）再度露面，日後也參與我們在《牆》現場表演聘請的影子樂團。

如今我已經想不起來我跟大衛最初是怎麼認識的。我們鐵定曾經在同樣的場地演出，包括莉比・嘉紐埃瑞和她妹妹的派對。顯然我們也在某些社交場合遇過對方，所以我才有辦法從皇家藝術學院的人群裡認出他來。

大衛是劍橋當地人——他跟席德早期就是在劍橋郡科藝學院的音樂場子相遇的。他在這一帶替 Jokers Wild 找到許多工作，不是在本地表演給等待第三次世界大戰的美國空軍看，就是偶爾跑一趟倫敦。然而，一九六五年八月趁著假期和席德以及幾位朋友跑到法國南部的街頭演唱之後，他又踏出了另一步。他決定帶著 Jokers Wild 重返歐陸，在那裡撐了一年多（「愛之夏」就發生在那段期間），並且務實地改名為花兒樂團（The Flowers）。樂團最後解散了，而我在皇家藝術學院看見大衛時，他有點無所事事，幫設計師歐西・克拉克和愛莉絲・波拉克（Alice Pollock）開小貨車，他們在切爾西區開了一間名叫「法定人數」（Quorum）的精品店。

我們在一九六七年聖誕節前夕正式找大衛談，提議他入團成為平克佛洛伊德的第五位團員。席德受到說服，贊成大衛加入是一個好主意。我們走了正式程序，開了一場相當理性的團員會議，但我們一定有先跟席德說清楚：他不得有異議。大衛接受了提議，我們承諾付他三十英鎊的週薪，沒有告訴他真正的實質收入是這個數字的四分之一。此時史帝夫是我們在布萊恩莫里森經紀公司的主要聯絡窗口，他讓出家中的一個房間裝設 Revox 盤式錄音機並供應免費三明治，大衛只花幾天就練熟了我們全部的曲目。

對大衛來說，比較棘手的問題是在既有的樂團中確立自己的地位。名義上他是第二吉他手兼和聲，但席德視大衛為外來的攪局者，其他團員則把他看成席德的潛在替身。然而我們再次逃避對大衛說清楚，只想閃躲殘酷的事實。面對這些不明確的訊號，大衛只能盡力應付這尷尬的處境。

後來的事情進展得相當快。一九六八年初，我們在演出中嘗試了幾次五人編制。這些演出期間席德是什麼感受，我們只能猜測：他應該完全搞不清狀況，而且很生氣自己的影響力正穩穩地被侵蝕。在臺上，他投入表演的心力少之又少，似乎只是在敷衍。他拒絕出力，應該是因為他拒絕參與這整場啞謎遊戲。隨著他愈來愈抽離，我們也只是愈來愈堅信自己的決定是對的。

有個最明顯的例子可以說明席德的態度：有次在倫敦西區一間學校的禮堂排練時，席德花了幾個小時教我們一首新歌，歌名叫〈你懂了沒？〉（Have You Got It Yet?）。他不斷改變編曲方式，所以我們每一次彈奏這首歌，合唱的「不不不」保證出錯……。關於他所有的憤怒和挫折，這是最後一次創造力十足的示範。

情況在二月我們預定到南安普敦郡演出的這天變得白熱化。開車去接席德途中，有人說：「我們該接席德嗎？」結果回應是「不要，算了，幹嘛這麼累。」用如此直白的方式重述這句話，聽起來簡直鐵石心腸到一個殘忍的地步——而這也是事實。這項決定——以及做決定的我們——完全就是無情無義。從我們狹隘的眼光去看我們的所作所為，我認為席德就是故意從中作梗，所以很氣他，導致我只能看到他對我們想成為一個成功的樂團所造成的短期影響。

我們過去從來不曾以四人編制排練過，因此這次演出能有這樣的音樂表現算是不錯，大衛扛下了所有主唱和吉他的部分。這也顯示出席德在最近的演出中貢獻有多小，但即便如此，我們究竟是有多自信才能走到這一步，也實在是很驚人。最重要的是，觀眾沒要求退錢：顯然席德缺席不算重大缺憾。後來我們乾脆就不去載他了。

雖然我們假裝忘記，沒把調整過的陣容和新的交通安排通知經紀人，但彼得和安德魯——當然還有席德——還是很快就發現了。事情必須解決。由於我們當時是六方合夥，羅傑、理克和我加起來也不占多數，而且席德是主要的詞曲創作者，更顯得重要，因此他或許更有資格主張這個團名是他的。

令人意外的或許是，這始終沒有成為問題。如同合夥關係採取格外公平的約定，解散也以文明的方式處理。我們三月初在彼得家召開了一場會議，每個人都出席了，包括席德在內。彼得說：「我們奮力爭取讓席德留下。我並不真的認識大衛，雖然我知道他是一位有才華的吉他手，也很會模仿。他可以用席德的方式吉他，而且彈得比席德還好。」但彼得和安德魯讓步了，大家也只是互相指責了一下，合夥關係就終止了。順帶一提，席德提出的解決問題的辦法，就是在陣容中加入兩位吹薩克斯風的女孩。

我們同意黑山丘公司永久享有我們過往活動的法定權利。我們三人繼續以平克佛洛伊德的團名演出，席德則離團。彼得和安德魯無疑覺得席德是樂團的創意核心，而以我們截至目前為止的成績而言，這看法很合理。因此他們決定代表他而不是我們。「彼得與我活該失去平克佛洛伊德，」安德魯說。「我們表現得不好，尤其是在美國。我們對唱片公司不夠強硬。」安德魯認為除了大衛以外，我們沒有一個人在這個階段大放異采。安德魯也堅稱公司拆夥的決定絕對讓席德震驚，因為他從不覺得我們其他人實際上是在幫他伴奏（外界有些人可能這麼想）——「他很投入這個團。」

「這是一個自然而然的分岔點，」彼得說。「我們想拓展黑山丘，所以我們若是專注在其他藝人身上，就沒辦法讓平克佛洛伊德當合夥人。平克佛洛伊德也質疑我們能不能在少了席德的情況下關照他們。而且安德魯和我或許總會反覆提起席德在團裡的時光。」彼得認為，假如席德遠離了在身為團員的壓力並得到更多空間和時間，他就可以變得比較穩定。彼得說：「我真希望我當時知道發生了什麼事。我真希望我沒讓它發生。我們全都想幫忙，我們全都努力過卻找不到解方。如果發生的事情讓席德不快樂，那麼我對自己做錯的部分感到自責。如果席德沒有不快樂，那麼他就是達到了一種平靜安寧的隱居狀態。我很想知道答案。」

我們跟黑山丘拆夥之後，由於少了該有的經紀人，邀請布萊恩簽下我們似乎合情合理。我們去見布萊恩，他答應撥史帝夫來當我們的經紀人。他繼續發展他的音樂發行帝國，由東尼處理表演藝術經紀。後來史帝夫當了一輩子我們的經紀人。

安德魯和彼得都認為，布萊恩和史帝夫看得出要怎麼善加利用我們共同開創的局面。布萊恩記得他曾經訓示史帝夫，說好好擔任我們的經紀人勝過企圖挖掘新人。安德魯回憶，早在拆夥之前，他有次跟史帝夫坐在地下酒館俱樂部（Speakeasy Club）聊天（這間在音樂產業舉足輕重的俱樂部位於上攝政街[64]附近）。史帝夫告訴他：「你明白平克佛洛伊德對數以百萬計的孩子來說將會有多重要、多有影響力嗎？」他也指出史帝夫總是非常認真地在做我們的經紀人。他的態度從來都不輕率，但布萊恩有時候就會。

64 上攝政街（Upper Regent Street）並非正式名稱，指牛津圓環（Oxford Circus）以北的街區。

史帝夫的出身背景跟團員差異巨大。他父親湯米（Tommy）是愛爾蘭西岸外海阿倫群島（Aran Islands）的漁民。偉大的美國紀錄片導演羅伯特・弗萊厄提（Robert Flaherty）拍攝民族誌電影《阿倫人》（Man of Aran）呈現一九三〇年代的島上生活時，史帝夫的父親是片中人物之一。接著湯米答應去英國電影界發展。雖然戰爭爆發、他被徵召入伍，斷送了他在大銀幕發光的機會，但他後來在倫敦定居，史帝夫就是在那裡出生的。

史帝夫身懷先前的業務背景，加上在布萊恩莫里森私人學校磨練的本領，把比較強硬的優勢帶進我們的經紀事務。他散發自信感，交涉時不輕易讓步，一身深藍色西裝讓他看起來決心十足。這一直是他偏好的經紀風格，只是西裝的套數不斷倍增。我們得知，他做寵物食品業務員時會瞬間掏出一罐產品，挖一匙吃下去。我們覺得對客戶這麼奉獻，既令人敬佩也讓人震驚。史帝夫應該很後悔把他的銷售手法講得這麼仔細，因為羅傑日後常在談話中舊事重提。

釐清最後的細節後，席德離團與大衛加入的正式聲明在四月初發布。我至今仍然感到驚異：失去團裡的創作要角，我們應該惶恐不安的，但這份不安竟被一種解脫的心情掩蓋。

雖然席德擁有舞臺氣場和外貌，但我們卻在無意之間避免了讓他成為檯面上的領導者。我們正式的公關照向來是拍整個樂團，不會只有席德，這或許有幫助。也可能沒有一位公認的領導人有一個好處，就是所有的團員都會投入更多——在那個時期，「某人與某某某」樂團已經被「某某樂團」取代。

這理應是我們的艱難時刻，因為我們這個團已經有將近一年都沒有單曲打進排行榜了，〈阿諾連恩〉和〈看艾蜜莉玩耍〉的下幾棒都沒能乘勝追擊。照理說我們應該被迫重新開始的，但我們卻不知怎麼地穩穩留在了音樂圈內屬於我們的那個位置。在我印象中，我們即將邁入一個特別開心的時期。此時我們已重新投入同樣的目標和音樂理念，並且用更有條理的方式一起彈奏。一個完整樂團的感覺又回來了。

毫無疑問，大衛的任務是最艱難的。他必須繼續扮演席德，沒有人羨慕他。當然，只要是現場表演，他都可以加入自己的詮釋，但我們近期的錄音中有一大堆席德的歌，要花上一年左右才能換掉。先不說別的，大衛必須上各式各樣的歐洲電視節目，隨席德的歌聲對嘴唱。回顧早期的一些節目，我發現大衛之所以能忍受這件事，或許是因為我們其他人雖然真的有參與唱片錄製，但說到牢記自己出場的部分，大衛的對嘴表現也比我們好很多。

大衛替樂團帶來新的優點。他是高超的吉他手（儘管就我所知從來不是「高超的手風琴演奏者」），歌聲有力且獨特。他跟我們其他人一樣有興趣實驗新的聲音和效果，但除了創造力之外，他的手法也更周密、更嚴謹，有耐心把一個音樂概念的潛力發展到極致。他的外型也不錯，而且還成功跳過了燙髮被視為理容時尚顛峰的階段。與此同時，理克提供層疊織體[65]和旋律，羅傑則拿出了魄力、紀律和音樂遠見。由於鼓手往往自成一格，因此我很幸運，從來不需要用類似方式幫自己的存在辯護。

雖然大衛一開始對五人編制感到尷尬，但他絕對不曾被視為「新來的」。擔任主奏吉他手和主唱的人通常不會害羞孤僻。製作人諾曼記得，他第一次和正式入團後的大衛碰面時，心裡想：「這傢伙一定會接管樂團」。（諾曼顯然沒能注意到站在後面那位很高的貝斯手。）

若要說大衛欠缺什麼，就是他沒有繼承一筆可以幫我們償還債務的遺產。此時我們的債務已經達到一萬七千鎊左右的鉅款。跟黑山丘協商取得團名平克佛洛伊德的所有權有一項負面效應，就是我們必須自行負擔購買廂型車、燈光設備與音響系統的貸款。

大衛入團前，席德是實質上的音樂總監，因為他是主要的詞曲創作人。諾曼記得，他聽到席德的消息時極度擔憂，因為他完全不曉得我們其他人有在寫歌。然而，羅傑和理克開始寫新的東西，在《風笛手》寫過〈掛上你的聽診器去散步〉（Take Up Thy Stethoscope And Walk）的羅傑尤其堅決認真。但這是個緩慢的過程，在可預見的未來，我們基本上都是表演跟席德在團裡時差不多的曲目。

慢慢地，一系列新歌開始成形，一開始比較即興，接著就變得更有結構。〈小心用那把

---

65 織體（texture）指作曲時各旋律、節奏、聲音元素的層疊關係。

斧頭，尤金〉（Careful With That Axe, Eugene）是一個好例子。它的原始版本是單曲〈把我對準天空〉（Point Me At The Sky）的 B 面演奏曲，在艾比路只花了三小時就一口氣編好、錄好，成品長度約兩分半鐘。隨著時間過去，它擴展成一首十分鐘的歌，擁有更繁複的流變形式。那種複雜度也許只是「小聲、大聲、小聲、再大聲」，但在當時，大部分的搖滾樂都只有兩種聲量設定——吵死人和真正吵死人，因此那已經是很有開創性的東西了。

我們去巡迴演出的場次依然可觀，但此時獲邀的音樂表演類型跟前一年有重大的差異。原本的地下文化圈分崩離析，第一流場館我們又唱遍了。在霍華德的指引之下，我們意外來到一個為我們量身打造的環境：大學巡演。地方大城紛紛設立新大學，學生會迅速發現音樂活動是募款的絕佳方式，甚至能賺錢。這些地方大多有充足的資金可以吸引知名樂團，還有死忠的觀眾、合適的場地，也常常有一位瘋狂想要證明自己是企業家的社交秘書——其中許多都在七〇年代成為演唱會主辦人：哈維・葛史密斯就是經典的例子，理查・布蘭森也是從同類型的環境中崛起的[66]。

但我們沒有完全放棄倫敦的圈子，儘管席德離團時，我們在「地下文化圈」確實喪失了

---

66 葛史密斯（Harvey Goldsmith）是英國最負盛名的搖滾與慈善音樂活動主辦人；布蘭森（Richard Branson）是維珍集團董事長，一九七一年開唱片行起家。

部分可信度（至今仍有一派想法認為席德離團代表「真正的」平克佛洛伊德結束，這個觀點我能理解，雖然我不承認。）當新的俱樂部利用地下抓狂的理想主義初衷賺錢時，情況不管怎樣都已在改變中。

舉例來說，一九六七年地下抓狂另外開設中土世界俱樂部（Middle Earth），定位成較商業的音樂場地，而不是綜合媒材藝術體驗的公共廣場，類似迷幻版的大帳篷俱樂部，邀請大致上能稱為地下的樂團。用「大致上」來形容，是因為他們多半是節奏藍調樂團，歡快地把塞西爾・吉服飾店的西裝換成喇叭褲，弄來整頭的捲髮並選定一個權力歸花兒的團名，卻依然繼續彈著千篇一律的查克・貝瑞獨奏。

在中土世界表演讓我們得以保有原本的地下樂團名聲，至少夠讓我們受邀到凡妮莎・雷格瑞夫（Vanessa Redgrave）主辦的派對中表演，慶祝她主演的電影《伊莎朵拉・鄧肯》（Isadora）殺青。這張入場券打開了一個我們樂於往來的世界，不過這在當時是罕見的事。似乎沒有一個樂團對這場波西米亞風的社交晚宴留下任何回憶，但有些人倒是留下了一些頗高雅的絲質抱枕當紀念品。

我們的態度逐漸變得比較專業，此時甚至有了一組像樣的工作人員。彼得・沃茲（Peter Watts）是我們第一位真正經驗豐富的巡演經理。他透過霍華德的介紹加入我們，之前他曾在漂亮東西樂團工作。那個樂團解決任何意見不合的方式都是下令把車停在路邊，打開車門，乘客下車打一架，然後再重新上路。彼得說他樂於看管我們的器材，但有過漂亮東西的經驗後，他不想再跟樂團有一絲瓜葛。

後來彼得重新考慮他的決定。這很幸運，因為我們就只有一輛車。我們一開始只有舞臺側邊的一架 WEM 四聲道混音器，後來在彼得的監管下，巡演科技大幅擴增。不到三年，我們就開始使用架設在觀眾席中央的多聲道音控臺，需要多芯電線、連接器和一大堆的舞臺麥克風。巡演經理要處理音效、運送所有器材出入、現場維修、載我們到處跑，必需具備多重技能：電機技師、舉重選手，還有長途卡車司機。

有時連這些技能都不夠用。有一次造訪蘇格蘭格拉斯哥西邊的德努（Dunoon）時，彼得擔任先遣部隊。他開車把器材一路載過去，但由於北上的航班延誤，樂團只能租一艘漁船在八級大風中摸黑迂迴渡湖。我們上岸後反胃想吐，踉踉蹌蹌抵達飯店時，一群不耐煩的觀眾正考慮要把這地方和我們的器材大卸八塊。演出結束時，心懷感激的主辦人宣告由於我們遲到，他很遺憾沒辦法付我們酬勞。經過一場短暫的爭執，他仗著自己六呎的體格和更高大的高地友人言明了他有權這麼做，加上隔天才有航班，因此我們爬上廂型車，展開無止盡的南向旅途。

或者原本應該是無止盡的——假如此時早已累壞的彼得能在撞上之前及早發現那個「道路施工」的牌子。廂型車毀損嚴重，無法馬上修好，因此我們在本地村莊的警局過夜，他們好心讓我們睡在拘留室，隔天清晨再去搭渡輪。我們的同船乘客是一群健壯的當地農夫，對我們的異國風情蛇皮靴、毛領皮大衣和串珠嘖嘖稱奇：我們看上去簡直比本地人還要像漂泊的牧羊人。最後我們終於成功抵達格拉斯哥機場與相對安全的倫敦。

這不是在巡迴，而是在演出。沒有人嘗試建立一個合理的、後勤方面行得通的旅行週期。我們就只是接演任何有酬勞的工作。如果有一場演出在倫敦附近，下一場單次的演出在英國的另一頭，接著又要趕回來、隔天晚上到赫爾[67]登臺，我們就這麼做。

後來彼得終究是請了一個名叫亞倫・史戴勒斯（Alan Styles）的助理。他是前陸軍體適能教練，頭髮非常長，一身招搖的打扮，特色是緊到不行的褲子：只要他上台測試過麥克風，輪到我們自己上臺時，常常就像某種反高潮。亞倫也是劍橋本地人，因為負責看管康河出租的撐篙平底船而小有名氣，還會用他自己獨一無二的方式吹薩克斯風（他隨身帶的是長笛）。他平常不是個暴力的人，但如果被人逼問「這人男的女的」夠多次，他有時也會適度回應。在大家最愛的一次事件中，亞倫肩上扛著幾座沉重的舞臺落地喇叭，試圖繞過樓梯上的幾個小混混。被取笑了一番後，亞倫嘆了口氣，然後用一種鬧劇的方式扛著落地喇叭俐落轉身，把敵人全部撞飛。

67 赫爾（Hull）往南到倫敦的車程約四小時。

彼得和亞倫都跟著我們踏上愈來愈多的歐陸行程（此時我們真的是在努力付出了），事實證明我們的音樂在歐陸意外地受歡迎。這也許是因為我們沒拿出最瘋的樣子，或跟席德一起嗨到最高點，破壞自己的名聲。無論是什麼原因，這些巡演都有一個重要的附加效應：我們獲得了遠離英國的空間，以一個樂團的身分自我成長，這有莫大的助益。我們一九六七年去歐洲表演的次數不算多，但一九六八年，我們在法國、荷蘭和比利時都待了一段時間——我們很愛。

荷蘭和比利時的表演場地是我們當時固定會去的據點，法國就沒那麼固定，但它後來成為我們最成功的市場之一。許多城鎮的地理位置都很近，因此四天之內在四座城鎮演出，後勤變得容易許多。而且這些地方已經存在搖滾文化，一下子就能接受我們。幾間知名的俱樂部——阿姆斯特丹的天堂（Paradiso）和幻想曲（Fantasia）——模仿費爾摩音樂廳，裝潢華美的小劇院完全投入音樂演出，這在當年的歐洲仍然頗罕見。裡頭瀰漫著廣藿香精油和印尼烤雞翅的香味。

到歐洲更南邊演出的問題比較大。五月在羅馬體育宮（Palazzo dello Sport）的音樂節是介紹義大利工作情況的精采例子。在李奧納多・達文西機場，義大利海關沒收了一把斧頭，物主是也在演出名單上的對策樂團，這是他們用來摧毀電視機的必備舞臺道具。海關人員能夠辨識小斧頭是攻擊武器，但可能是因為語言不通的緣故，他們反倒沒發現有些盒子上標示著「爆裂物：煙火」。表演很快就從藝術演變成暴力。煙火施放時，警方用他們唯一的手段回應——催淚彈。這些年來法律秩序的力量時常加入，在體育場外壓制那些（不論是基於政治還是財務因素）狠狠打起來的人。直到今日，任何巡演的義大利站準備事項都包含在舞臺旁提供洗眼桶，用來緩解催淚瓦斯飄上臺的後果。

比利時的魯汶（Leuven）是我們極少數（謝天謝地）被迫下臺的其中一次。地點在一所大學，法蘭德斯人（Flemish）和瓦隆人（Walloon）這兩派對立的年輕學子偏好用肢體來表達對彼此的厭惡。樂團很明顯是法蘭德斯人請來的，瓦隆人則買了啤酒，想唱飲酒歌。開演大約十分鐘後，我以為我看到了那個悠久的學生傳統：玻璃酒杯噴泉。幾秒鐘後我才意識到情況並非如此。學生正拿著酒杯互扔，而我們看似下一個理所當然的目標。我們很不體面又很怯懦地匆匆唱完下臺，逃進暫停的福特全順（Transit）廂型車，只有器材受到表面損傷還有些許精神創傷。我們安慰自己：款項已經預付了，所以若以每表演一分鐘賺多少錢來算，這是我們至今拿過最高的酬勞。

我們在荷蘭的演出主辦人是西里爾・凡登黑莫（Cyril van den Hemel）。他的巡演只用最少的人手，每天可以唱到三場。西里爾總會站在舞台邊低吼「我們拿到錢了，現在就走」，然後我們就會趕緊把歌唱完、道晚安，並前往下一場表演。在某個國定假日，我們跟經紀公司說我們要休假兩天，但實際上是把巡演延長了兩天，由團員平分額外的收入。這特別讓人開心，因為樂團當時的支票帳戶有點疲軟。現金可以減輕巡演期間的不舒適。路邊攤買的炸薯條和駛離敦克爾克（Dunkirk）渡輪上引發幽閉恐懼的臥鋪，就是我們平常體驗的歐陸夜生活。

海外巡演通常很順利。團員和巡演工作人員相處融洽，我們沒有錯過演出，器材也依然相對好應付且易於運送：有大衛、羅傑和理克用的一堆四乘四音箱，有架在舞臺側邊的四聲道混音器，負責輸出音訊給幾座舞臺擴音落地喇叭，但沒有鼓組用的麥克風。這時理克已經有了一架 Hammond 風琴，我們可能也已經開始攜帶一面鑼給羅傑敲，但沒什麼別的了。方位角調整器留在家裡。

我們的燈光秀繼續仰賴幻燈片投影機，由一排吸頂投射燈支援，還有旋轉的玻璃色環戴立克。由於大部分是小場地，在光照之下我們會熱到極點又爆汗，但我們的舞臺表演很真摯，不是走招搖路線。短暫嘗試過基斯・穆恩式的猛力連發後，我選擇接受沒那麼誇張的風格。理克從來不曾採用小理查（Little Richard）表演藝術學派[68]，偏好用手彈琴的傳統方式，而不是用腳。大衛通常專注在自己彈奏的東西上。

然而羅傑習慣不時在臺上走來走去，偶爾還會熱烈地攻擊一下那面鑼。我依然有強烈的

68 指美國創作歌手小理查演出時彈鋼琴的奔放姿態。

視覺記憶，畫面中他身體後仰、齜牙咧嘴、頭往後甩、貝斯的琴頸豎得直直的，把典型的大段下行 run（跑奏樂句）彈到極致。他常讓人覺得他想要擰斷琴頸。羅傑和理克在臺上都會抽菸，理克的菸在他的 Farfisa 電風琴邊角燒穿了好幾個洞，而羅傑則把菸卡在琴弦頂端，每當燈光全暗時，火紅的菸頭就會成為很實用的參考點。

與此同時，不在路上的時候，我們就在錄音室製作一張新專輯，再度把錄音時段安排在巡演行程之間。我們宣布席德離團時，EMI 顯然相當意外——我們不想太早告知，以免造成他們不安。他們可能覺得席德既然簽了工作合約，應該就萬無一失了。值得肯定的是，他們很有禮貌，並未干涉……事實上他們四年之後才正式寫了一封信，確認他離團的事。

《風笛手》的下一張專輯《不解神祕》大多在艾比路錄製，代表了那個時期在背後影響我們的大部分因素。專輯中有席德的最後一絲貢獻：連〈克難樂隊藍調〉（Jugband Blues）的歌詞也彷彿一首安魂曲（「我最感激你說清楚我不在這裡」）。為了錄這首歌（我們在前一年的十二月完工），席德提議疊錄一組銅管樂團。製作人諾曼問他對人選和副旋律有什麼想法。「席德只說：『沒有，找救世軍銅管樂團好了。』我找來了十幾個救世軍樂團的人，當然，我沒有寫好任何東西。除了席德之外我們全在那裡。我跟樂手聊天，說：『嘿，夥伴們，席德・巴瑞特頗有天分，這毫無疑問，但我想你們可能會覺得他個性有點怪，所以他來的時候別太詫異。』我們等了半小時左右，席德終於來了。我問席德該讓樂手做什麼，他說：『就看他們想演奏什麼，隨便。』我指出我們沒辦法真的這樣做，因為大家會毫無頭緒，但那就是實際發生的情況。」

我們是有其他幾首席德的歌備用，包括〈靈柩旁的老婦〉（Old Woman With A Casket）和〈無所事事的人〉（Vegetable Man）。它們一開始打算用來當備選單曲，但始終沒做到令人滿意。兩首的混音裡都有我的歌聲，可能對這事造成某些影響。兩首歌都不曾正式發行，但在彼得・詹納的慷慨協助下，它們還是上市了。

彼得回憶，席德在他家只花了幾分鐘就寫好〈無所事事的人〉：「它描繪的正是當時的他自己。『我是一個無所事事的人。』歌詞讀來令人害怕。我讓那些歌流出去。我覺得你若想了解席德，這些都是很重要、很棒的歌，雖然讓人難受得要命。必須讓人聽見它們。」

大衛一入團，我們就回到艾比路做新專輯。理克寫了〈記得有一天〉（Remember A Day）和〈翹翹板〉（See-Saw）。跟我們平常力道十足的風格相比，〈記得有一天〉的鼓有不同的味道，我最後只好交給諾曼敲。我真的不喜歡讓出我的鼓椅，也從沒這麼做過，但在這個特定案例中，要做到類似味道我會打得很勉強。重聽之後，它感覺像一首諾曼・史密斯、而不是其他任何人的歌。除了很不佛洛伊德的編曲，諾曼的聲音在背景和聲中也很突出。

羅傑交出三首歌：〈克萊格下士〉（Corporal Clegg）、〈要有更多的光〉（Let There Be More Light）和〈太陽核心控制臺〉（Set The Controls For The Heart Of The Sun）。幾個月之內，

羅傑的歌詞風格從〈掛上你的聽診器去散步〉的彆扭感，受刺激後變得流暢許多。在製作上，諾曼對〈光〉和〈克萊格〉貢獻良多，他甚至為〈克萊格〉貢獻了幾個字。〈克萊格下士〉淡出的時候，有諾曼咕噥「去剪個頭髮吧」的聲音，這是一個圈內的笑話，而就詞面上而言，這個主題可以看成〈砲兵的夢〉（The Gunner's Dream）的幽默前傳。〈要有更多的光〉來自皮普・卡特（Pip Carter）的相關事蹟，他是劍橋幫裡面比較怪的人物，現今已過世。皮普出身泥炭沼澤區[69]，有一點吉普賽血統，偶爾會來幫我們做事，是全世界最笨手笨腳的巡演助理之一——這個頭銜的競爭可是非常激烈。他還有個惱人的習慣，就是一上廂型車就脫掉鞋子。

以我們當時做的音樂而言，〈控制臺〉或許是最有趣的一首歌，充分發揮了我們學到的東西。這首歌有一段精采又好記的riff，而且設定在羅傑歌喉的音域範圍內。歌詞方面切合六〇年代（據羅傑所說，是參考唐朝末年的詩），節拍上讓我有機會模仿我的愛歌〈藍沙灘〉（Blue Sands），在紀錄片《夏日爵士傳奇》（Jazz On A Summer's Day）中，敲這首曲子的是爵士鼓手奇哥・漢彌頓（Chico Hamilton）。〈控制臺〉是一首後勢好到難以置信的歌。這首歌在現場演奏很好玩，我們琢磨了幾個月，讓它慢慢演變並弭平小問題。但在錄音室，我們還可以用回音和殘響來加強，幫人聲添加氣音的質感。

69 英格蘭東部的泥炭沼澤區（The Fens）範圍涵蓋劍橋郡、林肯郡和諾福克郡各自的一部分。

至於專輯同名曲〈不解神祕〉，在我眼中這是我們製作過最有脈絡的幾首歌之一。這首歌經過縝密的構思，不採用主歌、副歌、八小節間奏和橋段組成的標準結構，也跟偏即興曲子的演進不同。羅傑和我事先規畫，沿用古典樂慣用的三個樂章。這不是我們唯一一次這麼做，但它確實非比尋常。我們完全不懂記譜，因此發明了我們自己的象形文字，把全部的細節都畫在一張紙上。

有一個起點是羅傑發現的一種聲響。他把一支麥克風放在銅鈸旁邊，把用力敲鈸時通常會消散掉的音色全部捕捉下來。這讓我們有了第一個段落，接著在四個人的自由貢獻之下，曲子進展神速。間奏的部分有時被團員暱稱為〈鋼琴裡的老鼠〉（Rats In The Piano），是我們用先前演出的即興sequence [70] 開發出來的，可能挪用了約翰・凱吉（John Cage）[71] 的一首曲子，並由雙軌錄製的鼓聲循環提供節奏。

結尾的頌歌是慢慢成形的，因此在表演期間，我們有機會使用一架比一架大的場館管風琴，最後用到阿爾伯特音樂廳的那架——傳聞這樂器威力強大，有某幾個特定的音栓絕對不能用，因為可能會破壞建築物的地基，或引發觀眾集體嘔吐。

---

70 用不同的起始音高重複上一個樂句，或譯模進。

71 美國先鋒派古典音樂家。

我們也用一架 Mellotron 磁帶電子琴[72]，內建古怪而不斷變化的磁帶，能循環播放弦樂，引來樂手工會激烈抗議，因為他們認為磁帶電子琴代表現場弦樂手的末日。如今這種樂器顯得非常過時，彷彿應該跟蛇號和克蘭管[73]一起放在博物館裡，但它的聲音實在太獨特，因此現在的人會用合成器進行數位重製，其中一切的不完美都是它歷久不衰的魅力的一部分。

我印象中，《不解神祕》錄製時錄音室的整體氣氛既勤奮且積極。我們全都想時時參與，因此在錄打擊樂器時，會出現羅傑抓著鈸、大衛把麥克風移近、理克調整高度、我敲下關鍵一擊的畫面。

我們慢慢學會這些技術和錄音室技巧，作品也漸漸完成，即使不完全依照諾曼的品味。或許席德離團時，諾曼可能想過我們會回歸比較保守的歌曲製作。確實有傳聞說在《不解神祕》錄音期間，某人聽見他說等這群男生發洩完清醒過來，就該安頓下來做一些正經事了。

最後我們跟諾曼分道揚鑣，雖然在接下來的兩張專輯上，他依然保有執行製作人的頭銜。七〇年代初，他打著「颶暴」史密斯的名號接連發了幾張熱門唱片（〈別讓它消逝〉〔Don't Let It Die〕和〈噢寶貝，妳說呢？〉〔Oh Babe, What Would You Say?〕），接著在一九六九

72 把各種弦樂音源預錄在磁帶上，按下琴鍵可播放同音調的不同音源；或譯為魔音琴。

73 兩種都是木管樂器，蛇號（serpent）在十七至十九世紀常見，克蘭管（crumhorn）則是十四至十七世紀。

年六月我們到皇家阿爾伯特音樂廳現場表演〈不解神祕〉時，諾曼真的推一座行動指揮臺到舞臺上，親自指揮管弦樂團取悅觀眾和他自己。

史帝夫．歐洛克對《不解神祕》的錄音有個重大貢獻，就是在一九六八年四月一日辦完婚禮後到三號錄音間續攤。史帝夫帶著新婚妻子琳達（Linda），還有一票疲憊且情緒化的賓客，他們決定到錄音室大樓探險，試彈一些他們偶然發現的獨特神祕樂器。羅傑說他們後來發現新娘在平臺鋼琴裡面呼呼大睡。沒多久，洛克伍德爵士就發布命令，禁止在錄音室飲酒。

《不解神祕》的專輯封面設計標誌了史東．索格森和歐布里．鮑威爾（Aubrey Powell）成為合作夥伴的開始，不再是旁觀者。（早在天線寶寶想到以前，鮑威爾的綽號就叫小波〔Po〕）。封面包含這時期所有政治正確的要素，不只彰顯他們公司新潮靈智（Hipgnosis）源源產出的點子（史東在後續的三十多年依然提供我們幫助），也證明皇家藝術學院的能力，他們倆都在那裡念過電影。他們許多朋友都是皇家藝術學院的在學生或校友，所以他們仰賴學院提供技術支援，因為沒有預算去支付專業的實驗室。

在專輯發行的一九六八年六月二十九日，我們到第一場免費的海德公園演唱會表演，同場還有羅伊．哈波和傑叟羅圖樂團（Jethro Tull）。這場活動棒呆了：天氣晴朗，氣氛愉快放鬆。或許最有說服力的是沒人覺得要設貴賓席，每個人似乎都有一樣的好心情。此外，這也給了我們機會與原本的樂迷群重聚，雖然是在一個廣大許多的聽眾面前，而我們也再次見到負責整個活動的黑山丘。這是我們拆夥後第一次有機會跟彼得和安德魯合作，更令人開心的是大家似乎沒什麼前嫌。彼得・詹納說：「海德公園非常愉快。佛洛伊德到場表演，證明了我們已經和解。雙方都有紳士風度，互相敬重。」

我想在場幾乎每一個人都對這場演唱會留下了快樂的回憶，尤其是聰明到去蛇形湖（Serpentine Lake）租木船的那群人。他們沒看到多少表演，但當時是白天，所以燈光效果蕩然無存。其他樂迷顯然不太能領略這種心境，因為據說《譜曲者》婉轉地回答了很多通焦慮樂迷打來的電話，他們想知道確切要花多少錢才能去聽這場免費的演唱會。

八月我們重返美國，跟災難般的第一次到訪隔了十個月。我們出發前，布萊恩找我們說明，基於例行公事，他要我們簽另一份經紀約好讓巡演順利進行。羅傑察覺不對勁，只答應簽六週的合約。他起疑心是對的。兩天後，我們透過媒體得知布萊恩公司的表演與藝人經紀部門以四萬英鎊賣給NEMS事業（NEMS Enterprises），那以前是布萊恩・艾普斯坦（Brian Epstein）的音樂公司，現今的老闆與經營者是維克・路易斯（Vic Lewis）[74]。

維克很有老派音樂人的樣子——留著細細的八字鬍、頭髮抹上百利髮乳（Brylcreem），

---

74 NEMS原本是艾普斯坦家族的唱片銷售事業，一九六二年布萊恩簽下披頭四的經紀約；路易斯是爵士樂吉他手出身，一九六四年加入NEMS共同經紀披頭四，並在布萊恩一九六七年過世後接手公司營運。

我們被領進他在梅菲爾區（Mayfair）的宏偉辦公室見這位大人物。維克自豪地告訴我們，他把披頭四的歌拿來以他想要的弦樂編曲錄了一張專輯，我們聽得驚恐萬分。他暗示平克佛洛伊德有可能得到同樣的待遇。這是在威脅、承諾，還是開玩笑？我們無法判斷，緊張地我看你、你看我。

雖然我們簽了表演經紀約，但布萊恩遺漏了樂團經紀，忘記要我們簽定相關合約。這給了我們足夠的力道去向NEMS討一筆錢——我發現這很能緩解藝術家的痛苦——並且堅決要求讓即將加入NEMS的史帝夫擔任我們的專屬經紀人。

布萊恩如今堅稱他把經紀業務賣給NEMS，主要原因之一是醫生囑咐他改善生活方式、減少工作量，因為他有潰瘍。但有一點值得肯定的是，布萊恩確實明白讓我們回美國展開第二趟巡演的重要性，而且扮演了推手的角色。

當年在美國獲得成功重要無比，到現在或許依舊如此，無論就唱片銷售和現場表演來說都是這麼龐大的市場……。不過，一九六八年美國的航空交通管制員罷工，讓一場規模相對小的巡演變成了一場徹頭徹尾的大戲。由於工作簽證再次延誤，我們被迫用遊客的身分入境，隨即在紐約史帝夫・保羅（Steve Paul）的現場俱樂部（Scene Club）駐唱期間，匆匆去加拿大一趟取得正確的文件（必須當天往返，因為我們負擔不起過夜停留）。這間地下室俱樂部位於四十七街和第六大道口[75]，是紐約著名的表演場地，小歸小，對我們來說是理想的起點。更有吸引力的是佛利伍麥克樂團（Fleetwood Mac）排定在好幾晚擔任暖場團，雖然我不記得換場時我們是怎麼更動器材配置的。酒吧供樂團免費使用，彌補了低薪。基於紐約夏季的溫度和低矮的天花板，室內氣氛一觸即發。羅傑被一波打擊樂的創意衝動帶著走，加上可能也受酒吧暢飲的影響，在彈奏〈控制臺〉時不斷拿酒杯扔向那面鑼，導致雙手嚴重割傷。自從第一次美國巡演時在獵豹俱樂部跟他的Vox貝斯發生激烈衝突後，羅傑似乎就養成了在美國濺血的習慣。

這群觀眾不是地下抓狂的慵懶群眾，而是遠遠更有活力的紐約觀眾。人群裡有從本地百老匯秀來的其他樂手和演員。我確切記得有次表演完我跌跌撞撞地走回旅館，身邊有一位女孩陪伴，她參與的音樂劇《毛髮》（Hair）最近在百老匯開演。我對這段征服情史非常自豪，直到多年後才發現她身為歌手的名聲有點被超級迷妹的身分給掩蓋了……

到紐約時，我們在切爾西旅館（Chelsea Hotel）住了一陣子。以這麼傳奇的旅館來說，它真的異常破敗。由於出現在巴布·迪倫（Bob Dylan）和李歐納·柯恩（Leonard Cohen）等房客的歌詞中，加上搖滾圈和文藝圈的常客，這家旅館聲名大噪，並接待一群長期房客，實行貼心的賒帳管理，願意讓藝術家用一幅畫抵房錢，頂樓還養了一群精心挑選的野生動物。

75 根據 Mind Smoke Records 網頁上的傳單資料，現場俱樂部的正確地址應是西四十六街三〇一號，近第八大道。

我們訂了兩間房給整個樂團、巡演助理，以及我們可能半路結交的任何訪客或朋友。這麼髒亂的景象，從我們在斯坦霍普花園社區的公寓以後就沒見過。這趟巡演羅傑只帶了一件隨身行李上路。髒衣物收進底下的夾層，等最上層空了就遞補再利用。事實證明這套系統相當衛生，因為袋子裡有一瓶蘇格蘭威士忌在去程的航班上打破了。

像「現場」這樣的俱樂部是這趟巡演的可靠支柱，但所有的開支依舊吃緊。我們一度困在西雅圖的肯林飯店（Camlin Hotel），靠客房服務維生，直到我們的美國經紀公司把送來一些現金，我們才有辦法結帳並繼續行程。

這是我們的第一次重大巡演，另外兩組英國樂團「軟機器」與「何許人」也在相同期間巡演，跟他們相處讓過程平添趣味。我們一直覺得自己跟軟機器頗有共通點。他們一開始在拓展大眾接受度方面也遭遇困難，因為他們受爵士樂啟發的音樂比較深奧。何許人則體現了我們渴望做這一行的大部分特質——壓軸出場、在五千人的場館表演、展現有說服力的專業態度。我們跟他們都在費城參與名為「英倫入侵」（The English Invasion）的一場表演（演出名單中也邀到穴居人〔The Troggs〕和赫爾曼隱士〔Herman's Hermits〕樂團），我們走運，唱到一半突然下暴雨。這表示何許人不會接著登臺來害我們的表演相形失色。我們光是出場就得分了，而且在對手缺席的情況下變成壓軸，接著再跟何許人的鼓手穆恩和許多跟班去上某個現場廣播節目。

在那個年代，美國的調頻廣播電臺確實形式非常自由，但那晚的狀況比平常更不設限。我們全都還有充沛的腎上腺素在體內流動，DJ 和大多數來賓又藉助化學物質的方式放鬆。節目播放一張唱片時，平常不算狂放的理克竟抓起唱針宣告不喜歡這首歌，要求播點別的。穆恩在整段播音期間不斷發表火辣評論，讓現場更加活力四射。如今，在超過二十五年之後，當我們回到費城，人們談起那一夜的廣播節目時依然會壓低音量。

當天更晚，在附近的一間酒吧，何許人的吉他手彼得・湯森以十分堅定的手法應付了一個醉漢，令我印象深刻。那人走過來，想討論吵鬧的音樂和娘娘腔的服飾。當他開始露出挑釁的樣子時，彼得不是繼續談話，而是平靜地叫酒保把他趕出去。彼得指出，這證明了兩件事。首先是金錢的力量（我們花得比較多，所以酒吧裡我們說了算）。其次是關於醉漢：尤其在美國，他們可以跟你討論一下，但只要辯不過，就傾向於訴諸肢體暴力或掏槍——是巡演的訣竅與忠告的又一實用法則。

跟初次美國巡演一樣，我們沒帶什麼器材，再度淪為經紀和唱片公司空洞承諾的受害者。吉米・罕醉克斯救了我們。他聽說我們遇到問題（他的經紀團隊也協助軟機器），就叫我們去他在西八街的錄音室兼倉庫「電子淑女」（Electric Lady）自己拿需要的東西。有些人是真正的搖滾英雄。

跟當地唱片公司之間的聯繫很不穩定，有時接近不可能。史帝夫迫切想跟某位不回他任何電話的行銷人員見面，於是他追查出此人最愛去的擦鞋攤，耐心坐著等——把鞋子擦得光亮到連士官長都會讚嘆——直到這位行蹤神祕的男士現身。

差不多在這個時候，英國樂團去美國巡演時帶回大批非常便宜的樂器，讓英國海關暨稅務局很不滿。他們特別關切鼓組和經典型號的電吉他：在紐約的曼尼樂器行（Manny's Music）可以用不到一半的錢買到全新品，在當舖也可以撿到便宜貨。最後他們展開了一波大規模突襲，似乎所有道上樂團都遭到訪查。有些人被罰款，有些人被訓斥，並沒有正式執法，但往後的幾個月裡，一直有個稅務局的史訥格斯先生（Mr. Snuggs）打電話給各團的吉他手，自稱在《流行之最》節目上看到他們，請他們確切說明那把一九五三年出廠、品相良好的 Gibson Les Paul 漸層款電吉他是怎麼來的。

回到英國後，我們重拾例行的巡演，唱遍大學和歐洲，包括德國的一場露天演出——那裡有些學生在過去這一年裡見證了巴黎五月事件與歐美各地激進運動，大受啟發，認為理應讓人人都免費入場，所以可以硬闖。他們開著幾輛福斯露營車，只是綁在車頂的不是衝浪板，而是攻門槌。

一九六八年聖誕節前夕，我們最後一次試闖單曲市場：〈把我對準天空〉是我們自從〈艾蜜莉〉以來的第三次嘗試，並且創下三連敗。我們豁然開朗，決心蔑視購買單曲的族群，並在接下來的十一年裡都自命為「只發專輯」的樂團。

1968年攝於倫敦皇家植物園（Kew Gardens）的溫室棕櫚屋（Palm House）。拍這張照片的史東向我保證，他提供的飾品是「至尊魔法師阿戈摩托之戒」（Ring of Agamotto）。他能在波特貝羅路市集（Portobello Market）發現這麼罕見的寶物，運氣真是好得出奇。

攝於1967年12月的罕醉克斯巡演。照片裡有吉米・罕醉克斯、平克佛洛伊德、吉米罕醉克斯體驗樂團的米區・密契爾（Mitch Mitchell）和諾爾・瑞汀，以及來自應答區（Amen Corner）、對策、法定繼承人（Eire Apparent）和邊界（Outer Limits）的各團成員。

大衛・吉爾摩和Jokers Wild樂團——（從左到右）外號「陽光」的傑夫・維特克（Geoff Whittaker）、大衛、強尼・戈登（Johnny Gordon）、克萊夫・韋漢和東尼・善提（Tony Sainty）。

攝於1968年1月，這是少數呈現平克佛洛伊德五人編制的現存照片——席德在後方游移，或許是偶然、也可能有一點刻意。

攝於1968年，大衛在EMI錄《不解神祕》。

攝於諾福克郡的布羅茲溼地國家公園（Norfolk Broads），英國皇家海軍上校梅森（右圖）和琳迪（上圖左）、羅傑（上圖中）、茱蒂（上圖右）在放假。

攝於1968年7月紐約市的光景俱樂部。

羅傑輪值打擊樂時用他一慣的決心攻擊樂器，真慶幸我不是銅鈸。

攝於畢金山鎮（Biggin Hill）的機場，我們身旁的虎蛾雙翼機（Tiger Moth）出現在〈把我對準天空〉宣傳片中。

樂團的器材一字排開供人視察，這張照片用在《Ummagumma》專輯的封套底。

1970年席德在自己的倫敦公寓，米克・洛克（Mick Rock）攝。

朗・吉辛（上圖）、理克（下圖左）和大衛（下圖右），攝於〈原子心之母〉的錄音期間。

攝於1970年夏天聖特羅佩市鎮的海灘。後排左起：蜜芙・沃茲（Miv Watts）抱著娜歐米・沃茲、彼得・沃茲、琳達・歐洛克、琳迪・梅森、史帝夫・歐洛克、茱蒂・華特斯抱著嘉拉・萊特、亞倫・史戴勒斯、茱麗葉・萊特。前排左起：班・沃茲、大衛、我、羅傑、理克抱著傑米・萊特。

亞倫、彼得和羅傑攝於巡演途中。

攝於1971年，大衛（右圖）和羅傑（下圖）在補拍《龐貝現場演唱會》，為了連戲重現露天圓形劇場的氣氛。

我短暫迷戀過美國公司Fibes製造的有機玻璃（perspex）鼓組。「隱形」鼓組的概念很吸引我，但事實上它們非常難好好錄音。

攝於1971年5月，彼得・達克利的充氣大章魚伸出觸手登場，擅闖水晶宮公園派對。

攝於1972年1月的布萊頓圓頂劇場（Brighton Dome），團員在後臺討論。

攝於1972年1月，平克佛洛伊德足球俱樂部先發陣容的戰力展示，啦啦隊也算在內。我們跟家族樂團組成的隊伍對戰，踢成三比三平手。

理克（右）和東尼・霍華德（左）攝於日本，他們在玩新買的相機。

攝於1971年8月日本神奈川縣的箱根音樂節，史帝夫在遮陽。

《月之暗面》時期的樂團形象照。

我們下一張專輯是《冬日的葬禮》（More）電影配樂，導演是巴貝特・舒瑞德（Barbet Schroeder）。那時我們已經在彼得・懷黑德（Peter Whitehead）一九六七年的紀錄片《今夜！我們都在倫敦做愛》（Tonite! Let's All Make Love In London）裡出現過，一九六八年我們也曾幫彼得・賽克斯（Peter Sykes）做配樂。那部電影叫《委員會》（The Commitee），由保羅・瓊斯[76]主演，但我們的貢獻比較像是一系列音效而不是音樂。

然而《冬日的葬禮》會是比較認真的案子。巴貝特是尚—盧・高達（Jean-Luc Godard）的門徒，他帶著幾乎完成並剪輯好的影片來找我們。儘管有這些限制，截止日也相當緊迫，巴貝特卻是很隨和的合作對象——我們每個人都拿到六百英鎊，這在一九六八年是一大筆錢，要在聖誕節前後工作八天。此外，我們不太有交出奧斯卡最佳配樂或好萊塢風格原聲帶的壓力。事實上，羅傑替電影寫了多首曲子襯托表達心境的各個片段，這些後來都成為我們現場表演的一部分。

片中的許多氛圍都非常適合我們每天晚上規律做出來的隆隆聲、吱吱聲和其他音效織體——這是個步調緩慢、相當直白的說教故事，關於一位德國學生去伊比薩島旅行，結果發現自己深陷毒品。由於沒預算租有影格計算設備的配樂錄音室，我們坐進一間放映室，每個片

76 英國歌手與演員，前文提及瓊斯在「十四小時的幻彩夢」登臺的情況。

段仔細計時（碼錶的精準程度真是驚人），隨後進大理石拱門（Marble Arch）附近的派錄音室（Pye Studios）[77]，跟經驗豐富的正職工程師布萊恩・漢弗瑞斯（Brian Humphries）合作。

一九六九年春天的英國大型巡演的最後一站是七月在皇家節日音樂廳（Royal Festival Hall）舉辦一場我們稱為「奧希孟的一大堆小東西瘋癲兮兮」（More Furious Madness From The Massed Gadgets of Auximenes）的活動。這是另一場里程碑般的表演——我個人的最愛，就跟「五月遊戲」差不多。大衛可能就沒這麼愛了——由於電路接地有些不良，有一道電流傳到他身上，強度猛到讓他飛到舞臺另一邊，接下來整場表演微微顫抖著。我們決定加一些表演藝術讓活動更豐富，演出者是霍恩西藝術學院的一位名叫彼得・達克利（Peter Dockley）的老朋友，他以前也住過斯坦霍普花園社區。他打造了一套怪獸裝，有防毒面具和草率連接水箱的巨大陰莖，讓他可以朝前排觀眾撒尿。事實證明這套服裝真的很有效：表演〈迷宮〉（The Labyrinth）這首憂鬱又有點古怪的歌時，彼得潛伏在觀眾席間，我們則用方位角調整器播放滴水的音效。有一個（可能嗑了藥的）倒楣女生一轉頭，竟發現這個恐怖的生物坐在自己旁邊。她尖叫一聲衝出去，從此失去消息，連她的律師也沒來聯絡。

這場演出也有一首歌叫〈勞動〉（Work），曲中有我們做一張桌子發出的打擊噪音。我

---

77 英國著名的派唱片（Pye Records）旗下錄音室，經營政策開放外界租用。

們用木材、鋸子、錘子和釘子在臺上製造這件家具，把戶外爐上的笛音壺鳴聲當成計時提醒，轉場進下一段（舞臺上嚴格禁止抽菸，但爐子似乎完全可以接受）。這段表演的一大部分後來搬到錄音室，重複用在〈亞倫的迷幻早餐〉（Alan's Psychedelic Breakfast）或中止的專輯《日用品》（Household Objects）。有一個計畫是趁我們喝下午茶放鬆時跟約翰・皮爾（John Peel）[78] 的廣播節目連線，但我不記得反應好不好。後來這個概念在〈願你在此〉（Wish You Were Here）重現，收音機播歌的聲音最終漸變成錄製的樂曲。或許這凸顯出固執始終是這個樂團的特質——如果我們喜歡一個點子，我們就很少放棄，除非它遭宣告臨床死亡。

整個夏天我們都在錄雙黑膠專輯《Ummagumma》。第一片的正反面捕捉我們當時一套曲目的現場收音，六月在伯明罕母體俱樂部（Mothers）和曼徹斯特商業學校（Manchester College of Commerce）錄製，曲目包括〈天文學〉、〈小心用那把斧頭〉、〈控制臺〉和〈不解神祕〉。母體是中土世界的某種中部地區（Midlands）版本，也是我們非常喜歡的俱樂部。對於日後的現場專輯，我們最多錄到二十個晚上。至於《Ummagumma》選擇有限，只能從兩個版本中挑比較好的，也沒做什麼修復或疊錄。《Ummagumma》第二片有一面是我們每個人寫的歌。一九六九年十月發行時，這張專輯普遍獲得熱評，但我不覺得我們有多在乎。不過創作過程倒

---

78 約翰・皮爾是傳奇的英國音樂廣播節目主持人，從一九六七年起在 BBC Radio 1 播音，直到二〇〇四年過世。

是很有趣，也是很有用的練習，在我看來，個人的部分證明了單獨拆開沒有整體來得好。

為了創作我那段〈大維齊爾的花園派對〉（The Grand Vizier's Garden Party）[79]，我利用手邊的資源，徵召有才華的長笛手（也就是內人琳迪）來加入木管樂器。至於我自己的部分，我嘗試把例行的鼓獨奏做成變化版——我向來不推崇用鼓組來健身，不管是我自己還是其他任何人。史密斯在長笛的編曲上幫了大忙，但錄音室經理就沒這麼樂於助人了，他責備我剪輯我自己的盤帶。

理克可能是所有團員裡面最熱中錄音格式的人。他的段落欣然採納偏古典樂的處理概念，而大衛和羅傑的段落裡都有歌後來收進樂團的表演曲目。我想〈正道〉（The Narrow Way）和〈格蘭切斯特草原〉（Grantchester Meadows）都有在「一大堆小東西」演唱會上演唱，而羅傑的〈有幾種……〉（Several Species…）[80]則顯示出他跟朗・吉辛往來的影響，日後我們動用朗的編曲技巧來協助完成〈原子心之母〉（Atom Heart Mother）。

羅傑和大衛也跟席德合作，幫席德彙整他的首張個人專輯《無禮嘲笑》（The Madcap

---

79 大維齊爾泛指伊斯蘭世界的政府最高領導者，常譯為古代的宰相、現今的總理。

80 這首歌的全名是〈有幾種毛茸茸小動物聚在洞穴裡跟皮克特人隨爵士樂起舞〉（Several Species of Small Furry Animals Gathered Together in a Cave and Grooving with a Pict），作者可能想用簡稱來暗示歌名太長。

Laughs），還有來自軟機器的羅伯特和其他團員的貢獻。還是有人相信可以再次激發席德的創作產出，但事實證明，他的歌要能按任何條理調度或發揮潛能都極其困難。同年稍晚，席德發了第二張個人專輯《巴瑞特》（Barrett）。雖然後來還是有人持續鼓勵他重回錄音室，但這還是成了他的最後一次錄音。從那時起，席德就變得愈來愈孤僻，最終回到劍橋，鮮少外出。一個這麼有才華、寫出這麼多好作品的詞曲創作者到後來變得沒辦法或不願意繼續，特別讓人悲傷。

我們在十二月為義大利導演米開朗基羅・安東尼奧尼的電影《無限春光在險峰》（Zabriskie Point）工作，以這不尋常的經驗為一九六九年作結。自從開心結識了巴貝特後，我們就喜歡上跟電影圈合作的概念——我們一直希望工作能跳脫例行的發專輯、跑巡演的輪迴，而這件事正好符合我們的期望。安東尼奧尼的電影結合了激進學生、西岸迷幻文化與我們當時體認到的社會崩壞，是米高梅影業（MGM studios）臨死苦苦掙扎的專案之一。米高梅鋌而走險放手一搏，獻上高額預算給安東尼奧尼，期望他的賣座電影《春光乍現》（Blow Up）會開啟歐洲電影的新時代。

突然間我們到了羅馬，住進氣派的貝托亞酒店（Bettoja Hotel Massimo d'Azeglio）。電影公司支付固定的每日食宿費用，這件事我們花了一小段時間才適應。如果你不用掉，就是你的損失。由於案子很趕，加上米開朗基羅的工作時程，我們只能在午夜到早上九點之間進錄音室。這代表例行公事包括嘗試在白天入睡，七點到九點喝調酒，晚餐吃到十一點（仰賴侍酒師協助我們花光每人四十美元的額度）。然後我們再沿著加富爾街（Via Cavour）走下去，跟街角的妓女互噴幾句玩笑話，進錄音室跟導演和他的電影奮戰。

問題是米開朗基羅想要掌控一切，而既然他沒辦法自己做音樂，他就用選擇的方式來控制。因此每一首曲子都必須是完成品而不是粗略版，接著再重做、被打槍、重新提案——羅傑會在下午負責去奇尼奇塔製片廠（Cinecittà）[81]放帶子給他聽。安東尼奧尼從來不接受第一次的提案，而且常抱怨音樂太強烈、壓過視覺影像。我們試過一種方法，稱為感覺母帶。我們預先混音多種版本與疊錄，讓他坐在音控臺前把推桿往上或往下移，就可以真的加強抒情、浪漫或絕望感受。結果還是行不通。安東尼奧尼最後採用了其他樂手的歌曲合輯，例如傑瑞・賈西亞（Jerry Garcia）和約翰・法希（John Fahey）[82]。而縱然結尾既戲劇又火爆，這部電影在評論方面和商業方面都是個慘敗。

我們延續把一切堪用的東西都回收再利用的政策，悄悄收起我們做的所有段落。未來鐵定會有機會用上它們。

---

81 離羅馬市中心約十公里。

82 賈西亞是死之華樂隊（Grateful Dead）的主唱兼吉他手，法希是美國的民謠吉他手。

Magnetophonband
BASF
5
CHANGE
OF TEMPO
改變節奏

5 改變節奏

皇家巴斯與西南英格蘭協會展示場[83]位於薩默塞特郡（Somerset）的小鎮謝普頓馬利特（Shepton Mallet），一九七〇年六月的巴斯藍調與前衛搖滾音樂節（Bath Festival of Blues & Progressive Music）就辦在這裡。我們選擇把這場深入英國鄉間的活動當作表演〈原子心之母〉的機會，這首滿懷野心的歌曲最近剛錄完，加入了法國號、低音號、小號、長號、大提琴獨奏和超過二十人的合唱團——幾乎什麼鬼都用上了。

音樂節為期兩天、排場盛大，企圖模仿前一年胡士托（Woodstock）的規模，從大西洋兩

83 場地全名 Royal Bath & West of England Society Showground，原始用途是辦農業與畜牧展。西英格蘭（West of England）與西南英格蘭（South West England）的範圍大致重疊，為了避免混淆，中譯採用行政區名西南英格蘭。

岸引入各式各樣的樂團。來了一大票有壓軸分量的美國藝人，包括傑佛遜飛船合唱團、山塔那樂團（Santana）、伯茲合唱團（The Byrds）和荒原狼樂團（Steppenwolf），另外還有英國樂團：除了我們這團，演出名單邀集費爾波特協定和齊柏林飛船（Led Zeppelin）。為了向兩位約翰・保羅・瓊斯（John Paul Jones）看齊[84]，我們似乎就該做出那浮誇但後勤難度極高的行動，把支援的整組演唱會樂手集體帶往西南部曠野。

搖滾音樂節一開始通常都是風平浪靜，然後就隨著人愈來愈多、技術問題暴增而慢慢陷入混亂，尤其是大自然插上一手的時候——但這次的天氣倒是很好。這種急轉直下的場面似乎早已變成人們最期待的事之一：參加格拉斯頓伯里音樂節（Glastonbury），心中最企盼的似乎就是延續胡士托的偉大傳統，來場像樣的泥巴浴。

他們報給警方的預計人數大約是實際預計人數的一半，因為他們若是事先知道真正的總人數，根本沒有一場活動辦得了，因為一定會違反每一條你想得到的衛生與安全規定。我覺得以這次的音樂節來說，當主辦人弗萊迪・班尼斯特（Freddy Bannister）意識到自己接了個多麼可怕的工作時，他終於無可避免地精神崩潰了。

為了通過每一條塞車的幹道和小路，我們在情急之下逆向行駛。我們的伴奏樂手搭另一

84 原文的人名用複數，一位自然是齊柏林飛船的貝斯手兼鍵盤手，另一位可能是指生於蘇格蘭的美國獨立戰爭海軍指揮官。

輛小巴，那位司機就沒這麼恣意妄為了。他採取比較安全、比較穩妥的選項，開了八個半小時。就算是那群以韌性著稱的銅管樂手，終於下車時都一副折了壽的樣子。受盡磨難後，他們發現自己其實太早到了，因為音樂節的時程嚴重延誤：節目手冊上那句「表定時間皆可能變動」往往就是「所有活動都會晚半天開始」的委婉說法。

察覺到這個情況後，我們找了一位眼神瘋狂的吉他英雄交涉，想換到比較早的時段。他愛莫能助，道歉說明自己才剛服用有益於盡全力表演的必備藥物，他手邊缺少能再衝高濃度的足夠劑量，所以只能按照原本的演出順序。

我們原本的時段排在晚上十點十五分。等到終於可以帶著我們一整團微醺的樂手上臺時，天將破曉。即使在他們漫長且形形色色的職涯中，大多數樂手從沒遇過這麼混亂的大場面。結果種種事件加在一起，我們反而有了一個張力十足的背景，大幅提升了我們登臺的衝擊力。合唱團指揮約翰・阿爾迪斯（John Aldiss）優秀地掌握了合唱團和管弦樂團，因此我們得以撐過表演，即使低音號手發現有個鄉野狂歡者把一大杯啤酒倒進了他的喇叭口。

你可能會覺得經過這樣一場活動後，接下來應該要休息一下。但此時正值音樂祭的時節，所以我們一下臺就上了車，衝破清晨的霧氣直接狂飆回倫敦，趕搭飛機去荷蘭參加隔天晚上另一場沒那麼浮誇的音樂節。我們沒時間恢復精神就又栽進同樣的場面，但至少這次我們沒帶管弦樂團，這對雙方來說都是慈悲的解脫。

之前受安東尼奧尼之邀去了羅馬，回來後我們就透過幾次排練，彙整了〈原子心之母〉。這首歌的核心（我想是大衛寫的一段主旋律）敲定之後，其他每個人都有所貢獻，不只在音樂面，也包括構思整體的力度。現在我不記得究竟是我們決定寫一首比較長的歌，還是曲子一路滾雪球變長，但這是我們漸漸感到自在的運作方式。

一九七〇年初，歷過幾次漫長的排練後，我們創作了一首非常長、波瀾壯闊但相當發散且仍未完成的曲子。讓這種歌成形的方式之一是現場演奏，於是我們在好幾次演出彈過短版本，有時稱作〈驚喜布丁〉（The Amazing Pudding）。我們逐漸添入、刪減或增加元素，但似乎還是少了關鍵的某種東西。我認為我們一直都打算要錄這首歌，但寫歌的人肯定全都覺得自己遇上了某種瓶頸，因為到了初夏，我們決定把現有的樂曲交給朗・吉辛，問他能不能加一些管弦樂跟合唱。

我是透過山姆・喬納斯・科特勒（Sam Jonas Cutler）認識朗的。山姆捨棄特教老師的職涯來當巡演經理。他早年培養的本領對他踏進搖滾樂的世界無疑大有幫助：他跟滾石合唱團合作他們一九六九年的美國巡演，包括阿爾塔蒙那場不幸的自由演唱會[85]，後來也跟死之華樂隊合作過。

85 辦在加州阿爾塔蒙（Altamont）賽車場的大型音樂活動，發生多起意外死亡與暴力事件。

朗是一位才華洋溢的樂手和編曲家，也是彈奏斑鳩琴和簧風琴的高手，用「嗑安非他命的散拍詩人」最能貼切描述他的風格。他也是最早真正搭建個人錄音室的人之一。朗沒比我們大幾歲，但亂鬍子教授的外在形象讓他顯得睿智許多。他在諾丁丘埃爾金新月街（Elgin Crescent）有一間工作用的地下室，有一整套錄音設備、軸芯、成堆的盤帶，以及許多訂製的以及他專用的樂器。

儘管這聽來可能很瞎，但朗有一個超級強項，就是他做事非常有條理。用盤帶錄音有一個與生俱來的大問題：母帶全都看起來一模一樣，這真是庫存管理的惡夢。除非時時關注某段帶子已經從這個軸芯轉錄到另一個軸芯，並把變動立刻記錄下來，下次可能耗掉幾天才能再找到需要的那卷帶子。由於組織能力嚴謹，朗要調出對的曲子似乎從來不是問題。

朗已經獨立工作了好一陣子，所以這種獨特技術和工作方法完全是他自創的。他讓羅傑和我都對自己製作音樂產生興趣，在羅傑對專輯《Ummagumma》貢獻的一項要素、也就是〈幾個種……〉這首歌可以明顯看出他的影響。羅傑與朗也聯手製作醫學紀錄片《身體》（The Body）的配樂，這部片改編自安東尼・史密斯（Anthony Smith）的同名著作，在一九七〇年發行，大衛和我也彈奏其中一首歌〈孕育笑容〉（Give Birth To A Smile）。

朗傳授同步串聯兩部 Revox 盤帶錄音機發揮的各種招數，遠遠超出製造商產品手冊建議的標準使用範圍。他全部自己接線並教我焊接的基本原理。他秉持著刻板印象中的蘇格蘭人吝嗇心態，蒐集專業錄音室丟棄的盤帶。他洗掉盤帶內容供重複利用，接著把隨便兩盤半卷帶子接成一整卷，或挑出無法達到他自身高標準的錄音室剪輯帶，煞費苦心一一重剪。別的先不提，朗教了我怎麼把帶子接得漂漂亮亮。

我們的關係有一個令人愉快的副產品，就是朗幫我爸拍的一部紀錄片《汽車的歷史》（The History of Motoring）譜寫配樂，我覺得他們倆都喜歡這次經驗。朗出現時帶來的往往不只音樂，還有他自己特製的小裝置或線材，可以簡化步驟，把樂曲從他的設備轉到影片端，這讓我爸特別開心。

朗似乎是做〈原子心之母〉編曲的理想人選。他懂作曲和編曲的技術細節，而且想法夠大膽，可以帶領我們拋離時下日漸流行卻極度乏味的交響搖滾作品。當時這類史詩大作的編曲都傾向採用保守的思考方式，因為古典樂學生通常都對搖滾樂很無感，而「跨界」依然被視為背叛他們多年來接受的教育與訓練。好消息是有朗掌舵，我們不可能落到「倫敦交響愛樂演奏平克佛洛伊德[86]」的處境。

朗著手做我們的歌，在我們沒多給什麼想法的情況下就準備好一疊樂譜抵達艾比路準備錄音。他立刻遇上一個大難題。伴奏樂手不甘心受朗指揮，因為在他們眼裡他是搖滾圈的人。

86 倫敦交響樂團和倫敦愛樂是真實存在的兩個樂團，作者可能是想胡謅一個交響樂團的名字。

要報復也只能在錄音室裡，而我的老天啊，那簡直是血流成河！以朗的案例來說，錄音室真的上演了活人獻祭。

當朗滿懷希望地拿起指揮棒時，他們盡其所能地製造麻煩。朗譜寫的段落不僅技術難度高，他的樂句也別樹一格。這點更是讓樂手咬牙切齒。他們曉得一旦麥克風開啟，他們的每一句評論都會被聽見，而他們偷笑、看時鐘、不斷插嘴說「先生，請問這是什麼意思？」，都會導致錄音進度停滯，而朗以殺人罪名被起訴的機率則每秒呈對數增加。

這不是他唯一的問題。錄這首歌時，EMI才剛收到錄音科技的最新產品，也就是剛推出的Studer八軌錄音機。這些機器用一英寸寬的盤帶，EMI秉持可敬的謹慎態度，下令使用這些錄音機時不得剪輯，因為凡是接帶子他們就會擔心品質。

不幸的是，〈原子心之母〉的長度有二十四分鐘。羅傑和我開始錄伴奏音軌，這過程真的只能用「奧德賽之旅」來形容。為了避免疊錄，我們把貝斯跟鼓分成兩軌，而且整首錄音必須一次完成。在沒有任何其他樂器的情況下彈奏，代表要全力施展我們有限的音樂能力，不容犯錯彈完整首歌，節拍之類的東西則必須暫且擱置。量化的樂趣（用電腦的數位格式調整節拍）還遠在二十多年以後的未來。

果然，成品欠缺了可以讓每個人都好過一些的精準節拍。反之，節奏軌以不穩定的方式先加速再驟然回到正確拍子，成為朗此時必須顧慮的點。合唱團指揮約翰・阿爾迪斯拯救了這一天。約翰是劍橋大學國王學院的前合唱學者，他創立約翰阿爾迪斯合唱團，以演唱當代古典樂作曲家的作品聞名。當時他也是倫敦市政廳音樂學院（Guildhall School of Music）的合唱學教授。他訓練有素的古典樂合唱團（一定要指明）心態正面許多，而且跟管弦樂隊打交道的經驗豐富。在他們沉穩的協助下，錄音完成了。不過我們當時沒意識到另一個問題。我們被迫輸出頗大音量的伴奏軌到管弦樂隊的監聽喇叭，有些聲音被他們的麥克風收進去。這無法消除的溢音讓〈原子心之母〉永遠缺少我們一直力求的聲音乾淨度。

我對〈原子心之母〉的評語是：想法好，有再努力的空間。B面的〈亞倫的迷幻早餐〉有類似的情況。這是一頓英式早餐的聲景，從火柴焰點燃瓦斯爐臺開始，接著是培根煎得油滋滋的聲音，加上水龍頭滴水與音效資料庫裡的其他舊愛。為什麼我們用巡演人員亞倫・史戴勒斯當作主角，我不曉得。羅傑、理克和大衛各自做了一首歌來完成B面——包括大衛的一首愛歌〈夕陽無限好〉（Fat Old Sun）。看來一輩子都被關在艾比路且不得假釋的威脅，足以刺激最不多產的詞曲創作者交出作品。

《原子心之母》的專輯名稱在最後一刻定案。我們有壓力要想出名字，拿晚報翻找點子，這時看見有位女士在植入心律調節器後分娩的文章。專輯名稱來自文章標題。乳牛封面是靈光乍現的作品，由史東和約翰・布雷克（John Blake）設計。我們透過〈原子心之母〉的各個小節名稱來與專輯連結，好比〈放克牛糞〉（Funky Dung）和〈奶白乳房〉（Breast

Milky）。史東回憶他把封面提給EMI時，其中一位主管朝他尖叫：「你瘋了嗎？你想毀掉這間唱片公司嗎？……」。

把〈原子心〉製作成黑膠唱片，也度過謝普頓馬利特的田園歷險後，這首歌的下一場管弦樂演繹是黑山丘在倫敦辦的第二場免費演唱會。一九七〇年七月十八日的「在海德公園失控」（Lose Your Head At Hyde Park）預告有我們團、艾德格・布洛頓、凱文・艾爾斯（Kevin Ayers）、流浪者合唱團（The Whole World）、第三隻耳樂團，以及「數千時尚人士」。這場活動比原本的免費演唱會少了許多自發感：限制更多、後臺區更大，另設一區貴賓席，就跟太陽王宮廷安排的任何宴席同樣階級分明。這次的體驗喪失不少原有魅力，但也可能是我們變得更有成見。

我們也在這個月把表演帶往歐洲。此時，我們跟管弦樂隊的合作已經變得更嫻熟。不過依然大有機會遇上危機——在德國亞琛（Aachen）的一場演出，我們抵達、把所有器材架好，隨即發現所有的樂譜都忘記帶。倫敦的東尼・霍華德接到電話，獲得搭下一班飛機送樂譜來的任務。我們決心迴避不得不承認錯誤的恥辱，用無止盡的試音彩排拖延時間。至少我們這麼追求完美，必定使銅管樂器部感到欽佩。

我們中斷《原子心之母》拖延已久的錄音工作到法國短期巡演，並利用機會見馬賽國立芭蕾舞團（Ballet national de Marseille）總監羅蘭・佩提（Roland Petit）。稍早羅蘭聯絡史帝夫，請我們新寫一首樂曲給他的舞團——我們安排一九七〇年夏天在巴黎跟他迅速聊聊，並把這件事塞進法國南部度假加迷你巡演的行程裡。我們還沒學到教訓，不知道要盡可能避免把工作跟玩樂拼在一起。

我們分乘四輛 **Jaguar E-Type** 二手跑車和一輛 **Lotus Elan** 跑車（又有一個汽車銷售員遠遠就看上了我們這群肥羊），用力踩著油門開上又長又直的法國公路，一路留下不祥的藍煙[87]。我們跟羅蘭共度了一段很順利的時光，不只因為他在一個法國的國定假日火速幫羅傑、我和我們各自的太太找到了絕佳的飯店，晚上還去了一家美妙的餐廳。

接著我們高速開下蔚藍海岸（Cote d'Azur）跟理克和大衛會合，他們沒在巴黎多停留。我們一開始住在坎城海濱的一家飯店。這是純粹的假期：有一位強壯無比的法國人教我們滑水，在學習階段，他竟然能用身體撐住我們這些學員。教練豐富的滑水經驗只有一個美中不足之處，就是他的英語能力實在太弱。後來我們才發現，他一再強調的「不要推」其實應該是「不要拉」才對。

我們參與蔚藍海岸的一系列音樂節，在松樹環繞與看得見地中海景色的美麗地方表演。安堤伯爵士音樂節（Antibes Jazz Festival）結束後，我們租下聖特羅佩（St. Tropez）附近的

87 暗指剛剛買下的二手車可能有問題。

一棟大別墅，讓巡演助理、團員、經紀夥伴加上家人住進去，等我們到弗雷瑞斯（Frejus）和蔚藍海岸沿途其他度假勝地演出更多場次。這個時期的預算還是相當低，我們租的房子不在延伸入海的岬角上，而是位於內陸的幾塊灌叢地之間。

雖然有妻子和各種年齡的小孩在場，但氣氛並不總是像家庭出遊。有一次，我在別墅裡撞見兩個形跡可疑的陌生女子。我上前質問她們是誰，結果突然認出她們就是史帝夫和彼得・沃茲，兩人都男扮女裝，正準備去聖特羅佩的一家俱樂部找樂子。幸虧我食物中毒又中暑，沒辦法和他們一起去。這場共同生活的實驗不算太成功。雖然只有我們四個人綁在一起上路巡演時，偶爾也會有點緊張，但多出這麼多人，起衝突的機會簡直無窮無盡。

我跟羅傑的關係也暫時處於某種冷戰狀態。問題來自之前的一個事件：羅傑、我和我們各自的太太不知怎麼地聊到了羅傑在巡演期間不忠的話題。羅傑不太能容忍我加入女生的陣營，嘖嘖嘖地批評他的行為，主因是我自己也好不到哪裡去，差別只在於我沒有招認而已。我不得不承認，這次我是真的太過表裡不一，早就超出了圓融的範疇，羅傑花了些時間才對這個事件釋懷。

茱蒂・華特斯記得，琳迪和我編造藉口提早離開聖特羅佩時，她突然覺得很嫉妒。我們歡快地揮手，給那輛愈來愈會冒煙的 Lotus 跑車多加了幾公升的汽油，開往南斯拉夫……。

休息和恢復元氣的時機很短。緊接在後的美國巡演和《原子心之母》的發片日撞期，因此我們覺得必須重現管弦樂的場面。大衛和史帝夫飛去紐約敲樂手，分別為東岸和西岸的巡演場次募集銅管樂器部與合唱團——洛杉磯的宣傳是一面四十英尺高的廣告板，史東的乳牛就俯瞰著日落大道購物區（Sunset Strip）。由彼得・菲利普斯（Peter Phillips）指揮的美國職業樂手都很強，也樂意彈奏不同類別的音樂——我很開心地報告，完全沒出現任何固執的反抗分子、老古板，或泡過啤酒的低音號。

隨著新鮮感消磨殆盡，此時的美國巡演已經變得比較像例行公事：這是我們在一九七〇年的第二趟巡演，五月我們已經來美國待過幾週。此外，由於大家都恐懼搭飛機，因此我們經常開上八小時的車，誤以為這樣壓力會比較小。其實不用說，這些漫長的旅程只是讓我們無聊到快死掉。在亞利桑那州史考茲谷（Scottsdale）的希爾頓飯店（Hilton），我們什麼都可以拿來打賭——我記得有一次大衛為了賭，騎著摩托車穿越我們飯店的餐廳。用餐的客人若不是覺得這很正常，就是認為他身上有槍，因為他們徹底無視他。

一九七〇年的第一趟巡演期間，最重要的演出場次絕對是紐約的東費爾摩劇院（Fillmore East）。比爾・葛拉漢不確定那三千席的場子我們賣不賣得出去，尤其因為我們上次來紐約是在只有兩百席的俱樂部演唱，所以這場演出他不自己辦，而是把劇院用三千美元租給我們。

結果我們的票賣光了。這是我們賺過最大的一筆錢，我們也因此對塔樓（Tower）[88]這個廠牌愈來愈不爽，它是當時EMI的美國業務窗口。我們圈了一大群聽眾，但卻沒有反映在唱片銷量上。一定有什麼人或什麼事不對勁，而我們也一如往常地堅信責任絕對不在我們身上，因此決定盡快採取動作。

東費爾摩劇院之所以值得一題，還有另外兩個理由。我們把一群外表邋遢的傢伙趕出我們的休息室，後來才發現他們是替巴布・迪倫伴奏的樂隊合唱團（The Band）成員，其中有羅比・羅伯森（Robbie Robertson）和李翁・赫姆（Levon Helm），本身當然也都是錄音室樂手。這對我們來說格外尷尬，因為《粉紅製造》（Music From Big Pink）是我們的唱片收藏中一張特別受喜愛的專輯。另外我們也認識了燈光設計師亞瑟・麥克斯（Arthur Max），他在劇院幫比爾做事。那天晚上亞瑟把他自己的打光加入我們的表演，我們把他的創新手法記錄下來，歸檔供日後參考。

一九七〇年五月的美國巡演意外中止，因為我們把所有的器材都裝在租賃卡車上，停在紐奧良市中心的萬象皇家酒店（Omni Royal Orleans）外，結果一夜之間全被偷了。幸虧這是巡演至今最豪華的旅館，所以我們若一定要被困在某個地方，這裡算是最佳選擇。另一個好

88 跟唱片行「淘兒」同名。

處是，二樓露臺上那個奢華的泳池全是漂亮的女服務生，她們免費招待酒吧飲料，沖淡了我們的悲傷。

更有實質幫助的是，她們其中一人的男友在美國聯邦調查局（FBI）工作，他過來跑了一趟，看看能不能幫上忙。他盡可能婉轉地暗示，如果我們提供酬謝金，當地警方也不是不可能更努力辦案。我們放手讓史帝夫去解決問題。令我們詫異的是，器材隔天就出現了（少了幾把吉他）。顯然有一個極富想像力的社區治安措施存在：員警可以提供全方位、一站式的搬走與尋獲服務……現在唯一真正的難題是該怎麼答謝送回器材的警察。他們建議「讓你的良知指引你」，但這句話沒什麼幫助，因為我們的良知就覺得他們什麼都不配拿。但我們務實地判斷，我們有一天可能會想再來紐奧良。儘管找回了器材，我們還是決定不恢復已經取消的演出，立刻回家。

同年秋天的《原子心之母》美國巡演結束後，我們展開一趟英國巡演，上路直到年底。雖然這是我們自己想要的工作量，卻可能沒意識到這一切有多累人。不過到了一九七一年初，我們就把注意力和僅存的所有精力投入下張專輯，一月開始進 EMI 製作。

由於沒有新歌，我們想出無數種做法，企圖加速音樂概念的創作過程。其中包括各自在不同的音軌彈奏，完全不參考其他人彈什麼——我們可能有對基本的和弦結構達成共識，但節拍隨機。我們只提議整體感覺，例如「前兩分鐘浪漫，後兩分鐘加快節奏」。這些音符被稱為「屁之一到二十四」，名字取得還真好。過了幾週，也沒產出多少有價值的東西，當然也沒有完整的歌曲。連值得當作初步概念的東西都很少。繼「屁」之後，我們繼續做「屁之子」，接著是「屁之子回歸」（Return Of The Son Of Nothings），最後這成了新專輯的暫時名稱。

最有用的東西就只是一個音，由在鋼琴上敲出一個音符，並經由 Leslie 牌喇叭播送。這種奇特的裝置利用旋轉的喇叭放大特定聲音，通常搭配 Hammond 風琴。喇叭以不同的速度旋轉，創造出都卜勒效應，就像汽車以固定的速度開過時，聽者聽到的音高似乎會改變。琴音穿透 Leslie 喇叭後，理克的神奇音符突然就有了彷彿潛艇探測器（Asdic）的聲音特質。我們怎麼也無法在錄音室裡重現這個音符的感覺，尤其是鋼琴和 Leslie 喇叭之間獨特的共振，所以專輯用的就是試聽版，漸變淡入其他音軌。

結合大衛傷感的吉他樂句，我們有了足夠的靈感，可以寫出一首完整的歌，並逐步發展成〈回聲〉（Echoes）。歌曲最後的樣子有點漫不著邊，步調緩慢、結構修長，聽起來頗舒暢。感覺上，我們在《不解神祕》和《原子心之母》中隱約掌握的手法有了真正的發展。我們做〈原子心之母〉時必須把那該死的歌一次錄到好，因此相較之下，這次當然覺得更好掌控，因為我們可以在音控臺用漸變手法來銜接音樂。

〈回聲〉中段的吉他聲是大衛無意間造成的，當時他把哇哇效果器（wah-wah pedal）[89]插反了。有時候，偉大的效果就是這類純粹的偶然造成的，因此我們隨時都準備著看某個音軌上的什麼是否可行。朗・吉辛教我們要跳脫使用說明書，這堂入門課對我們影響深遠。

你可以把這次實驗視為一個大膽激進之舉，也可以把它看成是在白白浪費昂貴的錄音室時間。不論如何，它都讓我們靠著自己學到了一些剛開始顯得荒謬、但最終卻變得有用的技術。這次還有一個沒用上的實驗是探索倒轉的人聲。若把一句話的字母順序反過來寫再朗讀出來，倒轉播放時，聽起來不會是正確的。但若先錄下一句話再倒轉播放，我們就可以學習倒著該怎麼唸。這時再把它倒轉播放時，會有一種非常詭異的效果。我記得有一句是「Neeagadelouff」……它得到的結果應該要是「fooled again」。

〈回聲〉的最終版本是二十二分鐘，占滿專輯的一整面。黑膠跟 CD 的技術規格不同，有一系列限制，因為大聲的段落會占據更多表面空間。不管怎樣，即使從頭到尾都以最弱（pianissimo）的力道演奏，任何一面黑膠都很難錄超過三十分鐘。因此我們必須為專輯找到其他的歌。事後看來，我們把〈回聲〉放在 B 面顯得有點怪。可能受到唱片公司的影響，我們仍舊以為專輯開場曲應該是適合廣播電臺播的歌。

---

89 哇（wah）是在模擬踩下效果器時電吉他發出的聲音，又稱娃娃效果器暗指嬰兒哭聲。

〈總有一天〉（One Of These Days）的核心是羅傑連接 Binson Echorec 殘響效果器輸出的貝斯聲音。從席德・巴瑞特的時代開始，Binson 多年來都扮演著我們聲音效果的要角，在〈星際超載〉、〈天文學牧師〉和〈Pow R. Toc H.〉[90] 中特別顯著，直到數位科技取代它。Binson 利用一面轉動的鋼鼓，周圍放置錄音磁頭。選擇不同的磁頭能讓輸入的任何訊號產生各種重複樣本。音質會嚴重受損，但你如果把嘶嘶聲說成白噪音，這種效果就更容易被接受。

市面上有其他許多種殘響效果器，使用類似的技術，卻缺少相同的音質。但義大利製的 Binson 極易損壞，不適合在巡演路上受折騰。彼得・沃茲彷彿訓練有素的槍手，他時常可以在演出中飛快拆開效果器再重組，在行進間完成維修，至少讓一部效果器回到前線。

〈總有一天〉的低音聲部由羅傑和大衛一起彈奏。有一把貝斯需要新弦，因此我們派了一個巡演助理去倫敦西區補貨。結果他擅離職守整整三個小時，錄音都用舊弦錄完了。等到他終於回來時，我們都懷疑他是偷跑去找他開精品店的女友了。他堅稱自己是無辜的，但實在沒什麼說服力，因為他再度現身時穿著一條時髦的新長褲。這首歌裡有少見的貝斯獨奏，也有我很珍稀的歌聲演出，以及另一次沒撐過嘗試階段的實驗：以兩倍速錄製假音唱的旋律，再用慢速重播這段帶子。有時候，盡可能用最複雜的方式做事似乎真的有必要。

90 歌名後半段的「Toc H.」是一戰時英軍俱樂部的代號，羅傑受訪時說歌名沒有意義，只是覺得念起來好聽。

A面的其餘歌名跟我們這段時期的生活密切相關。羅傑帶來一首已經寫好、隨時可以錄音的〈聖特羅佩〉（San Tropez），靈感源自去年夏天佛洛伊德的法國南部旅程，還有我們在那邊租的房子。羅傑、茱蒂、琳迪和我以前很常玩中國的麻將，〈四方的風〉（A Pillow Of Winds）就展現了我們對麻將的瘋迷，歌名是我們從其中一種算臺數的組合想出來的。

〈無懼〉（Fearless）是我們從東尼・葛維奇（Tony Gorvitch）那裡聽來一個遭到濫用的形容詞（在足球圈等同於「了不起」的意思），他是家族樂團（Family）的經理，也是史帝夫和東尼・霍華德的好友。這首歌的結尾延續足球主題，以利物浦俱樂部全場大合唱的〈你永遠不會獨行〉（You'll Never Walk Alone）淡出——羅傑對此事會這麼熱中真的很怪，因為他是死硬的兵工廠球迷。東尼也教我們用「手肘」來表達「交付某某任務」，而「諾曼是誰？」則是練團室用語，拿來稱呼某個我們不認識、希望能被弄走的對象——我們可能有在東費爾摩劇院用這招對付樂隊合唱團。

最後是〈謝莫斯〉（Seamus）。我只能頗尷尬描述這是一首新奇的歌。大衛在幫小臉合唱團的史帝夫・馬里奧（Steve Marriott）照顧一隻狗，名字叫謝莫斯。史帝夫訓練謝莫斯一聽見音樂就叫。這很特別，所以我們架設了幾把吉他，一個下午錄完這首歌。妙的是我們製作《平克佛洛伊德龐貝現場演唱會》（Pink Floyd Live At Pompeii）影片時又做了一遍，這次是用另一隻叫貴族小姐（Mademoiselle Nobs）的狗。從正面角度來看，即使壓力很大，但我們至少抗拒了誘惑，沒做出一整張狗吠專輯，也沒找一群渴望在音樂業闖出名號的職業樂狗來試吠。

整體來看，做出這張專輯非常讓人滿意。《原子心之母》有點在嘗試別種路線，《Ummagumma》是結合個人作品的現場收音專輯，相形之下，從三年前的《不解神祕》以來，《好管閒事》（Meddle）是我們全團合力在錄音室創作的第一張專輯。感覺悠哉，相當弛放，而且我認為〈回聲〉頗耐聽。當然，跟前一張《原子心之母》相比，《好管閒事》顯得爽快直接。大衛無疑相當鍾愛這張專輯，在他眼中，這裡頭明確指出了未來的方向。

《好管閒事》的主要錄音分散在 EMI 和 AIR 錄音室，另外一小部分工作在西漢普斯特的摩根錄音室（Morgan Studios）完成。這是因為 EMI 再度展現他們固有的保守主義，不願意投入新的十六軌盤帶錄音機。一陣盛怒之下，我們堅持一定要用十六軌，因此集體出走，跑到 AIR 大錄特錄。

AIR 是喬治・馬丁的錄音室，位置在倫敦西區牛津街的高樓層。喬治待在 EMI 許多年後，邁開下一步設立他自己的夢幻錄音室，並帶走艾比路的錄音室經理肯・湯森（Ken Townsend），確保能達到最高標準。他的錄音室絕對是業界最先進，氣氛跟艾比路截然不同，此時的艾比路真的迫切需要全面重整和升級。商業錄音室的設計如今著眼在搖滾樂團、而不是全包式設施，因為新客戶都來自搖滾樂界。

《好管閒事》的錄音過程拖了很長一段時間，不是因為我們把自己關進錄音室，而是因為一九七一年我們又成天上路巡演：我回頭翻行事曆，發現我們二月在德國，三月去歐洲多國，五月回英國，六月和七月在歐洲，八月到遠東地區和澳洲，九月在歐洲，十月和十一月又去了美國。

為了填補《好管閒事》製作期的空檔，我們仰賴音樂產業的古老解答：出一張合輯收錄單曲和其餘殘羹剩飯。《遺跡》（Relics）是「奇異的文物與古玩收藏展示」，僅僅收錄一首原創新歌、羅傑寫的〈等候時機〉（Biding My Time），在這首歌理克終於逼我們聽他吹長號。《遺跡》在五月發行，緊接著我們到水晶宮公園派對（Crystal Palace Garden Party）登臺。這是我們在倫敦睽違已久的大型演唱會，也是英國人有能力大展身手的露天音樂活動類型——活動規畫成單天，少掉三天音樂節的馬拉松長跑面向，且更能展現英國偏好的露天音樂臺感受。這場活動的演出組合不太尋常，包括萊斯利・衛斯特與山巒合唱團（Leslie West and Mountain）、我們團，小臉合唱團改組的臉樂隊（The Faces），以及團裡有威利・威爾森的顫動樂團（The Quiver）。

演唱會辦在下午，因此我們的燈光秀蕩然無存，但在藝術學院夥伴彼得・達克利和幾位朋友的協助下，我們讓一隻可充氣大章魚潛在舞臺前方的湖中。表演的高潮是章魚充氣後破湖而出。若不是有好幾個熱情過頭、嗑藥嗑到神志不清的歌迷脫光衣服跳進水裡，這一刻的效果會更好——那畫面好似《海底兩萬哩》（Twenty Thousand Leagues Under The Sea）的場景，這群瘋子被打氣管纏住，差點因為魯莽溺斃而毀了整場演出。這場活動由東尼・史密斯（Tony Smith）主辦，他後來擔任創世紀樂團（Genesis）的經紀人。東尼回憶，在表演結束後，他和他的團隊花了許多時間清理，不是只有平常的音樂節垃圾，還有湖中的一大群死魚，牠們不是被嚇死就是因為敬畏而亡的。

在所有的海外巡演中，我們一九七一年八月的第一趟日本之行尤其成功。唱片公司辦了一場記者會（我們通常痛恨記者會），並頒發了我們最早的幾張金唱片。雖然這些完全是騙人的，因為根本不是靠銷量獲得的，但我們還是很感謝他們做出這些動作。

這趟巡演之所以成功，真正原因是箱根的一場露天演出。不只因為這處美麗場地設在東京幾小時車程外的鄉間，而且跟室內場地相比，日本的音樂節觀眾遠遠沒那麼拘謹。多年來，這群室內場地的觀眾都頗受搖滾樂界標準的限制。日本的演唱會在喝采、歡呼、尖叫、起立鼓掌這些方面都很節制，通常在晚上六點開場。我們聽說原因是大眾運輸收班得早，人們又普遍住在城外，太晚散場他們就很難回家。無論理由有多正當，這確實讓日本演唱會有了一種「茶舞[91]」的氣氛，並暗示十三歲以上的國民都不該去想搖滾樂。我們在日本時規畫了一趟

---

91 茶舞（Thé dansant）通常辦在下午四點到七點的下午茶時間。

行程，搭子彈列車去參訪寺廟和枯山水，也第一次嘗試吃壽司。對我們和其他許多樂團來說，壽司成為巡演中高級版本的煎蛋、肉腸加薯條。有一種在巡演期間提升士氣的流行方法是請來當地的壽司師傅，帶來他的全套刀具，藉此振奮委靡的精神（是要用來切生魚片，不是威脅那些低落的人）。

日本之後我們繼續到澳洲短暫巡迴，這也是我們的初訪，以雪梨蘭德威克賽馬場（Randwick Stadium）的一場露天演出揭開挑戰序幕。我們還不熟悉南半球的季節顛倒，八月抵達時詫異地發現自己置身澳洲的寒冬，冷到我需要手套來阻止鼓棒從凍僵的指間掉落。觀眾彰顯了澳大利亞本色，表現得毫不在意。我們很感激巡演的其他場次都在室內。

這趟旅程有個亮點是我們有機會見到導演喬治・格里諾（George Greenough）。他播放製作中《清澈航者》（Crystal Voyager）的一些片段給我們看，這部紀錄片在歌頌衝浪。他把攝影機綁在衝浪手身上，所以能在海浪破碎形成的管浪中拍攝，並在日出與日落時分更顯魔幻。畫面令人目瞪口呆。我們允許喬治在紀錄片用平克佛洛伊德的音樂，回報是享有互惠約定，讓我們後來幾乎所有表演都能使用他的影片——而且不時更新。一九九四年《藩籬警鐘》（Division Bell）發片巡演時，他還拿畫質更好的新影片供〈天空中的精采演出〉（The Great Gig In The Sky）投影。

回程到香港機場轉機時，我們打給新潮靈智工作室，向史東說明《好管閒事》的封面設計案。專輯名稱是在倉促間拼湊出來的，靈感也許來自某種禪意的水景庭園圖像，我們告訴史東，我們想要「水下有一隻耳朵」。由於時差的緣故，電話會議的雙方都不在絕佳狀態，但就算隔著千山萬水，我們都聽得見史東翻白眼的聲音。

飛回英國途中，喜馬拉雅山區某個地方下起了真正讓人驚恐的大雷雨，連空服員都嚇壞了。飛機衝進一個很深的氣穴裡，猛然沉盪了一下，結果花容失色的空姐抓住羅傑還是大衛的手，害他驚醒。這次經驗重創了我們日後克服飛行恐懼的希望。多年來領教過的種種事件導致我們全都有這困擾。有次史帝夫包下一架老 DC-3 螺旋槳飛機，載我們和其他幾個團去歐洲的一場音樂節。我們坐在停機坪時，一臺行李搬運車扯掉了一塊機翼。「別擔心，」有人告訴我們，「我們馬上修好。」我們利用權勢，立刻離開那架飛機並跳上下一班英國歐洲航空三叉戟客機，丟下倒楣的暖場團去搭乘那個恐怖航班回家。過了一陣子，我們快飛到波爾多機場時，差點跟另一架航班相撞。每逢這種時刻，我們四個人一同緊握扶手、冷汗直流的事實，可能有助我們建立良好的團隊向心力。

所有的樂團爭執、方針決策與一般的卡位都是發生在聚餐場合。我如今對某些倒楣的活動主辦人和帶我們出去的唱片公司人員深感抱歉。我們的行為時常都很惡劣。我們的餐桌禮儀通常不是問題，但我們的閒聊是一大敗筆。我們會霸占餐桌的中央位置，把不認識或不想認識的人趕到一邊，讓他們自己聊。在店裡最貴的紅酒助長下，我們的交談會漸漸升溫，常爆發成全面的唇槍舌戰。在外人看來，我們肯定是一副瀕臨解散的樣子。請這頓飯的唱片公司高層不僅目睹自己的錢白花，還有可能得為這支樂團解散負起全責。

樂團成員自然彼此了解得比誰都深，所以也曉得怎麼互相取笑、互相傷害，或如何互相鼓舞。有一個樂團傳說我們至今都還津津樂道，就是有天晚上史帝夫坐下來跟我們共進晚餐時，說他的心情好到沒有任何事情能讓他生氣。結果七分鐘之內他就憤而離場，自己回房間吃飯。在我們其他人的支援與慫恿下，羅傑輕輕鬆鬆就找到了可以激怒史帝夫的點，最後逼得他心煩意亂——只要提議討論調降他的佣金就行。另一次在紐約的城市鄉紳酒吧（City Squire）吃早餐時，羅傑宣告說有一個辦法可以辨認真正有創意的人，因為他們總是微微向右歪著腦袋。反之，沒創意的人會歪左邊。負責我們音樂版權代理的彼得・巴恩斯（Peter Barnes）回想自己環顧餐桌，結果發現每個人的頭都歪向右邊——只有史帝夫除外。

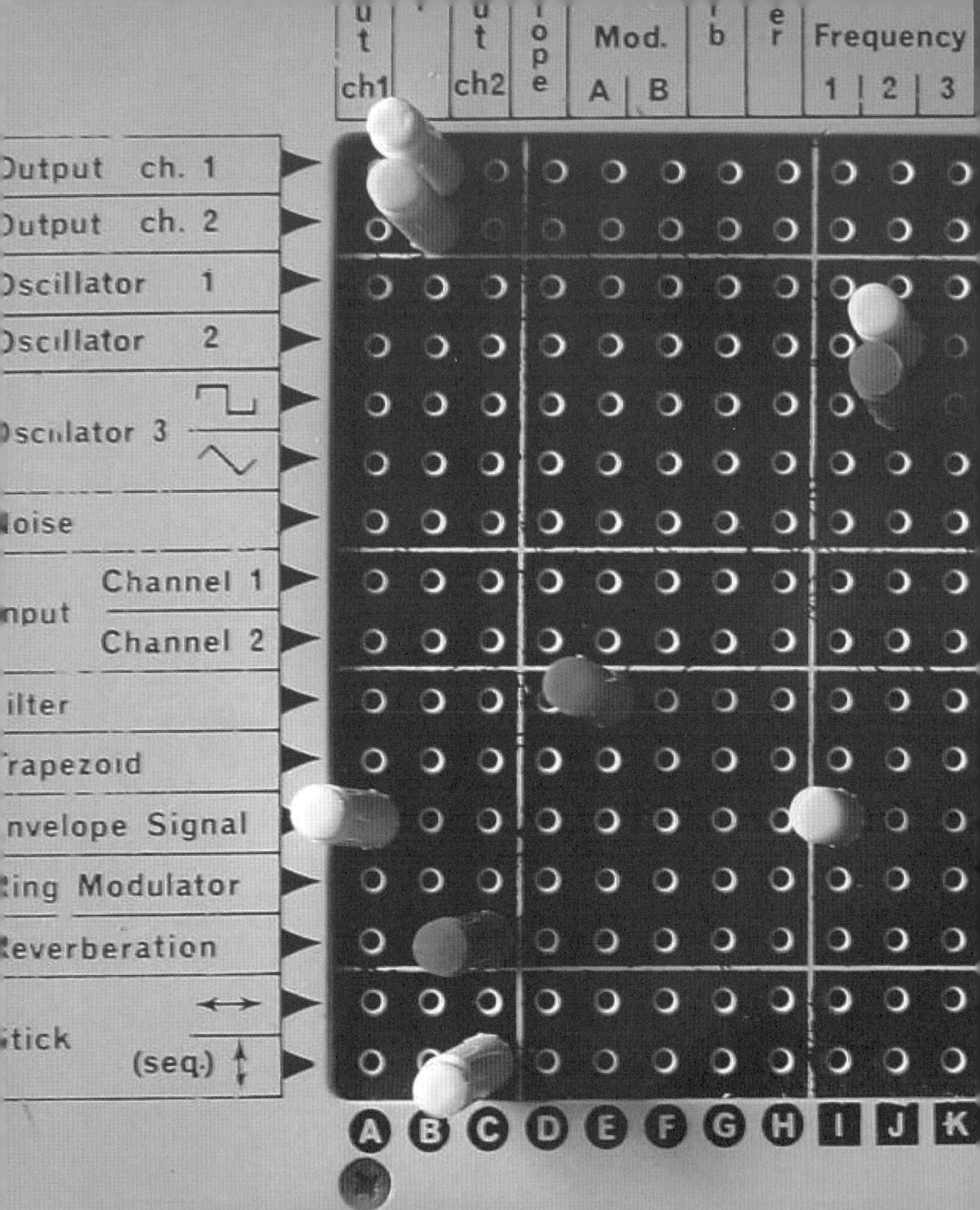

月球沒有暗面 6

THERE IS NO DARK SIDE

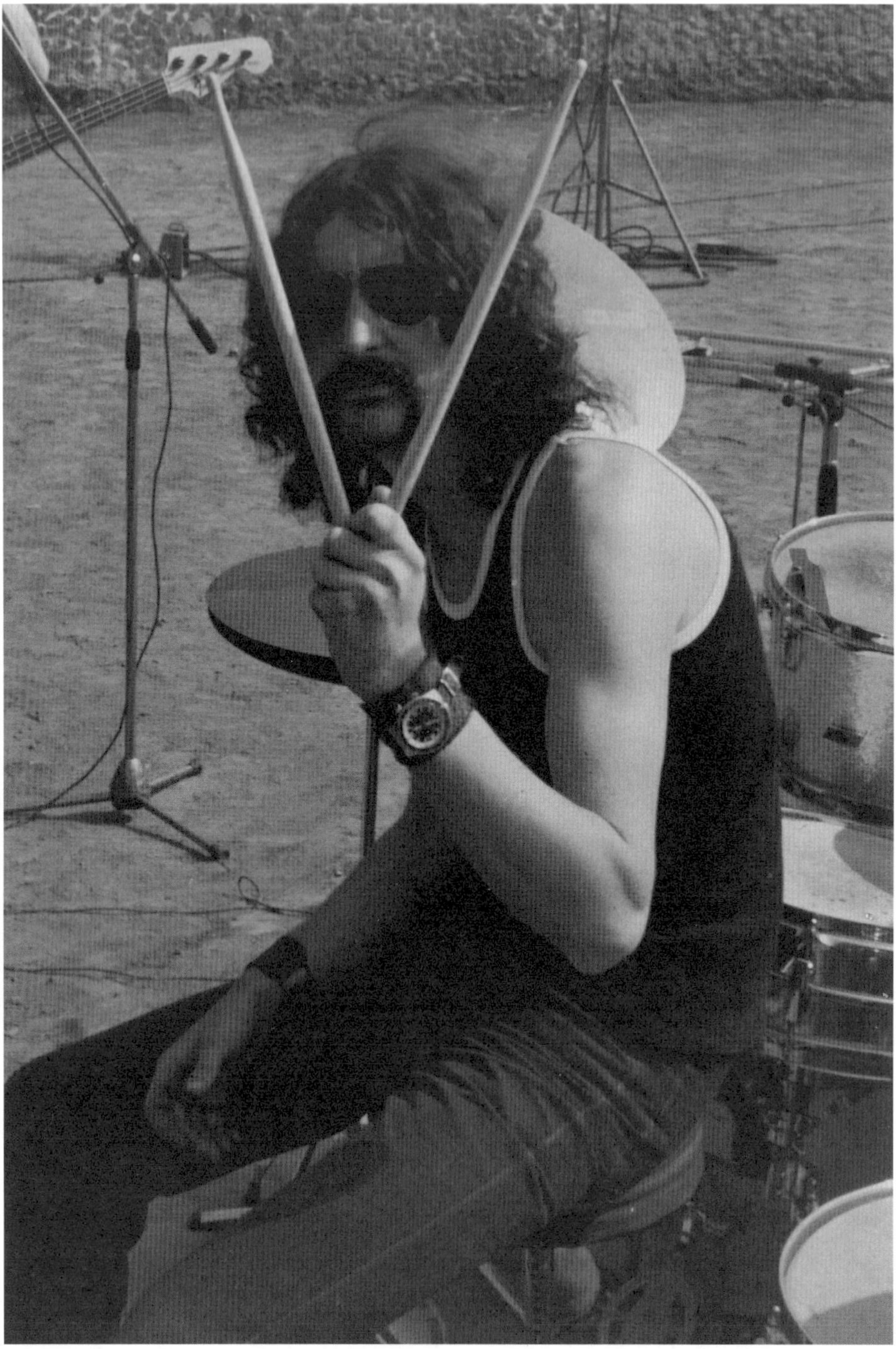

6
月球沒有暗面

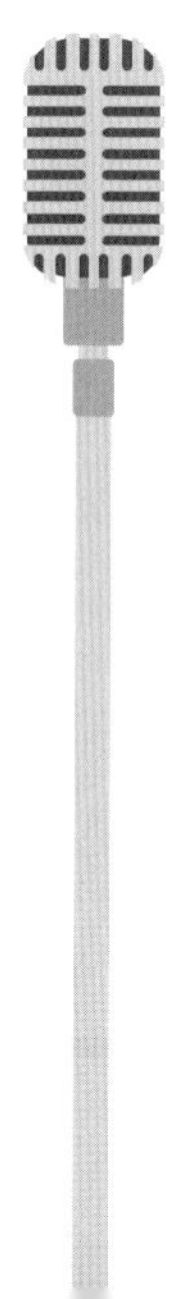

到了一九七一年年底，我一直都有的那種欲振乏力的感覺似乎消散了一部分。羅傑接受《譜曲者》訪談時，還是提到「樂團裡有一種情緒，而我的腦中也無疑有種沉甸甸的感覺，認為我們真的讓情況崩壞得很嚴重，而我已經快被逼瘋了。」在他的預想中，我們的下一趟英國巡演是「額外的壓力，因為不論從現在或任何一天開始，在一月十九日之前都不會有足夠的時間把任何事做到好。要創造一小時真正精采的表演非常困難。」但難歸難，至少他是懷抱決心投入的。羅傑已經勾勒出新專輯的輪廓。他有一些想法，有幾首還在寫的歌——〈時間〉（Time）有主歌和副歌，不過沒有歌詞。他也寫了一段獨特的 7/8 拍貝斯 riff，聽起來相當革新。

發想專輯《月之暗面》（The Dark Side Of The Moon）時，大家聚在肯頓區聖奧古斯丁路

（St. Augustine's Road）的我家餐桌旁開了一次樂團會議。這樣的聚會非比尋常，因為我們在錄音室或巡演期間天天見面，但我們必定是覺得需要換個環境，集中注意力推動樂團的下一個計畫。

除了羅傑的歌，我們有先前排練期間寫的幾個小段落，以及完成度更高的一些東西，但還沒有連貫的主題來協助羅傑發展他的初步創作。聊著聊著，壓力這個主題就跳了出來，儘管我們當時沒有什麼特別的煩惱：事實上，這算是我們家庭生活中相對穩定的時期。

此時羅傑住在伊斯林頓區（Islington）的新北路（New North Road）。他在他家花園深處搭了一個比盆栽棚高半個臺階的工作空間。他們確實在那裡弄盆栽，但並不是一般的庭院樣式，因為茱蒂利用一半的空間捏製陶器。羅傑把另外半邊建成個人錄音室，並效仿朗・吉辛的方法：三臺 Revox 盤帶錄音機架在同一個工作檯，以便從一臺機器迅速轉錄聲音到另一臺。理克、茱麗葉和孩子們則住在貝斯沃特區的蘭斯特花園街（Leinster Gardens），我和琳迪在聖奧古斯丁路。只有大衛拋下他在切爾西區的單身漢公寓，搬去艾塞克斯郡羅伊登村（Roydon）。

雖然巡演這麼多，我對肯頓區的生活確實有歸屬感。琳迪與我跟許多鄰居變成朋友，偶爾舉辦街頭派對慶祝國家重要節日。我當然有社區意識，羅傑對他的社區也是——他成了一個死忠的兵工廠球迷。我們加上茱蒂和琳迪每週都聚會好幾次，也常去對方家裡作客。我還清楚記得琳迪身懷我們的大女兒克羅伊（Chloe）的懷孕後期，我們一起待在羅傑家的畫面。

不過就算生活穩定，我們還是列出了我們尤其有感的現代生活難題和壓力。交差期限、旅行、搭飛機的壓力、金錢的誘惑、對死亡的恐懼，以及精神不穩定到瀕臨瘋癲的問題……羅傑收下了這張清單，繼續去琢磨歌詞。

比起我們過往專輯頗為零散的風格，常在迫切而非有靈感的狀態下發想，這彷彿是遠遠更有建設性的工作方法。團員不斷討論這張專輯的意圖和抱負，幫助推動創作過程。我們用羅傑構思的具體歌詞，在排練室讓音樂逐步成形——也在後續的錄音期間這麼做。這讓羅傑有機會看出音樂或歌詞方面的缺口，多寫些片段來填補。

一九六八年席德離團後，創作歌詞的絕大部分責任就落到了羅傑身上。大衛和理克還不常扮演填詞人——理克曾說過，「如果文字像音樂一樣浮現，我們又沒別的事好做，就會寫出很多東西。」在《月之暗面》，羅傑把這項任務做得有模有樣：他的文字讓這張專輯有了我們至今最坦率而具體的歌詞——雖說他日後不時會嫌棄它們，稱之為「低年級生的玩意」。我們第一次覺得可以把歌詞完整印在唱片封套上。

《月之暗面》早期的可演出版本在幾週內就做出來了。這首作品第一次完整亮相時，歌名已經叫〈月之暗面：獻給形形色色瘋子的歌〉（Dark Side Of The Moon, A Piece For Assorted Lunatics），不過歌名在這個和〈月蝕〉（Eclipse）之間擺盪了很多次。演出地點是北倫敦的彩虹劇院（Rainbow Theatre），我們在一九七二年二月中連續登臺四天。彩虹劇院的原址是電影院，形同英國版的舊金山阿瓦隆（Avalon Ballroom）或費爾摩音樂廳，黑暗音樂廳藏著華麗卻斑駁剝落的室內裝潢，讓人回想起我們出道初期在圓屋劇場的時光。這四場演出可以只裝臺一次，讓彼得・沃茲和巡演人員鬆了一口氣：此時我們已有大約九噸重的器材裝在三輛卡車裡，七座劇院喇叭，新的 PA 系統和一架可輸入十八組訊號、輸出四聲道的音控臺。所幸全場坐滿來聽成果的觀眾：事實證明，在《譜曲者》封底登幾次廣告足以讓四場的票統統賣光。

可是就算《月之暗面》的現場版頗有進展，這首曲子的實際錄音還是橫跨了整個一九七二年，不僅一直被我們的巡演事務打斷，還插進一大堆別的計畫：電影配樂專輯《風起雲湧》（Obscured By Clouds），我們自己發行的影片《龐貝現場演唱會》，還有幾場音樂會跟羅蘭・佩提的馬賽國立芭蕾舞團合作。幸虧事實證明《月之暗面》適應力十足，能夠撐過這一切紛擾。我們沒對堆積如山的工作感到焦慮，反之，這證明了我們是活躍又專業的音樂人。在《原子心之母》那陣子陷入瓶頸後，我們重新燃起使命感。

《風起雲湧》率先導致錄音中斷。在《冬日的葬禮》創下佳績後，我們答應幫巴貝特・舒瑞德再做一張配樂。他的新電影叫《山谷》（La Vallée），我們在二月最後一週前往法國錄配樂。這部電影揭露「愛之夏」的餘波：故事描述一群歐洲嬉皮到巴布亞紐幾內亞（Papua

New Guinea）旅行，結合一些關於當地馬布卡族（Mapuga）的民族誌田野調查（有位評論者把這種紀錄片性質連結到弗萊厄堤拍攝、史帝夫父親參演的阿倫人電影）。

我們沿用《冬日的葬禮》的錄音方法，對照電影粗剪用碼錶給明確提示，也譜寫相互連結的音樂情緒，依照定剪去漸變疊加。標準的搖滾歌曲結構不是必要選項：一個概念可以盡情延伸成一整段，不用煩惱要有精準的副歌和八小節間奏，而且任何概念都能用最短、最原始的版本呈現，不必加進獨奏和裝飾音。我藉機在電影片頭試打一對非常早期的電子鼓——沒有後來配備合成器效果的鼓那麼先進，更接近電子邦哥鼓。

我們擅長這種逐步形成與修整主旋律的方法，但卻沒有餘裕自我放縱，因為錄音時程極度緊迫。我們只能用兩週錄製配樂，跟後續的一點時間把成果製作成一張專輯。如今讓我佩服的是最終成果結構相當嚴謹。我們做出一整個系列的歌曲，但我總覺得歌名都是在壓力下匆匆湊數的，只為趕上電影排程。

錄音地點在巴黎北邊的胡維爾城堡（Château d'Hérouville）裡的草莓錄音室（Strawberry Studios），艾爾頓・強（Elton John）的歌迷都稱之為白人城鎮（Honky Château）。這個位於鄉間的錄音室宜人又寬敞，但我只記得我們一直等到最後一天才有辦法享受這個地方。我們把自己關在室內埋頭演奏，完成配樂錄音就回家。後來我們跟電影公司發生爭執，所以這張配樂發行時沒有用《山谷》，反倒取名叫《風起雲湧》。所幸我們日後發現，電影配合我們的專輯，改名《山谷（風起雲湧）》。

專輯發行前我們仍然必須做混音，但著手進行前我們還有一趟日本巡演。這次我們包下一架DC-8噴射客機，即使機上裝進全部器材依然有許多空位。太太和女友是理所當然的旅伴，但坐上其他座位的卻是一些跟樂團愈來愈沒有關係的人，只不過他們的職業似乎可以容許他們臨時拋下一切來加入我們——這通常不是好跡象。

此前我們通常都是自己上路，但有家眷隨行後，氣氛就有了顯著的改變。在我記憶中，演出受到了拖累，樂團休息室的精神狀態也比較不集中。巡演步調的不同也讓情況更嚴重：不是美國那種一個城市接著下一個城市的緊湊行程，而是三週演出五天。這一切都讓巡演感覺更像一場高檔的校外旅行，比較像假日遊覽而不是公務出差。札幌冬季奧運剛結束我們就到日本，也趁機到那裡玩一下滑雪道。在札幌，為了製造氣氛，纜車透過Tannoy廣播系統[92]播送阿爾卑斯山區民謠，只是我們用米飯和清酒取代香料熱紅酒（Glühwein）。我們差點找不到夠大的滑雪鞋，尤其是亞瑟・麥克斯，他有一雙尺碼十三號左右的腳[93]。由於想起一九七〇年亞瑟在東費爾摩劇院的打燈多麼富有新意，我們把他找來負責樂團的燈光秀。

92 英國公共場所廣泛使用的本國品牌。
93 英國的十三號鞋接近三十公分。

另一趟相對簡單的美國巡演緊接在後。嘗試在美國建立觀眾基礎是樂團生活必經的一部分。此時我們已經投入這個過程好幾年，雖然還沒有一張真正暢銷的專輯，但已經能夠填滿比較大型的場地。一旦正式投身「打進美國」的過程，就要永遠繼續下去。

美國巡演和歐洲的幾場演出結束後，我們終於找到機會展開《月之暗面》的密集錄音工作——整個六月我們都得以待在艾比路。我們專注心力對付這項任務，安排連三天的錄音時段、有時連續一整週，每次錄音全員到齊，人人都渴望參與一切。錄音室裡瀰漫著自信的氣氛。我們自《好管閒事》以來就一直擔任自己的製作人，所以可以自行規畫時間表：此時我們傾向於做完一首專輯歌曲再做下一首，直到我們對每一首歌都滿意。

相較於之前到EMI的時候，氣氛顯得更有青春活力。來了一批聽搖滾樂長大的新世代錄音工程師和盤帶技師（見習錄音師）。一如新型態的商業錄音室，他們明白跟樂手打好關係的重要性。不再有錄音室經理到處晃來晃去，看有沒有人用了他的剪輯剪刀還是撥弄接線板。

《月之暗面》開始錄音時，EMI指派旗下錄音工程師亞倫・帕森斯（Alan Parsons）給我們，他做過《原子心之母》的助理盤帶技師。亞倫加入EMI的母帶拷貝部門後立志想成為錄音師，他歷經披頭四的專輯《艾比路》（Abbey Road）和《讓它去吧》（Let It Be），隨後擔綱麥卡尼和喬治・哈里遜（George Harrison）個人作品的錄音師，再跟赫里斯合唱團（The Hollies）合作錄製單曲〈他不重，他是我兄弟〉（He Ain't Heavy, He's My Brother）和〈我呼吸的空氣〉（The Air That I Breathe）。從 EMI 的見習制度一路走來，亞倫學會錄音室工作各層面的透徹知識——所有的 EMI 見習生都是如此。他是個厲害到不行的錄音工程師，但他也有一雙好耳朵，而且本身就是嫻熟的樂手。這些特質加上他天生的人際手腕，結果大有助益，也代表他能夠對這張專輯做出積極正面的貢獻。

我很喜歡他錄出來的鼓聲。以搖滾樂來說，把鼓的聲音錄好依然是任何一位錄音師的大考驗。既然鼓的原始用途是激勵軍隊作戰，而不是贏得佳人芳心，諸多戰役在鼓聲中廝殺也就不足為奇。

鼓組幾乎是標準搖滾樂框架中僅存的原音樂器[94]，包括許多不同的構件，以無比廣泛的聲音和鼓面一逕製造振動與咚咚響聲。更複雜的是敲打一個點會引發其他點的連鎖振動。在四軌錄音的年代，錄音師必須捕捉到大鼓的強勁重擊和標明時間的腳踏鈸、小鼓的飽滿渾厚聲音、高架鼓的協調音色和銅鈸的沙沙或外放鏘聲，卻又各自保持獨立。架設多支麥克風來捕捉鼓組是這一行的祕技，也是找出業內高手的好方法。當我們開始拼湊整張唱片時，亞倫面面俱到的錄音技術不證自明。

〈跟我說〉（Speak To Me）的構想是一首序曲，也是我們理解中序曲該有的樣貌——

94 指樂器的聲音未經效果器等電子媒介處理。

淺嘗接下來的事物。這是用專輯中其他所有曲子漸變疊接而成，我在家大致接好，再到錄音室兜出定案。摸索製作序曲開頭的心跳聲時，我們原本用醫院錄的真正脈搏聲，但它們聽起來全都太過緊張。我們回到樂器的選項，非常輕柔敲打鋪了消音墊的大鼓，聽起來出奇地逼真。不過每分鐘七十二下的平均心率太快，因此我們放慢到任何心臟科醫師都會有點擔心的程度。鋼琴和弦的巨響持續一分多鐘，牢牢踩住延音踏板，這段聲音隨即倒轉播放疊進曲子底部，以漸強的氣勢進入下一小節。

〈呼吸〉（Breathe）代表相同旋律反覆用於兩首歌的實驗前半段，或更精確的說法是在兩段主歌中間穿插完全不同的兩個小節，好讓這首歌在〈逃跑〉（On The Run）和〈時間〉後再現。

〈逃跑〉大幅修改了現場演出版的器樂橋段，事實上這是最後幾首加入的歌，因為到這時候我們才有一臺 EMS Synthi A 效果器，也就是 VCS3 效果器的下一代機型。VCS 指的是電壓控制工作室（Voltage Controlled Studio），這款英國效果器由彼得・辛諾維耶夫（Peter Zinovieff）和 BBC 廣播音效工作室（BBC Radiophonics Workshop）的一組團隊設計，他們做的《超時空奇俠》主題曲讓更廣泛的觀眾接觸到純粹的電子音樂。我們在《月之暗面》的其他幾首歌用 VCS3，但它缺少鍵盤。Synthi A 有一組鍵盤附在外箱上蓋。就〈逃跑〉來說，這代表氣泡破裂聲可以彈奏得非常慢，再用電子的方式加速。為了這首歌，我們也大鬧 EMI 的音效庫，並且又找到藉口重回三號錄音間後方的回音室錄腳步聲。

那間音效庫絕對值回票價，讓我們能舒舒服服待在錄音室：探索潛在可能時永遠有拖延的成分，許多種聲音我們一直很愛，但從來沒用上。「爆滿的櫃子」備受喜愛：某人打開櫥櫃門，導致各種餐廚用具掉下來的聲音。我們也都喜歡「根格丁[95]」，呈現一位惱人的小號手被不斷升級的大批重裝武器攻擊，企圖摧毀他。在每一輪步槍擊發、重機槍掃射或空襲轟炸後，他繼續吹奏，一次比一次虛弱但頑強執著。

但〈時間〉開頭的時鐘聲，我們採用《月之暗面》開錄前一、兩個月，亞倫製作四聲道錄音範本中的元素。他去一間古董時鐘店，錄下鐘錶匠心愛的報時旋律、滴答聲和鬧鈴聲。而由於錄音室裡剛好有一套輪鼓，我們就這樣想出這首歌的主前奏，只試打了幾次就錄好了。輪鼓的皮面外延包覆住鼓框，以螺栓固定，轉動螺栓頂端可以像定音鼓一樣調音，這樣就能敲出想要的一組音色。

〈精采演出〉是理克寫的曲子，歌中的人聲必須飆高音。關於人選有許多提議：我推薦當時常聽的前衛次女高音凱西・柏貝里恩（Cathy Berberian），但就算是對我們來說，她都有點太激進。最後來錄唱的是克萊兒・托里（Clare Torry），她當時正想踏上獨唱歌手之路

95 根格丁（Gunga Din）在同名詩作與改編電影裡是一位印度穆斯林，幫打仗的英國士兵背水。

——亞倫以前和她合作過，推薦我們找她。跟其他幾首伴奏曲目用過的靈魂樂歌手相比，我們在找比較屬於歐洲的嗓音，而在大衛和理克指導下，她的表現著實讓人讚嘆。有一次錄音時，她因為自己放得太開而感到尷尬，跑進控制室道歉，結果發現大家都很高興。有過《原子心之母》的經驗後，我們居然會冒險回頭另邀樂手，實在令人驚訝，但他們全都相當稱職：有克萊兒和其他歌手——包括已故的杜莉絲・特洛伊（Doris Troy），萊斯莉・鄧肯（Lesley Duncan）、莉薩・史柴克（Liza Strike）、貝瑞・聖約翰（Barry St. John），以及大衛的劍橋舊識迪克・派瑞（Dick Parry）。在〈我們和他們〉（Us And Them）和〈金錢〉（Money）中，派瑞用他的次中音薩克斯風為我們帶來了比較粗獷的音色。

羅傑和我在各自家裡的錄音室先做好循環播放帶，再帶去艾比路。我在舊的便士硬幣上鑽孔，然後用線串起來，它們能發出七連音。羅傑錄下硬幣在茱蒂製陶混合材料的砵中轉動的聲音，撕紙音效直接在麥克風前做出來，收銀機則來自可靠的音效庫。我們先拿尺測量磁帶上的每種聲音，剪成相同長度，再小心接合。

〈我們和他們〉是理克寫的一首抒情歌。有種說法認為音樂是「音符與音符間的留白」，理克用這首歌獨樹一格的音樂加以證明。〈隨你挑一種顏色〉（Any Colour You Like）替高度緊密鋪排的專輯帶來一些緩和，有助於節奏變化，彷彿是在〈腦損傷〉（Brain Damage）前的一個休止符。雖然專輯中其他的主唱都由大衛負責，〈腦損傷〉主歌是羅傑的歌聲，〈月蝕〉也是。這首歌表明羅傑的歌聲跟他自己寫的歌是多麼契合。

最後一首曲目〈月蝕〉大幅得力於錄音前的現場演出。這首歌的原始版本欠缺真正的力度，不過隨著在舞臺上逐步演進（我們需要用更恢宏的氣勢來收尾），它得到了足夠力量營造合適的終曲。

時時穿插在專輯中的談話片段是後來加入的，在專輯最終定案前只花一晚錄完。羅傑提出納入口語的想法，半小時內我們想出產生這些話的方法。羅傑草擬一系列關於瘋狂、暴力與死亡的問題，我想是我把問題寫到一疊卡片上。問題卡擺在三號錄音間的譜架上，正面朝下。接著我們把可以在艾比路大樓裡找到的人都邀來錄音室：我們的巡演組員、錄音師、在那裡錄音的其他樂手——除了我們以外的任何人。他們聽命坐在一張凳子上，自己讀出每一張卡片，然後直接對麥克風說出答案。

這自然是引起了某種程度的猜疑，因為當其他所有人都擠在控制室透過隔音玻璃窺視時，錄音間就成了一個孤獨的地方。結果有些專業藝人反而比素人不自在得多——素人似乎都很樂意暢所欲言。例如，當時正在跟羽翼合唱團（Wings）錄專輯《紅玫瑰賽道》（Red Rose Speedway）的保羅和琳達・麥卡尼接受了邀請。他們光是答應就已經非常勇敢了，而且事後回顧，期待他們在盤帶錄音機運轉時對一群陌生人掏心掏肺，實在不公平。他們有所防備，處處保留，因此他們這一段的素材我們完全沒用上。我們必定非常清楚我們想要的是什麼，否則放棄這兩位名人的聲音實在不可思議。反之，保羅的吉他手亨利・麥卡洛（Henry McCullough）跟他的妻子都坦白得嚇人（亨利說：「我不知道，我當時真的很醉」）：他們直接切入兩人最近有過的一場牽涉到肢體暴力的爭執，內容有如特別火爆的一集《傑瑞史賓格秀》（Jerry Springer Show）[96]。

其餘發言包括沃茲的太太普蒂（Puddie），以及我們的巡演經理克里斯・亞當森（Chris Adamson），他略帶北方腔的口音很好認。帽子羅傑（Roger the Hat）[97]是作風老派、替我們工作多次的巡演人員，他交出令人難忘的一段錄音。他的段落本身就足以做一張專輯。他用證人席上的英國警員那種毫無表情的精準感說了一段故事，內容是某天有另一位駕駛蠢到超他的車。「我向他表達不滿，」帽子羅傑說。「他很無禮。他非常無禮。但報應就在眼前……我揍了他。」

有些參賽者因為音頻的關係遭到婉拒：擔任我們巡演助理進入第二週的羅比・威廉斯（Robbie Wiliams）動聽的嗓音太過低沉與戲劇化，所以無法採用。很遺憾還有些人難以融入，無論句子有多好。然而艾比路的愛爾蘭人警衛蓋瑞・歐卓斯可（Gerry O'Driscoll）是毫無疑

96 一九九一年開播的美國談話節目，來賓互揭隱私，現場偶爾爆發肢體衝突。

97 本名羅傑・曼尼弗德（Roger Manifold），外號來自他總是戴各種樣式的帽子。

問的明星。他講出一連串不凡的笑話和簡樸的哲學，間雜一抹愁緒。他的嗓音在〈月蝕〉曲終的淡出收束這張專輯：「月球沒有暗面。事實上，它全都是暗的。」這句話協助我們給專輯的最後名稱定了案。

錄音後接續漸變，而且有很長一段。在前數位的年代，要做到一段樂曲淡出時另一段淡入，仍然是相當需要認真對待的精巧技能。巨大的盤帶錄音機從建築物的各個角落推來，連接音控臺。由於漸變通常也包含七、八英尺的循環播放帶，需要麥克風架林立充當暫用紡錘，確保循環帶不打結。沒多久，整間錄音室看起來彷彿是漫畫家希斯・羅賓森（Heath Robinson）畫的奇妙裝置。

亞倫縱然有一身錄音工程專業，卻沒那麼多雙手同時應付所有必要任務，所以首先要在帶子仔細做記號，請團員各就各位把手指頭擺到按鈕上。當發顫的手操作 fader 鈕，機器會先停止再重新轉動。犯一個錯就代表程序要全部重來。這些同步團隊作業的重要目的是在一首曲目完結、另一首開始時調對音量，也讓所有的音效和對白墊在底下淡入淡出。一旦成功做到轉場，隨即接進母帶。

很遺憾，我們接下來就沒了亞倫的技術助陣。我們邀請他擔任下一張專輯的錄音師，只提出一點點酬勞，卻強調他有多麼榮幸。結果讓我們意外的是他竟然拒絕了。我們一邊搖頭一邊替他感到惋惜，接著就目睹他打著亞倫帕森斯樂團（Alan Parsons Project）的名號推出熱賣專輯《謎團與幻想故事》（Tales Of Mystery And Imagination），展開他自己的藝人生涯。

我們原本打算親自負責一切製作決策，但最後在製作期尾聲的二月請來一位外部製作人做混音。克里斯・湯馬斯（Chris Thomas）擁有音樂方面而非錄音工程的背景，他寫信給喬治・馬丁詢問能否去當喬治的助理——最後喬治在自己的製作公司開一個職缺給他。有一次，克里斯在錄製披頭四的《白色專輯》（White Album）時碰巧遇到喬治必須去別的地方，因此讓克里斯負責了心驚膽跳卻讓人興奮的一小段期間。克里斯跟平克佛洛伊德有一些連結。他在許多場合見過我們，包括伊靈區羽毛俱樂部那個暴力的夜晚，在地下抓狂俱樂部，以及一九七二年在彩虹劇院演出《月之暗面》。他跟史帝夫有社交往來，也曾追隨大衛的腳步製作顫動樂團的第二張專輯。

拿既有的音軌做混音當然不是只有一種方式，沒有絕對的對與錯。有些情況偏好有整體感的混音，好比一組古典交響樂團能奏出平衡的聲音，裡面沒有一種樂器特別突出。有些時候，作品最好有一個單獨、清晰的人聲、樂器或聲音，凌駕所有一切。做《月之暗面》時，人聲、音效、吉他和節拍方面都常爆發這一類的激烈爭論。有時候會由三個人做三種不同的混音，過去這種方法很可能有效，因為大家通常會對特定一種混音產生共識。但這回連這樣也不管用了。

這些是團內存在重大分歧的初期警訊。界線已經畫下，雖然是模糊而無意識的，但終究還是畫下了。以下說明可能有點過度簡略：大衛和理克較習慣較純粹的音樂解決方案，羅傑和我則著迷於試驗拿捏平衡，並創造偏向非音樂的元素。大衛總是偏好一定程度的殘響，羅傑則喜歡較爽快的音色。

克里斯不帶成見，單純朝他覺得聽起來對的方向去做。但他又說他想聽我們所有人的意見。根據他的回憶，在那個發行日大限逼近、情況有可能非常焦慮的時間點，氣氛倒是很好、效率很高，以音樂產業來說極其紀律分明，讓他能在晚上十一點打卡下班，繼續熬夜做普洛柯哈倫樂團的專輯。

考量到需要疊錄、覆蓋、插入斷點、漸變的數量，涉及的工作量龐雜。另外由於盤帶持續轉動，音質總會有些劣化，必須悉心處理讓狀況恢復。亞倫和克里斯聯手交出的聲音成品，到三十多年後音質依然好得驚人，驗證了錄音工程師的本事。

錄音完成時，儘管有口語、音效和歌曲等元素，馬上就能看出這張專輯形成同質的整體。交給克里斯完成最後的混音工作後，他得以用全新的眼光再審視一遍錄完的歌，這也帶來新鮮感。

專輯發行日定在一九七三年三月三日。在這段期間我們見證了《平克佛洛伊德龐貝現場演唱會》發行、更多趟歐洲和北美的巡演——包括有次登上好萊塢露天劇場（Hollywood Bowl）。還有一次去加拿大表演時，我們發現其中一位和聲歌手不見人影，原因竟是她跟男友搶劫一間雜貨店被捕。另外，我們也看見了與編舞家羅蘭・佩提最初對話的成果。《龐貝現場演唱會》是大約一年前為我們拍下的現場演出，結果出奇地好。當時導演亞德里安・梅本（Adrian Maben）聯繫我們，想要拍攝我們在維蘇威火山下空蕩蕩的圓形劇場演出。亞德里安描述的電影概念是「一支反胡士托的影片，那裡沒有人在場，音樂、寂靜加上空無一人的圓形劇場，效果等同於數千觀眾甚至更多。」表演用〈月蝕〉開場和結尾，我們彷彿對著觀眾彈奏，交替出現沸騰冒泡、蒸汽和岩漿流動的鏡頭，或是樂團漫步走過火山地景。在搖滾樂電影不是直接用演唱會影片、就是企圖模仿披頭四電影《一夜狂歡》的年代，這個點子很有吸引力。

讓電影成功的元素（一九七一年十月拍攝期間我們沒對這些多想過）似乎是用現場表演、而不是對嘴，還有高溫和風形塑的真實環境。只有幾組鏡頭是後來在錄音室補拍——〈小心用那把斧頭〉和〈控制臺〉的錄音室版本，以及萬幸僅僅簡略修改的〈謝莫斯〉與貴族小姐。

這是一趟便宜又開心的旅程。彼得・沃茲和亞倫・史戴勒斯開車載器材南下穿越歐洲。我們能安排的工作天數有限，因此沒有家人跟來觀光。即使如此，一如電影常有的情況，我們還是超出了原訂的工作日程，不得不取消一場大學演出。但重新安排的日期落在《月之暗面》發行後，因此我想主辦方其實十分樂意延期，因為這樣一來，到了演出時他們可以收四倍的票價，卻只要付我們合約上原訂的酬勞。

我們在龐貝的初秋拍攝，但依然是頗熱、不用穿襯衫的天氣。工作很辛苦，沒有外出品嚐本地料理與酒單的悠閒夜晚，不過氣氛愉快，人人埋首工作。在最後的圓形劇場場景，我們爬上山在溫泉熱氣間拍攝一些切入鏡頭，也找到短暫的機會探索龐貝。

但我們遭遇了幾個技術問題。有一個電影膠卷不曉得放到了哪裡，因此導演不得不安插一個漫長的特寫鏡頭，除了〈總有一天〉的鼓以外沒有其他畫面，因為可選用的鏡頭和攝影角度嚴重受限。

在愛丁堡藝術節（Edinburgh Festival）放映一場後，首映規畫於一九七二年秋天的彩虹劇院，但在最後一刻，場地業主蘭克影業（Rank Organisation）卻援引一項條款，禁止跟他們旗下娛樂事業「競爭」的任何活動。羅傑說這個慘劇「爛透了[98]」，我則欣賞表演籌辦人彼得・波伊爾（Peter Bowyer）的評論，他說要等背上的傷口癒合，才會考慮其他任何類似的活動。

《龐貝現場演唱會》在財務面的成績非常令人失望，尤其是在電影被《月之暗面》的聲勢掩蓋以後，因此有很長一段時間，我們都只得到非常微薄的回報。因此多年以後，當紐約的一位電影大亨在一個表演場合向羅傑打招呼，說自己靠這部電影賺進幾百萬時，他很驚訝

98 羅傑原文用字是 rank，用來當影射蘭克影業的雙關語。

羅傑沒有恭喜他，反倒是把他攆出去……我們後來得知，這部電影的許多相關文件都在一場火災中毀滅了，證實了我多年來學到的一件事：處理這類事務的辦公室都很容易發生某種程度的自燃、淹水和蝗蟲入侵，連《舊約聖經》（Old Testament）裡的先知都會感到難以置信。

在追求上流藝術這方面，我們跟羅蘭・佩提合作的運氣比較好。一九七〇年我們最初討論的是他的想法，以普魯斯特的小說《追憶似水年華》（À la recherche du temps perdu）打造一支芭蕾舞。這部長篇大作有好幾卷，詳細回憶普魯斯特的生活。我會曉得是因為我跟其他團員一起嘗試閱讀過。在我們主要的文學胃口是科幻小說的情況下，這實在不簡單。我還是寧可認為自己比其他任何人讀得多，但當然，我們誰也沒有看超過第三卷。這項計畫最終因為多重因素取消。光是閱讀就花掉太多時間，而且這個主題對我們的大部分觀眾來說過於挑戰。

但羅蘭沒有放棄我們，終於讓我們跟馬賽國立芭蕾舞團合作，儘管我們選容易的方式，沒替表演寫任何原創音樂，而是重新使用不同版本的〈小心用那把斧頭，尤金〉和〈回聲〉。〈斧頭〉的敘事線多少來自《科學怪人》（Frankenstein）。跟芭蕾舞團合作很輕鬆。我們享受在馬賽的時光，大衛流利的法語不管對舞團還是當地服務生都很實用。相對於巡演和錄音室的日常，這股文明教養的氣息可能吸引了我們內心某種知識分子的虛榮心。在芭蕾舞劇的節目單上，馬賽副市長友善地形容我們是「唱片界的百萬富豪，同時是大眾年輕人與富裕年輕人的偶像」。

這場表演我們在升降舞臺上彈奏，俯瞰在前方演出的舞者。舞團遇到一個大難題：他們是按照我們既有的錄音編排舞步，但以〈斧頭〉來說，每次現場演出的長度都不同，因為這首歌的特點就在於即興。我們必須迅速擬定一個長度固定的版本，偏偏我們數小節線的能力是出了名的差，因此任務更加艱鉅。

所幸萊斯利・史畢茲（Leslie Spitz）跟我們一起來了法國。萊斯利是切爾西區國王路上較不老實的那個路段的四柱床銷售員，同時也是個白吃白喝的專家。他最偉大的成就，是在同年稍早我們去日本巡演時在包機上弄到一個位子。似乎沒有人清楚他為什麼會在那裡，或者是誰邀請他的，但我們都太客氣，沒有問他。而就因為坐了那趟免費飛機，萊斯利被我們叫來幫忙數小節。我們發給他一疊卡片，每張上面都寫著小節編號，然後他得蹲在鋼琴底下，每過四拍就翻一張卡片。結果他的拍子根本不準，因為響亮的樂聲和輕盈的女芭蕾舞者很容易讓萊斯利分心，但也確實有幫助，而且無論如何，只要舞者停止動作，我們就知道該結束了。

結果一切居然都很成功。我想舞者很享受這齣確實不太一樣且平民主義的舞碼，他們還組了一支出奇厲害的足球隊，在排練後跟我們比賽。舞蹈總監看著那些嬌貴的腿穿著足球鞋衝來衝去，結果就捉狂了。馬賽的芭蕾音樂會過後，我們又在一九七三年一月和二月把這場表演帶到了巴黎。

這一切的餘波就是到魯道夫・紐瑞耶夫(Rudolf Nureyev)位於里奇蒙區(Richmond)[99]的家裡吃一頓非比尋常的午餐。他又想做普魯斯特了，但這次是電影的形式。在場的有芭蕾舞家紐瑞耶夫、羅蘭和導演羅曼・波蘭斯基（Roman Polanski），加上羅傑、史帝夫和我。置身這藝術品和奢華裝潢打造的濃厚異國氛圍中，我們有點不自在。那個負責接待的邪氣美少年讓我們大開眼界：他只打了一聲招呼就把我們晾在那裡，直到其他人抵達、紐瑞耶夫現身。紐瑞耶夫出場時自然是氣派十足——身上披著東方圖樣的垂墜布料。

午餐似乎包括大量紅酒和非常少許的普魯斯特。我想是有談到重啟科學怪人計畫拍成類色情片，但我對這個話題的印象有點模糊。飯後我們循花邊小報的報導風格找藉口離開，以免涉入交際花圈子（demi-monde）太深。我們再也沒有機會跟普魯斯特、科學怪人、紐瑞耶夫或波蘭斯基打交道，羅蘭倒是把這齣舞保留在舞團節目表裡一陣子，伴隨盤帶而不是現場音樂演出。

逗留馬賽期間，我們處理美國的唱片合約，在商業面有了激烈的謀略交鋒。平克佛洛伊德的第一張專輯在國會唱片的廠牌塔樓發行，這個廠牌主要經營爵士與民謠音樂，並不適合。

---

99 泰晤士河畔的高級住宅區。

國會唱片負責EMI的美國營運，隨後創立一個叫豐收（Harvest）的新廠牌，由麥爾坎・瓊斯（Malcolm Jones）主導，我們打算攜手其他英國地下樂團一起帶領這個廠牌。結果也行不通。縱使職員富有熱忱，感覺高層對我們的商業潛能缺乏真正信心，我們在美國一直賣得特別差。

史帝夫向EMI表明平克佛洛伊德不打算繼續待在國會唱片。我們提議暫緩《月之暗面》在美發行，因為我們的五年合約即將到期，我們不打算把心目中至今最棒的專輯在不夠支持我們的唱片公司裡浪費了。

史帝夫踏進EMI並強力抨擊銷售成果真的不夠好以後，連他們都明白美國出了問題。國會唱片剛上任的總裁巴斯卡・梅農（Bhaskar Menon）聽說我們的慘況，不辭辛勞飛來馬賽見我們。他的閃電拜訪讓一切改觀。巴斯卡年僅三十多歲，畢業自牛津大學和印度的杜恩公學（The Doon School）。約瑟夫・洛克伍德爵士認識他並留下深刻印象，拉拔他進EMI。日後巴斯卡自己也當上EMI的總裁。

巴斯卡說服史帝夫，說他能滿足我們在美國的需要，因此我們同意讓他發這張專輯。可惜他沒早點介入。在國會唱片、以及巴斯卡都不知情的狀況下，那年稍早我們已經放棄EMI，把新合約簽給了哥倫比亞唱片的克萊夫・戴維斯（Clive Davis），負責《月之暗面》後我們在美國所有的專輯發行。我們秉持一貫的迴避衝突作風，乾脆忘記提這件事。

一九七三年初到美國跑一趟巡演，也讓我們有機會展現亞瑟・麥克斯的燈光技術。他當學徒時表現很好。亞瑟受完建築師的養成訓練後（這一直是跟平克佛洛伊德合作的加分條件），他說發現自己連續三天在胡士托音樂節幫奇普・蒙克（Chip Monck）操作投射燈，對方是搖滾樂燈光和舞臺設計的開拓者。亞瑟加入之際，我們正要捨棄早期的燈光秀。繼續製作油彩幻燈片所能實現的有限，而且場地擴大、投影距離拉遠後，往往又有玻璃幻燈片裂開，投影機隨即燒毀，讓終曲收在燦爛凝結的一刻。

亞瑟感興趣的是舞臺燈光和投射燈的力量，而不是油彩幻燈片，他特別擅長找出利用劇場燈光的方法。我們的表演立刻獲得更多視覺創新，他是讓音樂廳現成設施發揮最大功用的專家，也能發揮其他領域的既有技術。我們跟馬賽芭蕾舞團合作的〈回聲〉版本中，亞瑟在後臺設置一套焊接工具，每晚穿戴面具和手套用真實的氬氣火花增加效果，營造我們想要的科學怪人情境。

我想亞瑟也是引入精靈升降臺（Genie tower）的關鍵人物，這是搖滾樂舞臺設計相當重要的創舉。亞瑟看過工廠用這些油壓剪式升降臺換燈泡，他改造機器的基本原理，裝載一排排投射燈。在裝臺時間不足以架設常規舞臺燈光，或者到野外用貨車平臺當舞臺時，這些升降臺是神兵利器。另一項優勢是它們還能在表演開場時升高。這段時期我們也開始用圓形螢幕背景，此後一直是我們現場表演的標準配備。

亞瑟幫我們做過最厲害的表演，有一場是一九七三年三月在無線電城音樂廳（Radio City

Music Hall）。這座音樂廳最初落成時是一席科技奇觀，舞臺升降的技術細節屬機密資訊多年，因為這項技術直接沿用自美國航空母艦的戰鬥機升降裝置。

舞臺本身包含六個區塊，各自可以升高二十英尺並往前移動。舞臺前方也有蒸汽幕，效果來自鑽滿洞的管子，噴出一片蒸汽遮蔽舞臺。這些設備讓我們得以在觀眾仍在入場之際開始表演，他們眼前是空無一物的舞臺。當演出開始，蒸汽噴發，布景和我們從後方緩緩升起，所有器材就定位，警用閃光燈裝在精靈燈光升降臺裡。不同於悲慘舊日時光的《流行之最》旋轉舞臺，這才是該有的樣子。

不幸的是，亞瑟有一個重大的缺點：他的脾氣。亞瑟終究辭職後，羅傑和我（他在團中的兩位主要聯絡人）有超過二十五年沒跟他說話。我很少遇到有誰發火這麼快又激烈。除了動不動就開除各場地聘的追蹤燈操作人員，他也會在表演期間對他們高聲狂噴垃圾話，因此散場後留下來開檢討會可能會是極不明智的事，因為要檢討的可能是他自己。亞瑟也很容易中途離開崗位。史帝夫經常在中場時間跑來，說亞瑟又把耳機和對講機摔在地上暴怒走人了。最後我們再也無法承受這種程度的不可預測性，因此由一位比較冷靜的人物——亞瑟的副手葛倫・弗萊明（Graeme Fleming）——接替。亞瑟後來成為成果斐然的電影美術指導，跟雷利・史考特（Ridley Scott）一起工作，並以《神鬼戰士》（Gladiator）奪得英國影藝學院電影獎（BAFTA）與奧斯卡提名。

《月之暗面》的發行定在一九七三年三月，我們對專輯設計很滿意。除了額外加印的海報和貼紙，主視覺也很完美。史東提出一系列想法，我們最初看見稜鏡的設計時，所有人立刻知道我們要的就是這個。可是我們沒能出席辦在倫敦天文館的媒體發表會。我們不滿意唱片公司規畫使用我們認為欠理想的音響系統。對《月之暗面》投入這麼多努力之後，我們不想用低於標準的 **PA** 系統播放給媒體聽。這次爭執可能全都歸結到經費問題，但我們拒絕讓步並錯失這席樂事。我們照舊不是音樂記者的最愛，因為團中沒人盡力去跟他們培養任何形式的關係。

於是我不得不仰賴《譜曲者》羅伊・霍林沃（Roy Hollingworth）的發表會報導。晚間八點喝過雞尾酒後，記者跟隨帶領進入天文館：「……彷彿站在一顆空心混凝土蛋內部。蛋裡擠滿人，燈光昏暗。笑聲從一個角落傳出。屁股毫無疑問被捏了一下。接著開始……密集重擊，錯落的砰砰心跳聲充塞黑暗，音量和強度一直增加到壓迫你整個身體。」

目前為止一切還好。可是過了十五分鐘，觀眾似乎漸漸失去興趣。「不少人開始閒聊並點燃香菸。接下來，當人們開始搞笑尋開心時，牆上出現了一隻兔寶寶的形狀。這是靠打火機放在一隻手後面，再用手指表演的把戲。後來我看見有隻天鵝倉皇逃跑，以及一對鴿子。接著某位有魄力的傢伙就搶走了這場光影秀，展示出一個巨大的猥褻物。」我們缺席的決定也許比我們原本所想的還睿智。

專輯熱賣，四月我們在英美各獲得一張金唱片，一切都發生得非常快。那個五月，我們在伯爵宮（Earls Court）演出完整的《月之暗面》。我們用最成熟的版本演出這首樂曲時，一切要素具足。排練次數恰好足以讓演奏到點，卻又保有新鮮感。多虧有亞瑟，燈光精采動感。投射燈照亮一架長十五英尺的飛機，在觀眾頭頂撞上電線，與〈逃跑〉裡的爆炸聲同步墜落在臺上形成火球製造額外效果。影片伴隨音樂映現，包括伊安•伊恩斯（Ian Eames）為〈時間〉做的動畫，以及我們一九七一年在澳洲初次看過的《清澈航者》衝浪片段。很遺憾這些表演都沒有錄影或錄音。

《月之暗面》究竟為什麼會這麼暢銷——而且到現在還在賣，每個人都有自己的看法。即使是密切參與專輯的人都震驚看待統計數據。舉例來說，專輯總銷量已超過三千五百萬張，據統計英國四分之一的家戶擁有某種形式的《月之暗面》。這張專輯從一九七三年起直到寫書的當下，幾乎連續占據美國的專輯暢銷榜。

我的觀點是原因並非只有一個，而是許多因素的共同作用，使成效加乘。主因是詞曲創作的實力——對任何偉大專輯都成立。《月之暗面》收錄強烈、有力量的歌。連結這些歌曲的整體概念是現代生活壓力，而這得到普世回應並持續喚起人們的想像。歌詞有深度，也有人們容易認同的共鳴點，加上清楚簡單得讓非英語母語者能懂，這必定是專輯在國際上成功的一個因素。

就音樂面的特性而言，大衛的吉他和歌聲、理克的鍵盤樂器構成平克佛洛伊德的基礎聲音。我們對音樂感到放心，既有時間成熟與醞釀，也透過現場演出漸漸演進——後來我們不得不停止在現場預演作品，因為偷帶進演唱會的錄音器材品質已經逼近錄音室水準。

助陣歌手和迪克・派瑞的薩克斯風為整張唱片更添商業光采。此外，專輯的音質走在時代尖端——承蒙亞倫・帕森斯和克里斯・湯馬斯的專業技術。這一點特別重要，因為專輯發行之際，**Hi-fi**（高傳真）立體聲設備才剛成為主流消費品，是一九七〇年代家庭不可或缺的流行配備。因此唱片買家特別在意立體聲音效，還懂得欣賞任何能夠充分發揮立體聲可能性的專輯。《月之暗面》幸運成為人們用來炫耀 **Hi-fi** 系統特性的可靠測試片。

新潮靈智的史東和小波幫這張專輯做的包裝設計俐落、簡潔，立刻吸引注意力，還有令人難忘的稜鏡圖像。設計也用到金字塔，史東認為那是稜鏡的浩瀚版本。史東有個信念，認為理想上攝影應該實拍而不是搭景，因此他出發前往開羅，帶著太太莉比（**Libby**）、嬰孩比爾（**Bill**）與新潮靈智的夥伴小波同行。拍攝當天，整組人被開羅的飯菜撂倒，只剩史東獨自半夜前往，因為滿月是這張照片的必備要素。他發現自己身處管制區，一隊背著機關槍的士兵朝他走來，嚇得他腦中浮現類似電影《午夜快車》（**Midnight Express**）裡主角被關的畫面。略施一小筆賄賂後，問題解決了，史東的緊張情緒也獲得安撫，還可以不受干擾地完成拍攝。

經手這張專輯的唱片公司（尤其是接獲梅農指令的美國國會唱片）在背後傾囊投入他們

擁有的重量級行銷力量。唱片公司一旦盡心盡力起來，就是駭人的強大組織，他們的努力無疑造就了這張專輯的成功。

最後但或許格外重要的一點是，有位音樂評論家指出這是適合做愛時放的絕佳專輯——我聽說呢，荷蘭和瑞士有些性愛俱樂部用這張專輯當他們的表演配樂。

我想《月之暗面》完工時我們全都知道這是一張非常好的專輯——以完整度來說絕對比我們過去的作品厲害許多，但我當然對它的商業潛力連一點模糊的概念都沒有，當它就這麼走紅時，我也跟其他所有人一樣訝異。

琳迪與我決定從肯頓區搬家到海格區時，我去找銀行經理申辦過渡貸款（bridging loan）100。他想知道我能提供什麼擔保品。我說：「好吧，我有一張專輯是美國的暢銷榜首。」他沒什麼反應，說他想要的是更實在一點的東西……。

100 應付短期資金需求的一種貸款形式。

做苦工
HARD LABOUR 7

7 做苦工

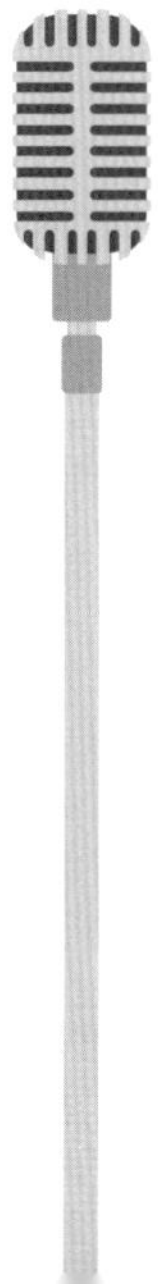

歷經過《月之暗面》的佳績，當我們又開始對付另一張專輯時，就不得不回頭面對現實了。這一次《月之暗面》著實加重了負擔，因為我們特別擔心引來抨擊，說平克佛洛伊德為了榨取這張暢銷專輯的價值乾脆再複製一張。我們確切相信發行完一張專輯，就該回到錄音室展開下一張，即使當時我們沒受限於要求每年量產一兩張專輯的合約。事實上我們沒有義務在任何時間表內交出作品。我不記得 EMI 給過什麼龐大壓力要做《月之暗面貳：瘋子回歸》（Dark Side II: The Lunatic Returns），但這或許要歸功於史帝夫的經紀才能，有辦法阻擋唱片公司發出的口頭責備與其他任何火力攻擊。

六月的美國巡演和一段愉快的暑休之後，我們在一九七三年秋天回到艾比路。休假時琳迪和我住在法國濱海阿爾卑斯省（Alpes-Maritimes）旺斯鎮（Vence）附近的一棟房屋，離羅傑日後錄製《牆》的地點萊奧斯特朗（L'Ousteroun）不遠，滾石合唱團的貝斯手比爾・懷曼（Bill Wyman）也在這附近有房子。這段日子完全不一樣：寧靜至極，而且有機會和家人一起徹底放鬆。

在艾比路，我們從一張白紙的狀態展開工作，因為《月之暗面》沒有留下樂曲片段或用不上的錄音。這次錄音期一開始非常順利。我們應該立刻有所警覺的。

初步討論拋出一個想法，嘗試不用任何樂器的聲音來做一張專輯。這似乎激進得恰到好處，於是我們展開一項名為「日用品」的計畫。如今看來，這整個概念顯得吃力得荒謬，因為現在任何聲音都能先取樣錄音再經由鍵盤播放，讓樂手彈出從狗叫聲到核彈爆炸的一切。但在一九七三年，我們花了兩個月，緩慢又費力地累積現今或許一個下午就能完成的事。然而投入的時間長度對我們不成問題，事實上反倒是福氣。我們發現這項計畫是種高超的方法，可以延後任何必要的具體創作以利可預見的未來，因為我們埋首在發出聲音的機制而非音樂創作。

我們在錄音室曾錄下的一切，幾乎都在某個時間點被某人搞到手，隨後製作成俗稱靴子腿（bootleg）的非法唱片。可是「日用品」就沒有這種唱片存在，原因很簡單：我們從來沒有做出任何真正的樂曲。投入這項計畫的所有時間都用來探索非音樂的聲音，我們曾經完成的至多是幾首暫定的打擊樂曲目。

我們用各種方式考察家中的聲音世界：透過鋸木材、敲不同大小的鐵鍾或把斧頭劈進樹幹創造打擊樂。至於低音音符，我們彈撥緇緊的橡皮筋，再降低盤帶速度來放慢得到的聲音。

好似某種成人玩耍團體，我們著手打破燈泡並觸摸紅酒杯，縱情於各種形式的玩水遊戲，包括攪動碗中的水再倒進桶子。我們拉開長段膠帶，噴氣溶膠，拔開切蛋器和紅酒塞。巡演經理亞當森印象中被派去當地五金行，找毛刷硬度不一的掃帚，並要他找到用來讓模型飛機螺旋槳獲得動力的特定種類橡皮筋。幾週過去，樂曲幾乎沒有進展。我們無法再維持假象，整個計畫悄悄塵封。

樂團的動力幾近蕩然無存，全心投入的早期階段漸漸消散。我們有些人建立了家庭，體驗到隨著年幼孩童而來的責任與分神。以我為例，我的女兒克柔伊兩歲，理克則有兩個小孩嘉拉（Gala）和傑米（Jamie）。在平克佛洛伊德的大家庭，史帝夫有兩個女兒凱蒂（Katy）和雪納（Shena）。彼得・沃茲有兩個小孩娜歐米（Naomi）與班（Ben）。羅傑還沒有小孩，但耐人尋味的是，他卻是確保我們從不外出巡演太久的人之一。離家赴美三週似乎夠久了。在路上的日程與巡演行事風格對家庭生活難有助益。在機場租一輛車還夠團員和經紀人前往旅館和演出場地，而就算只是多加一個人，都必定打破這種小團體配置，要租第二輛車、讓交通支出翻倍。

沒在路上的時候，我們愈發意識到樂團以外還有別的生活圈。我們全都跟其他樂手合作，擔任演出者或製作人。在樂手寄來的大量試聽帶裡，大衛收到一位在校女生的作品，詞曲創作和歌聲都表現出眾。他長期幫她的音樂事業打氣，回報是見證她的首張單曲〈咆哮山莊〉

（Wuthering Heights）與專輯《內心狂喜》（The Kick Inside）大獲成功：故事主角是凱特・布希（Kate Bush）。

我跟軟機器的羅伯特・懷亞特合作了一張專輯。我們跟軟機器的長久關係要回溯到圓屋劇場和地下抓狂俱樂部的時代，還有六〇年代末的美國巡演，我記得他們的主唱凱文・艾爾斯，當年在紐約切爾西區旅館房間的床邊倒立，這是他那時遵循某種健康飲食要求的消化程序。

一九七三年五月，我收到一張羅伯特寄的明信片，提議我幫他製作個人專輯。明信片寄到那天，我聽說他從窗戶跌下去，導致腰部以下癱瘓。為羅伯特募款的僅此一次慈善音樂會，當年十一月在彩虹劇院舉辦：表演由軟機器開場，接著換我們上臺，表演伯爵宮音樂會的短版，包括飛機越過觀眾頭頂降落……但這並非職業生涯毀掉的證言。

意外發生不到六個月，羅伯特就準備好再度開始工作——縱使無法打完整的鼓組，他依然能夠顧好唱歌、鍵盤和打擊樂器。他的個人專輯《最低點》（Rock Bottom）在一九七三年冬季期間錄音，地點在牛津附近維京唱片（Virgin）的旗下錄音室莊園（The Manor），這是專為搖滾樂設置的錄音室，供應住宿、輕鬆的氣氛，以及逃離預定時段限制的完全錄音自由。有隻巨大到拉不動、名叫靴子腿的大丹狗也在莊園內。接收羅伯特無窮無盡的豐富點子，是我在樂團外享有的最有收穫的音樂經驗。

這也讓我重返《流行之最》——去妝髮部門洗個頭髮、修剪一番並吹乾。因為我們除了專輯之外也製作了一張單曲，而且有點喜出望外地登上了排行榜。單曲是非正規版本的頑童合唱團（The Monkees）歌曲〈我信仰〉（I'm A Believer），並邀亨利柯樂團（Henry Cow）的弗萊德・費里斯（Fred Frith）貢獻絕妙的前衛樂風小提琴獨奏。儘管BBC不太情願讓羅伯特坐輪椅出現在螢幕上，讓這次上節目稍稍不快，但導播最後被說得羞愧讓步，後來大家都開開心心。由於原本的樂手並非全部有空，而且當然是對嘴演出，我們不得不邀來額外助陣，包括請安迪・瑟默斯（Andy Summers）彈吉他。安迪算是比較有空，因為警察樂隊（The Police）還沒成團。

一九七四年其餘的大部分日子，平克佛洛伊德都繼續拖延做出一張唱片的邪惡時刻。如同樂團曾在《好管閒事》慢慢醞釀期間發行《遺跡》，我們再次順從唱片公司的甜言蜜語並發行一張合輯。《破曉風笛手》和《不解神祕》被合成一張雙專輯《絕配》（A Nice Pair），封面集結一系列視覺的玩笑和雙關圖（史東提出一副失焦眼鏡[101]的概念一直是我個人的最愛。）

一九七四年夏天我們也去法國短期巡演，這趟行程在某種程度上也包括要為我們之前的貪念付出代價。兩年前我們幫法國汽水公司金尼（Gini）拍了一張宣傳照。照片是在摩洛哥拍的，僅供法國使用，因此我們以為這件事情已經過去了——只除了偶爾還會閃現一絲罪惡感，覺得自己怎麼會被這麼容易賺的錢吸引。此時多數樂團主要還是把巡演視為宣傳唱片、提升專輯銷

101 一副眼鏡的英文恰好跟專輯名一樣，失焦代表眼鏡有問題、並非絕配，藉此利用視覺開雙關語玩笑。

售量的方式，難得有機會從大型場館得到一些收入。宣傳通常受限於活動主辦方的預算，只能草草隨處張貼海報並安排廣播節目播幾首樂團的歌。

但我們卻忘了跟金尼的合約中還有一項條款：有別於我們相對低調的宣傳手段，條文明確指出我們這次會有一群金尼的宣傳臨演當跟班，主要組成分子是廣告公司眼中的「潮流領導者」，詳情請見英國小報第三版刊出的模特兒和公路電影《逍遙騎士》（Easy Rider）裡的摩托車手。我們活像一隻尾巴被綁上罐頭的倒楣貓，在法國不論去到哪裡，都有一群戴墨鏡、穿皮衣的可怕時尚人士尾隨，手上扛著金尼的巨大苦檸檬標誌。史帝夫花了大把時間協商，看我們究竟能跟他們保持多少距離，但即使如此，每進一座城市，我們在法國樂迷心目中辛苦贏得的可信度就隨即崩解。

整體感覺是我們的巡演人員最樂。他們不煩惱有旅伴作陪，事實上還深深感激樂團讓他們接觸到陪同巡演的模特兒群，有了她們就能排解巡演人員的苦悶時光。

九月和十月，羅傑和我企圖藉工作抹去這段記憶，為預定於秋季末起跑的巡演製作一系列影片。在早期的《月之暗面》演出中，我們使用衝浪紀錄片《清澈航者》和伊安・伊恩斯動畫片《時間》（Time）裡的片段，但現在我們想要有一整段影片，在表演期間從頭到尾播放。這部影片混雜片庫素材和專門拍攝來搭配歌曲的鏡頭，在我們兩年來首度大型英國巡演之初準備就緒，十一月初將於愛丁堡的亞瑟音樂廳（Usher Hall）揭開序幕。

曾幫其他許多樂團工作的菲爾・泰勒（Phil Taylor）加入一九七四年巡演的團隊，如今他把這描述成「混亂失序」。他在巡演排練期間報到，地點在國王十字（King's Cross）一帶的單位錄音室（Unit Studios），速食連鎖店溫比漢堡吧（Wimpy bar）在隔壁。我們在那裡寫幾首新歌，包括〈閃耀吧！你這瘋狂鑽石〉（Shine On You Crazy Diamond）和〈口沫橫飛〉（Raving And Drooling）。「排練錄音室」的定義實際上是一個空蕩蕩的大房間，可以在裡面大量製造噪音。

這是樂團的一段低潮期，但願觀眾沒意識到這種情況。天氣不算幫忙：凍雨和低雲伴隨我們從愛丁堡到威爾斯首府卡地夫（Cardiff）。儘管如此，這是我們第一次擁有資金去開發想要的舞臺表演，我們對於目前的表現、或說是自己的處理方式有許多不滿。此時我們漸漸領悟到，樂團認為是好主意的事（巡演絕不超過一個月）有一個缺點。以為期三週的巡演為例，第一週左右實際上是移動的製作排練；進入第二週，演出開始獲得一點凝聚力；再到最後一週，我們心中想回家的念頭就蓋過音樂了。

個人問題加深了我們的不滿。彼得・沃茲在擔任了七年的巡演經理後離職了。他變得愈來愈不可靠，最後甚至是徹底無法信賴。然而，由於我們四個團員彼此不完全合拍，加上沒有發號施令的明確體系，這個情況處理得很糟糕。彼得曾經在早上被一位團員開除，同天下午又被另一個團員再次聘用——這至少發生過一次。有很長一段時間，我都不曉得彼得染上嚴重毒癮。我顯然用頗天真的觀點看待巡演組員的需求。許多年後，我發現一位資深巡演人員入行的初衷並非投身音樂圈，而是為了償還他欠另一位巡演人員的毒品債。當彼得的狀況嚴重到無法繼續工作時，我們試圖拿出比對待席德更多的理解，幫彼得安排去診所接受治療。那並不是完全沒效，卻對解決核心問題幫助不大。很遺憾，彼得在一九七六年死於吸毒過量。

彼得離團後，燈光總監亞瑟・麥克斯晉升巡演經理，但造就亞瑟成為一位天才燈光設計師的緊張易怒脾氣與自大性格，導致他無法扮演團隊領導者。可是工作人員中沒有顯而易見的替代人選，他們是一群技術控和器材搬運工。亞瑟的個性給通常都很緊張混亂的氣氛又添了一絲變數。菲爾・泰勒在亞瑟最獨斷的時期認識他。亞瑟負責一切技術層面，包括他完全不懂的音效。菲爾問亞瑟：「我該做什麼？」結果亞瑟只是大吼：「別問我這個，做就對了！」還有一次亞瑟想拍攝表演，所以就用強烈的白光打滿舞臺，幾乎完全蓋掉了燈光秀。

我們也倉促雇用了一位毫無現場演唱會工作經驗的錄音室工程師，他的工作因為某些因素而變得更困難，有些基於技術性質，有些是他自己造成的。在《月之暗面》暢銷後，我們如今的演出場地比大學巡演時更上層樓，常選在回音強烈的大型市政廳，造成音響的難題，也沒有現成的地方架設音控臺。我們依據表演需求客製訂購一款功能強大的 Bereza 音控臺遲交貨，新機產生嚴重的適應問題，更不是這位工程師用過的機型。

他還犯了一個錯，就是沒有跟其他巡演人員建立融洽的關係：有天晚上，他們把一排煙火布置在新的神奇混音臺底下。當倒楣的工程師開啟混音臺開關時，爆裂物點燃了，嚇得他魂飛魄散，以為自己把這架全新設備炸成了碎片……此時他身上已經被貼了天生好欺負的標籤，隨團巡演的時日也不長了。經過三場演出，我們覺得有必要用布萊恩・漢弗瑞斯換掉這位不幸的錄音師。我們跟布萊恩在派錄音室初識，當時是去錄舒瑞德的電影《冬日的葬禮》配樂。布萊恩幫一個廣播電臺來側錄演出，他的工作結束時，我們把他猛拽出 BBC 的廂型車並安置到音控臺後方。他跟樂團和工作人員都熟，加上他在錄音室、以及隨交通樂團（Traffic）巡演的經驗，終於給我們音質能達標的信心。不過我們表現出有別於以往的審慎態度，請克里斯・湯馬斯坐在旁邊評估布萊恩。布萊恩要不是展現自己能夠應付壓力，就是沒注意到克里斯在那裡。

作為一個樂團，我們對於必要的投入也明顯缺乏熱忱。例如，相較於改善演出，我們似乎對預訂壁球場更感興趣。因此我們的演出在技術面與音樂面都是時好時壞（偶爾甚至糟糕至極）。兩位合音歌手卡萊納・威廉斯（Carlena Williams）和薇奈塔・費爾茲（Venetta Fields）是例外，他們總是演出精采、容光煥發，只要團員開始爭吵或生悶氣，他們就去睡覺。

經過一九七三年五月在伯爵宮一切完美的演出後，巡演期間遇到的問題使我們的挫折感更深，更加覺得我們想要的方向好像全都不太一樣。我們無可避免地遭到某些音樂媒體責難，尤其是《新音樂快遞》週刊的尼克・肯特（Nick Kent），他也是席德・巴瑞特的狂熱擁護者，批評起來口無遮攔。問題在於我們承認他的有些批評屬實，事實上，他的評論可能產生了一點影響，使我們重新團結起來。

我想我應該可以說，我們已經瀕臨解散了。史帝夫始終堅稱，每位團員各自都曾在某個時間點找過他發洩不滿，甚至威脅離團。羅傑絕對看得出來有更容易的途徑能達成他的目標，大衛也在思考替代方案。就連擅長反覆思量的理克都已到了極限……我以為我會撐下去，收拾殘局，並在離去時解放打字機。

最後我們還是逼了自己進入某種正常工作的假象。十一月中我們在溫布利區帝國游泳池（Empire Pool）[102] 舉辦四場演出，敲定由布萊恩擔任現場混音師。安迪・貝瑞薩（Andy Bereza）有他最新設計的神奇音控臺可使用。亞瑟・麥克斯重回他的天生管區燈光控臺，PA 團隊的羅比・威廉斯和米克・克魯辛斯基（Mick Kluczynski）則升職擔任巡演經理。與此同時，團員充分討論後做出一些建設性決策，並解決同臺演奏的問題。但我們還是很高興聖誕節終於到了，巡演在布里斯托畫下句點。尾聲是我再度成交一筆二手買賣，相當囂張地開到旅館——這次是一輛法拉利 265 GTB 四輪驅動跑車。隔天為了發動那輛法拉利，我花了大半個早上換火星塞，隨後又是一趟地獄之旅，連帶勾起那輛賓利的回憶，因為我就算是把煞車踩到腳快要抽筋，也還是沒有什麼減速的跡象。

一九七五年一月我們確實有重回錄音室工作。這一點都不容易。多軌錄音放大的孤立感造

102 即享有盛名的溫布利體育場（Wembley Arena）。

成氣氛顯著改變，整個過程拉得更長且耗費更多精力。從我的觀點來看，鼓的部分結構變得更嚴謹，必須練得更仔細，早期我可以比較貼近隨著現場演出漸漸成形的編曲。把每種鼓分別錄進不同的音軌，代表還需要更長的時間來獲得成果。這是錄音科技整體進展的必經之路，但對於我們不再是共同演奏的樂團這檔事毫無幫助。

布萊恩完成巡演的工作後，我們找他來當錄音師。把一位非EMI錄音師引進艾比路，無論對誰來說都依然極不尋常。布萊恩在弄熟系統時遇到一些適應問題，有次他意外讓伴唱音軌填滿回音且無法恢復原狀，而那可是羅傑與我花了好幾個小時修修改改的音軌。

我們之間存在著些許細小的差異，單獨看都沒什麼大不了，卻足以導致錄音室的時光比往常消極許多。守時成了一個問題。如果我們之中有兩人準時、其他人晚到，我們通常就會逮住機會大發脾氣。隔天角色很可能就互換了。沒有人能免於責難。

前一張專輯的成功也帶來了它的黑暗面。我們全都稍稍更加意識到每位團員貢獻多少，以及如何掛名（牽涉到收益分配）。現在涉及的錢更多了。彼得・巴恩斯指點我們重新規畫發行層面，樂團在一九七三年成立平克佛洛伊德音樂發行公司（Pink Floyd Music Publishing）。樂團擁有自己的發行公司依然不常見——連披頭四都只擁有北方歌謠公司（Northern Songs）的部分股權。這也讓我們得以直接向海外合作夥伴收款。發現EMI過去三年忘記索討的海外收入總額是六位數時，這項決定言之成理。

《月之暗面》的專輯銷售版稅開始流入，儘管過程是漸進的。琳迪和我升級了我們的住屋，從肯頓區搬去海格區。但我們仍舊相對缺乏財物的事實，從一輛 Transit 廂型車和一位巡演人員就能協助我們搬完家得到證明——不需要出動一整列搬家卡車。由於我們四個人都換了更大的房子，因此得以藉助一群富有創意設計師、木匠和工匠的技能，他們不僅出力整修房子，也漸漸參與我們的表演工作。我也終於能抒發對賽車的熱情，與 Aston Martin 汽車的專家德瑞克·愛德華茲（Derrick Edwards）共同創立汽車保養維修生意。

雖然有一些問題，但此時我們確實已經有了一首曲子，是從一九七四年的某次排練時發想的〈閃耀吧！你這瘋狂鑽石〉，並在那年的排練與演出期間持續發展。羅傑按照大衛淒美哀婉的吉他主旋律填詞後，這首歌成為秋季英國巡演的要角，跟羅傑的另外兩首歌〈口沫橫飛〉、〈你一定是瘋了〉（You've Gotta Be Crazy）一起揭開上半場的序幕。我們已經決定不再細修那兩首歌，但這次暫且不顧——羅傑想好的專輯整體概念是「缺席」，顯然這兩首歌與概念不合。

新專輯第一首曲目〈閃耀吧！你這瘋狂鑽石〉的前奏包含了「日用品」錄音期間的僅存遺跡：我們使出慣用的派對伎倆，往紅酒杯倒進高低不一的水，再用指頭沿杯緣移動，讓每杯水創造出一種音高。這些聲音錄進十六軌盤帶後混成和弦，如此一來，每個推桿各控制一個和弦。事實是儘管我們沒用上這些聲音，日後發明一種叫玻璃琴的樂器，正是利用鍵盤來控制轉動的玻璃板做出相同音效。

一九七五年四月我們暫停這些新歌的錄音室作業，去美國巡演了一趟。有些教訓已經汲取——我們的舞臺演出得到更專業的投入襄助。以往我們的特效是想像力與煙火藝術新手的危險結合。早期在底特律科博廳（Cobo Hall）的一場音樂會，由於過度熱中於應用閃光粉，加上舞臺配重鑄件裡有一個氣墊包材，險些在一次爆炸中終結我們的職業生涯。〈小心用那把斧頭〉演奏到高潮時，出現的並非我們預期中的隆隆聲和閃光，而是大規模爆炸，炸飛了臺上幾乎所有喇叭的振膜，讓剩下的演出聽起來頗單薄。碎片驚人飛越空中，擊中至少一位觀眾，所幸他拒絕就醫並收下一件T恤當作傷害補償。我們的巡演經理克里斯・亞當森憶述，那次爆炸把羅傑的貝斯音箱轟飛到舞臺後方十排遠的空座位，隔天巡演組員花了一整天才趕在下一場演出前重接好所有的音箱。

另一次在波士頓花園體育場（Boston Garden）的音樂會，一隊消防員駐守在場館周圍，防止我們未經授權燃放煙火。演出時間到了，放眼望去無火無燄。事實上煙火全都藏在盒子裡，等著巡演人員各自拋下天真偽裝，依照戰略狂奔去引爆某盒火藥。消防隊漸漸察覺這項策略，但巡演組員搶先一步。當一位衝出去的組員被強壯消防員以橄欖球式擒抱制服時，另一邊的爆炸顯示這是轉移注意力的詭計。全憑巡演經理的愛爾蘭姓氏和他在波士頓的人脈，我們才沒有被統統關起來。

不過一九七五年的美國巡演我們有幸邀得德瑞克・梅丁斯（Derek Meddings）效力，這位特效老手扛起詹姆士龐德電影史上最佳的幾個爆破場面。能見識到德瑞克的專業知識無比寶貴。他的龐德人脈讓我們有了更多權威來面對消防員：他們知道我們曉得自己在做什麼。他的參與也凸顯出巡演組員的嫻熟與專業更上層樓。

我們在五月和六月重回錄音室繼續製作《願你在此》。我們聽說爵士樂小提琴家史帝芬・葛雷佩里（Stephane Grappelli）和古典樂小提琴家葉胡迪・梅努因（Yehudi Menuhin）來到艾比路，正在樓下錄音，有人提議介紹我們認識。邀請他們演奏似乎是順理成章的念頭。我們認為他們或許有料可以加入專題同名曲，基本上不插電樂器似乎是最適合的途徑。兩人接獲邀請都很樂意，史帝芬主動請纓接下挑戰。葉胡迪寧可站著聽史帝芬百轉千迴的爵士小提琴。這僅僅是一次嘗試，我們沒有把任何一段錄進保留的兩軌，反倒只是錄在多軌，一待我們決定不該加入小提琴，就可以把音軌挪作他用。

留下長久印記的友情客串人物是羅伊・哈波。羅伊延續偉大英國異類的傳統，揉合詩人與吟遊詩人的身分。他屬於彼得和安德魯的黑山丘那夥人，也同為EMI旗下藝人，正在艾比路錄他的專輯《HQ》。我們在定奪怎麼唱〈抽根雪茄吧〉（Have A Cigar）時遇到問題。羅傑不滿意自己的歌聲表現。理克和我覺得大衛該唱這首歌，但他也不確定自己能唱好。羅伊現身控制室打招呼（我們偶爾在錄音期間互訪），他主動提議唱一段。當時這似乎是個好對策，儘管我想事後羅傑特別後悔沒獻聲，尤其當他愈來愈覺得唱自己寫的歌很重要。

在艾比路錄音時，我們在六月五日這天有了一位完全出乎意料的訪客。我從錄音間晃進控制室，看到一個剃光頭的高胖傢伙，身穿破舊不堪的棕色雨衣。他手提塑膠購物袋，臉上神情相當和善卻空茫。一般來說他的外表沒辦法通過錄音室櫃檯，所以我推斷他一定是某位錄音師的朋友。最後大衛問我知不知道他是誰。即便到那時候我還是沒認出他，要靠別人告訴我。那是席德。事隔二十多年，我依然記得當時那一陣錯亂感。

他的體型變化嚇壞了我。我腦海中依然有七年前最後一次見到他時的影像，體重少了八十四英磅，有一頭深色卷髮，個性熱力四射。我回憶中的席德不太是一九六八年離團時深陷毒癮的他，比較是席德從劍橋南下倫敦時我們認識的那個人，彈一把與眾不同貼滿反光圓點的 **Fender Esquire** 電吉他，整衣櫃都是設計師蒂亞・波特（Thea Porter）的襯衫，身邊有漂亮的金髮女友相隨。

此時的他看起來根本不像是有什麼朋友的人。他講起話來心不在焉，也不是每句都言之成理，儘管老實說我不認為我們之中有誰特別善於表達。他為什麼會在那裡，我毫無概念。他沒受邀，從他一九六八年離團後我就沒見過他，雖說一九七〇年羅傑、理克和大衛曾參與過席德的兩張個人專輯——羅傑和大衛做《無禮嘲笑》（The Madcap Laughs），大衛和理克做《巴瑞特》。席德仍然住在倫敦（某段時期他住希爾頓酒店的一間套房），顯然他聽說了我們會在艾比路錄音。他意外唐突現身，讓樂團找回了一大部分生命力。其中一種感受是罪惡感。席德落到現在的處境我們全都有份，無論是透過否認、缺乏責任感、冷漠，還是徹底的自私。

在路上遇到席德會讓人不安，但毫無預警地在錄音室見到他，卻是格外地讓人驚恐。這不是隨便一個錄音間，而是艾比路的三號錄音間，是他大多數最精采作品的誕生地，一度曾是他的地盤，不輸給任何人，這個事實平添更多酸楚。很容易聯想到彼得潘重返舊地，發現房屋依舊，人事已非。他是否預期見到七年前的我們，準備好再度跟他展開合作？

我們試圖繼續錄音，重新播放我們正在做的歌。傳說碰巧是〈閃耀吧！你這瘋狂鑽石〉——最受席德的存在（或缺席）影響的一首曲目，然而我不確定實際是哪首歌。可是他來讓我們全都有點受到干擾。席德聆聽回放，有人問他感想。我不記得他有發表任何特別的意見，但有人提議再播一次時，席德問說既然我們才剛聽過幹嘛要重播……。

席德來訪那天，巡演助理菲爾・泰勒也在場。他在艾比路的餐廳跟大衛和席德同坐一桌。大衛問席德有什麼打算。「嗯，」席德說，「我有一臺彩色電視機，還有冰箱。我冰箱裡有一些豬排，但豬排一直壞掉，所以我只好一直買新的。」隨後菲爾從錄音室開車離去，看見席德在找便車搭，但他不確定自己是否有辦法跟席德談話，於是在經過時低下頭來。

撇開席德在那個時間點出現在那個環境的怪誕感不談，我們應該承認他的出現是那首歌的催化劑。歌詞已經寫好了，但席德來訪強調了內容的憂傷，或許也影響了這首歌的最終版本。我依然覺得這整張專輯最動人的時刻是在最後幾個音符漸弱，理克用高音自由彈奏一段傷感的樂句，出處是〈看艾蜜莉玩耍〉。

《月之暗面》創下佳績後，我們得以跟史東和新潮靈智實行一些更精心設計的點子。史東提出四、五個與專輯主題相關的想法，包括男人在沙中游泳、潛入冰層、燃燒的商人和飛舞的面紗。結果與其被迫選出一種概念，我們決定全部採用。

錄音完成後，我們把注意力轉向現場表演。我們決定聘一位導演拍攝更多後方投影的特定素材，跟匈牙利導演彼得・米達克（Peter Medak）簽約合作，他過去的電影作品包括《喬艾格死的那天》（A Day In The Death Of Joe Egg）和《統治階級》（The Ruling Class）。米達克重新拍攝〈金錢〉和〈逃跑〉。聘用專業電影導演反映出我們想提高水準的渴望，沿用相同邏輯，我們邀請插畫家傑若・史考夫（Gerald Scarfe）來創作動畫。

我們一開始是透過小傑的妻舅彼得・艾雪認識他的。我們從六〇年代就認識彼得，當時他是彼得與戈登二重唱（Peter and Gordon）的成員，憑〈歌黛娃夫人〉（Lady Godiva）和〈無愛的世界〉（A World Without Love）在美國走紅。我們向彼得請益時他總是樂於相助，即使我們沒有聽從他的建議。他結束自己的表演事業後，他成為一位非常成功的經紀人，帶的歌手有詹姆斯・泰勒（James Taylor）和琳達・朗斯黛（Linda Ronstadt）。

我看過小傑幫 BBC 做的一部美妙手繪上色動畫，名叫《漫長的旅行》（Long Drawn-Out Trip）。我們在開發影片的新點子時，我立刻想起他。小傑是個很有教養的人，對政治和生活都有明確的看法，且擁有跟我們一拍即合的黑色幽默，因此我們很快就建立良好的工作關係。他創作的動畫影像和片段中，有一幅是人影被風侵蝕，另一幅是超現實的犰狳狀怪獸，兩幅都搭配〈歡迎進入樂界機器〉（Welcome To The Machine）。和德瑞克・梅丁斯一樣，小傑的參與也證明了商業上的成功給了我們機會，可以跟各領域最棒的人合作。

一九七五年六月，樂團重回美國巡演。我們嘗試融入更多更繁複的特效。其中，充氣金字塔或許是我們最壯觀的災難。羅傑憑藉英國納稅人慷慨資助的建築教育，設計了有充氣屋頂的金字塔形舞臺，一舉解決了我們需要的舞臺尺寸與天氣防護等所有問題。我們稱讚他的眼光，心想這舞臺看起來一定很棒。更妙的是，在演出的高潮時分，繫在繩索末端的金字塔將優雅地升空，取悅底下的大批觀眾。羅傑的設計在四個邊角要有四根柱子，高四十英尺，底部面積約六百平方英尺（跟一棟像樣的房屋差不多），整體高度八十英尺，氦氣量足以充飽一架齊柏林飛船。哪怕只是最微弱的一絲風，都能讓整個結構劇烈搖晃，堪比倫敦千禧橋初開通時共振的模樣。

第一場演出在亞特蘭大，當地風力超過安全係數，足以讓整座舞臺垮掉。我們努力嘗試彌補問題，在一系列室內演出期間把整座設備送去維修並重新設計。但受到壞天氣阻撓，加上氦氣運輸不易，以及連日強風，兩週後抵達匹茲堡時，我們終於叫人割斷繩索、放飛那東西——如同小說人物上校霍恩布洛爾（Hornblower）面對失控主帆時那樣。

那個裝置在升空幾百英尺之後翻轉，讓頂端的氣球像一滴淚珠般穿過底部露出來。「我的老天，它要生了，」一個嗑了藥的美國人在氣球出現時大喊。當然，此時它的浮力已經不足，因此當淚滴飛往平流層時，世界上最大的一條溼毛毯就這樣很不優雅地掉進了停車場，被一群紀念品獵人撕成了碎片。演唱會結束後，我們得以走到舞臺前，跳下來，悠哉悠哉地散步回到附近的飯店。這讓我們認清一個事實：我們的金字塔比我們自己更有辨識度，而這也正合我們的心意。

巡演的規模愈變愈大，有一個小歸小卻代表性十足的線索是工作人員的早餐份量。有天早餐送來時我剛好在巡演組員的一個房間內。當時是演唱會結束的凌晨兩點鐘，這很怪，但讓我印象深刻的是餐點包山包海。這頓早餐的用意顯然是要讓人在接下來二十四小時內不再吃東西。牛排、蛋、培根、香腸、薯餅、煎餅、瑪芬、麥片、法國土司加糖漿。再以果汁、咖啡和多種烈酒收尾。

我們自己對舞臺特效的胃口也一樣太大，而且一直到北美巡演的最後一站加拿大都是如此——在我們長久合作的美國經紀人亞倫・弗瑞（Alan Frey）鼓勵下，有位興奮過頭的巡演助理判定，清理剩餘炸藥最簡單的方式就是把它們接在明亮的場館計分板上引爆。爆炸極具破壞力。計分板冒出煙和火焰，並顯示雙方都進球一千次。我們不只得賠償計分板，還有附近住家的一大堆玻璃。所幸我們趕緊告退，在被當地人找到之前離開。

接著我們依照一個瘋狂至極的行程表，匆匆回到英國，趕赴克奈沃斯村（Knebworth）一場技術難度很高的演出。時間太短，我們太疲憊。有部分問題是發電機不穩定。到了下午，情況已經很清楚：理克的電子琴全都需要重新調音。但我們還是忽視了這件事的重要性。當夜色降臨，我們的舞臺燈光亮起時，理克的每一架琴都一起變了調。聽起來糟透了。每次主聲道調高音量，鍵盤都明顯走音。臺下的菲爾・泰勒、羅比・威廉斯和發電機公司的技師奮力搖動發電機的把手，試圖控制損害。這一幕神似潛艦電影《從海底出擊》（Das Boot）。菲爾記得他們付出的努力「英勇卻毫無希望」，因為琴聲持續在升半音與降半音之間擺盪。

理克一度絕望走開，我們只用一架鋼琴和一臺比較不敏感的電子琴勉強撐完演出，燈光表演也比較收斂。不過，雖然我們痛苦地意識到臺上臺下的技術問題，我們還是用一個很棒的效果讓觀眾分了心——這次我們不像往常一樣用模型飛機，而是成功調來了兩架真正的噴火戰鬥機，在開場時低空飛越人群。

氣球升空

THE BALLOON GOES UP

8

8

氣球升空

也許是受到克奈沃斯村恢宏盛況的影響，這段期間我們著手打造小型的帝國大廈。我們購置不列顛街（Britannia Row）三十五號的房屋，離伊斯林頓區的艾塞克斯路（Essex Road）不遠。不列顛街是一排三層樓高的教堂建物，我們在適當時間開始把它改造成錄音室和倉儲設施，好容納不斷增加的舞臺設備。我們並非不滿意艾比路，可是我們花那麼多時間待在錄音室，似乎值得打造一個能夠客製樂團需求的環境。樂團自行搭建錄音室也是這段時期的風潮：彼得・湯森有埃爾派島錄音室（Eel Pie Studios），奇想樂團有敲昏錄音室（Konk Studios）。

原本我們跟EMI達成協議，樂團拿少一點版稅，交換無上限的艾比路錄音室使用時間。這個條款失效後，我們意識到可能要開始負擔暴增的錄音室開銷。我們用某種方式說服自己，不列顛街會是省錢的一步。儘管它涉及可觀的資本支出，但說真的，我們應該夢想過要有一個成功的商業錄音室。

當時只有羅傑和我是倫敦在地團員——大衛依然住在倫敦北邊的艾塞克斯郡羅伊登村附近，理克則搬去了劍橋南邊的羅伊斯頓鎮（Royston）。所以說，地點位於倫敦郵遞區號N1一帶的不列顛街，對大衛和理克還算便利，對我是相當便利（我住在西北邊幾英里的海格區），對羅傑則是近得不得了，他在伊斯林頓區的家距離這裡只有幾百碼。他跟茱蒂的婚姻結束後，他很快就搬到了倫敦西南區，這才變得不便。

在我們買的三層樓寓中，一樓要當錄音室。這代表主要倉儲設施不得不在樓上，也就必須安裝吊車系統把大量設備吊上吊下，加上一輛堆高機在街道與不設防的暗門間危險地晃來晃去。頂樓變成辦公室和撞球桌的地盤，那是羅傑堅持一定要的第一批設備。這幫助他度過錄音期間比較悶的時刻。此後無論他在哪裡錄音，撞球桌都經常現身。要是他厭倦了綠色檯面的吸引力，他可以用錄音室管理員供應的大餐餵飽自己。管理員是我們前巡演人員柏尼（Bernie）的父親亞伯特・寇德（Albert Caulder），他發明了一款大方鋪滿蒜片的美妙漢堡。

我們對不列顛街的總體規畫是輕鬆成為音樂器材租用界的天王，假設其他樂團會很想租借我們的設備。很遺憾，他們大多不需要我們堅持為表演打造的整套齊全設備，大部分的燈光升降臺和四聲道混音器都靜靜擺在倉庫底部，直到它們就像忠心卻老去的家庭寵物，輕輕去往更好的世界。隨著時間過去，其他人一個接一個悄悄退出這塊事業的租借面與房產面，直到我發現自己是唯一僅存的股東。所幸在一九八六年，經紀團隊的布萊恩・葛蘭特（Brian Grant）和威廉斯接管。上一次聽說時，這個地方生意興隆，而且還把平克佛洛伊德列為客戶。

如果說設備租賃公司後來變成我們自找的沉重負擔，相比之下，錄音室設施則有趣得多。我們請攝政街理工學院的老朋友強・柯爾波來設計錄音室。強的設計圖包括在結構體採用一種稱為利能吸（lignacite）的煤渣磚。利能吸由木屑、砂石和水泥構成，聲音反射遠遠比磚頭低，這代表我們可以用利能吸鋪設錄音室的最表層，而不是時下裝潢愛用的松木、瘋狂鋪裝和地毯的詭異組合。

充分理解音響效果的任何缺陷都能在事後用墊子和柔軟材料抵消之後，我們打算建造一副骨架。我們挖空一樓，好在既有建物的框架內裝進一整個磚造結構。這副錄音室結構騰浮在橡膠隔墊上，底部另架水泥板。為了避免鄰居必然申請的噪音禁令，並阻攔緩緩駛過附近新北路的卡車和巴士隆隆聲，這是必要措施。就跟多數錄音室一樣，我們接到的抱怨，似乎更多是關於疲憊又情緒化的人深夜成群踏出此地，而不是噪音溢出精心打造的地牢。

我們也想設計一間任何團員都能自行使用的錄音室，無需專業錄音師或盤帶錄音技師在場協助。這代表設計一套夠簡單的系統，讓受邀樂手可以找到他們的耳機插孔，不需要派一位助理去指出相關位置。效果好得出奇。一切都使用外行人的用語清楚標示：耳機插孔就叫「耳機」，而不是大型商業錄音室慣用的難以辨認的代碼。

我們決定避免任何過度的門面裝潢，讓這地方擁有一種時髦的素樸感。這也是我們的天生傾向——羅傑、強與我在建築系學生時代做的佩斯塔洛齊（Pestalozzi）院長之家設計案，看起來陰冷到沒有一個腦筋正常的人會想住進去。據說羅傑第一次看見不列顛街的最後成果時，說：「這看起來像一間該死的牢房」。「我猜這樣很合適……。」室內沒有自然光，只要待上幾個小時，這地方就可能散發出核彈地下避難掩體的陰鬱和幽閉特質——但顯然更加壓迫，尤其是那狹小的控制室，空間極度狹窄，座位緊貼著後牆排列，十分不舒適，可能是想勸退訪客。在當時，錄音間依然是整個錄製過程中最重要的活動場域。時至今日，電子樂器和取樣機都能直接跟音控臺連接，樂團傾向把大部分時間花在控制室，導致大錄音間遭到淘汰，大控制室則成為必要。

一九七五年大半在施工，不過到了年底，我們已經可以透過幾項工作測試設備，一個是跟羅伯特・懷亞特合作錄製麥可・曼德（Mike Mander）的幾首歌。我們有美國廠牌 MCI 的音控臺和二十四軌盤帶機，雖然不是市面上最貴，卻屬專業等級。一九七六年我們在這裡錄專輯《動物》（Animals）。雖然樂團自建錄音室可能讓人有機會自我放縱一番，但不列顛街所代表的卻是一種更簡約、也許甚至是吝嗇的態度。

布萊恩・漢弗瑞斯負責錄音。雖然他參與過我們的電影配樂、現場演出和專輯《願你在此》工作，不列顛街令人窒息的狹小空間，加上巡演生活的影響，似乎對他造成特別的傷害。

隨著專輯進展，他開始表現出心神耗損的跡象。讓情況雪上加霜的是，布萊恩從未完全明白，置身一個以中間偏左著稱的樂團裡，把他稍偏右翼的觀點藏在自己心裡會比較明智，尤其是在羅傑聽得見的時候。基於某些緣故，工作時他總拿著一把爛到不行的小撣子清理音控臺的汙痕，那成了他的精神安慰。錄完音之後，羅傑把它裱框送給了布萊恩。

《動物》專輯中有許多素材都來自羅傑原先寫好的歌。〈狗〉（Dogs）甚至在《願你在此》發片前就表演過，在一九七四年秋季的英國巡演，當時曲名叫〈你一定是瘋了〉。〈羊〉（Sheep）的某些元素則跟〈口沫橫飛〉在同一趟巡演亮相過。因此這些音樂醞釀了一年多，且於巡演期間獲益，在觀眾面前琢磨過。

錄音後段，羅傑寫了以〈飛天豬〉（Pigs On The Wing）為名的兩首歌當作專輯的開場與結尾，用意是讓專輯的整體狀態更見更迭，並加強動物的概念。多餘的副作用是引發版稅分配的問題（基於歌曲數量而非長度），因為羅傑多了兩首歌，此外還代表羅傑與大衛合寫的較長曲目〈狗〉沒能拆成兩首、反倒保留成單一首歌。事實證明，日後引發爭議的正是這類問題。

隨著巡演逼近，我們一直在討論是否要在巡演期間增加團員，多用一位吉他手來彈奏大衛在錄音室疊錄的一些曲目。史帝夫邀了一位名叫史諾伊・懷特（Snowy White）的吉他手來見我們。史諾伊跟前佛利伍麥克樂團的吉他手彼得・葛寧（Peter Green）和造反倫敦佬樂團（Cockney

Rebel）合作過，他剛隨艾爾・史都華（Al Stewart）結束美國巡演，就接到史帝夫嘗試聯絡的訊息。把史諾伊推薦給史帝夫的人是凱特・布希的經紀人希拉蕊・沃克（Hilary Walker）。

史諾伊回憶，自己在一個尷尬的時間點來到控制室。當時布萊恩去休息，羅傑和我接手錄音師的工作，並成功刪掉了大衛剛彈完的吉他獨奏。這是我見識羅傑擺老鳥架子的絕佳時刻……大衛草草面試了史諾伊（「你若不能彈就不會在這裡了，對吧？」）。之後換羅傑（「既然都來了，不如彈點什麼吧」），他讓史諾伊試彈〈飛天豬〉的獨奏，當曲子在專輯成品一分為二後，獨奏的部分就顯得多餘。不過整首歌（包含史諾伊的獨奏）出現在八軌匣式錄音帶版本後，他就有了安慰，也獲得特定少數購入者的讚賞。後來史諾伊在《動物》巡演現身，每晚登臺彈〈羊〉的貝斯前奏為表演開場，讓前排的觀眾十分困惑，想辨認這個人物是平克四樂團[103]裡頭的哪一個，因為完全沒有節目單或公告介紹他出場。

在我對這段時期的印象中，錄這張專輯時我比《願你在此》好過。團隊忠誠度有些恢復，可能因為我們覺得不列顛街是自身的責任，所以更熱切想讓錄音室和專輯錄製成功。由於這地方屬於樂團，我們真的可以想在錄音室待多久就待多久，打無限多局司諾克或花式撞球也不會有額外開銷。

103 作者用披頭四的花名 Fab Four 來開自己玩笑，取諧音自稱 Fab Floyd。

跟我們某些早期作品相比，《動物》可說是一張相當直來直往的專輯。我的看法是在結構上，《動物》沒有《月之暗面》或《願你在此》複雜。錄好每首歌之後，組合成一張專輯似乎是相對容易的過程，但也可能是我們做起來比較快了。老實說我對錄音過程沒什麼特別深刻的記憶，這跟地點在不列顛街有關係。

有些樂評認為《動物》的音樂比我們做過的任何專輯來得粗厲難入耳。可能造成這種情況的原因很多。錄音室必定存在某種工匠般的氣氛。我們以往錄音時就不鼓勵源源不絕的訪客，但在不列顛街，空間不足代表控制室真的只能容納工作人員。

任何偏向粗硬的腔調也可能是一種潛意識的反應，針對「恐龍搖滾」的指控，這個標籤經常被扔向齊柏林飛船、艾默生、雷克與帕瑪樂團（Emerson, Lake & Palmer）和我們。我們全都知道龐克音樂興起——就算是不聽音樂的人，也不可能沒發現性手槍樂團（Sex Pistols）忽然成了媒體焦點。為了避免我們關在不列顛街地下避難所裡，錯失了這股潮流，性手槍的主唱強尼・羅頓（Johnny Rotten）好心穿上了一件特別風情萬種的「我恨平克佛洛伊德」T恤。

龐克樂或許也是對唱片公司的一種回應，因為唱片公司決定專注在自己眼中保證賺錢的團，不願冒險開創新局——反觀一九六〇年代，他們可是願意簽下任何長毛的傢伙，哪怕是一條牧羊犬都行。近三十年後的今日，同樣的情況再次重演。如果有家唱片公司砸了大錢在著名藝人身上，那麼這筆投資八成都能賺回來；但同樣一筆錢若是投給十幾個新樂團，結果卻可能血本無歸。從財務的角度來說，這完全可以理解，但這麼做是無法培植新秀的。龐克音樂傳遞的訊息之一是你只要花三十英鎊加上一點零錢就可以做出唱片。雖然我們能理解這種看法，但對龐克世代而言，我們跟他們卻不是站在同一邊。「當然，你不會希望世界上只有恐龍，」我當時說，「但讓其中幾隻恐龍活下來是何等美事。」

不列顛街絕對不是什麼冬宮，但在龐克運動的關頭，我們卻站在一場文化革命錯誤的那一邊，正如一九六六和一九六七年的地下運動年代，我們曾經站在對的那一邊。十年的週期已經到了頭，日後也勢必再次輪轉。昔日歡樂無憂的酷嬉皮，如今已是疲憊焦慮的父母，抱怨《流行偶像》（Pop Idol）很乏味、《流行之最》的歌詞不知所云。他們終究發現自己變成了自己父母的翻版——儘管此時，他們至少有痛苦地體認到其中的諷刺之處……。

《動物》發行一年左右之後，我接到版權代理巴恩斯的電話。他想知道我願不願意在不列顛街幫詛咒樂團（The Damned）製作專輯。我不認為自己是首選。他們真正想要的製作人是席德，那會是件大事，但不切實際。我可能比他們更享受這次經驗。很遺憾，當時他們團內對音樂的意見嚴重分歧，因此關於他們的目標，訊息也是充滿矛盾。

詛咒樂團裡有各種新奇的觀點。鼓手鼠輩疥瘡（Rat Scabies）和吉他手明理上尉（Captain Sensible）的信念屬於龐克派，但在兩人之中，我覺得上尉更加令人驚豔。鼠輩或許會一時興起帶頭玩有趣的點子，不過上尉會預先投入較多時間，悉心兜攏極具發展潛力的素材。主唱大衛・凡尼恩（Dave Vanian）是歌德派，另一位吉他手布萊恩・詹姆斯（Brian James）似乎想把樂團推往新的音樂領域。上尉不接受這種哲學改變，用 Glissando 滑弦指法彈某段貝斯的提議遭到他斷然拒絕，多錄幾次的想法則被視為異端邪說。我們做完專輯，並利用平克佛洛伊德架設麥克風的時間完成混音。

前 BBC 錄音師尼克・格里費斯（Nick Griffiths）在《動物》快錄完時加入我們，詛咒樂團的錄音過程由他負責。在尼克印象中，有一個他們團的人逕自在昂貴的利能吸牆面上寫滿文字。唯一的解決方法是費力地磨掉塗鴉。連團員都覺得尷尬，而雖然不太可能看到鼠輩疥瘡和明理上尉戴上橡膠手套，但他們鐵定有下令刷掉塗鴉。

一九七六年十二月，《動物》的錄製與混音完成，專輯封面的作業展開。新潮靈智提出了三個點子，結果就這麼僅此一次地，全都沒有獲得青睞。因此封面來自羅傑的一個概念，由史東執行，以即將除役的巴特西發電廠（Battersea Power Station）為基礎。它立於泰晤士河畔，是個奇特的未來願景。電廠在一九三〇年代落成，由賈爾斯・吉伯特・史考特爵士（Sir Giles Gilbert Scott）設計——他也設計了英國代表性的紅色電話亭，現今同樣遭到汰換。事實上這座建築物包含兩棟相連的電廠，是一九五三年興建的第二棟，以四根高聳煙囪構成倫敦的天際線。當時羅傑住在布洛克艾許路（Broxash Road），離克拉芬公園（Clapham Common）不遠，基本上天天開車穿越倫敦來伊斯林頓區的錄音室。這條路線帶他經過森然的發電廠煙囪，為封面採用的概念埋下種子。

在藝術家傑夫瑞・肖（Jeffrey Shaw）參與下，安德魯・桑德斯（Andrew Saunders）製作了充氣豬的縮小模型，隨後由氣球工廠（Ballon Fabrik）幫我們做出實物。這間德國公司在建造原始的齊柏林飛船時學會了技術，後來巧妙地化軍事為商用，幫我們做了許多氣球。結果在十二月初，我們帶著巨大的豬氣球（不知為何地被取名為「阿吉」〔Algie〕）來到廢棄的發電廠。這隻長三十英尺、灌滿氦氣的氣球豬非常凶，把繫索拉得緊繃。我們請來一位高超的射手待命，作為阿吉萬一飛走時的額外防禦措施。

拍攝預定在十二月二日，可是天氣惡劣。繩索也出現一些問題，於是我們決定隔天再集合。不幸的是儘管隔天清晨天氣好轉，射手卻沒來，升空時間到了他人都還沒就定位。突然颳起一陣強風，鋼索斷了，阿吉飛走，以每分鐘兩千英尺的速度騰空而去，比連忙起飛攔截的警方直升機快得多。這不是刻意安排的特技鏡頭——我們非常清楚除了失去一個昂貴的道具，我們還可能導致重大的空難。我們找來律師群，擬定緊急計畫，也想好了代罪羔羊。

整起意外事件中，我最喜歡的一個回憶是律師柏納・謝里登（Bernard Sheridan）來開會的時候。基於巡演文書工作的職業病，當時的樂團助理琳達・史丹貝里（Linda Stanbury）在聽說豬正飛往德國的消息時哀嚎了起來：「可是它沒有貨品通關證……」。（巡演途中遭遇的官僚作風令人生畏。數不清的器材列表，一式三份，每次卡車上下貨都要準備。團隊無法

里克把Mini-Moog合成器架在可靠的Hammond風琴上。

攝於1972年11月，我們跟羅蘭・佩提的馬賽國立芭蕾舞團同臺表演。

攝於埃特納火山（Etna）的火山口旁，這時候在拍《龐貝現場演唱會》。

燈光總監亞瑟・麥克斯準備盤問另一組追蹤燈操作人員，也可能是要砍了他們的頭。

1974年冬季巡演節目手冊裡的一幅搞笑漫畫。這些漫畫總是把史帝夫畫成反派。

克
佛
洛
險
歷
記

平
伊
德

《月之暗面》的巡演組員和舞臺配置。

史東・索格森（左）和大衛（右）。

大衛（左）和羅傑（右）攝於1974年冬季英國巡演。

坐在羅傑（左）和大衛（右）中間的是歐布里・鮑威爾，暱稱小鮑，他是史東在新潮靈智工作室的搭檔。

軟機器樂團的鼓手羅伯特・懷亞特，他也是詞曲創作者、擅長說故事的人和搖滾樂圈的列寧……。

大衛（上）和理克（右）攝於艾比路錄音室大門外的階梯，這段時期在錄《願你在此》。

羅伊・哈波（右）和大衛（左）攝於艾比路錄音室，當時羅伊主動提議為〈抽根雪茄吧〉獻唱。

1975年6月5日席德・巴瑞特攝於艾比路錄音室。

不列顛街錄音室的內部（上）和外觀（下）。坐在錄音室裡的是我和聲音專家比爾・凱爾希（Bill Kelsey）。

攝於1975年，金字塔舞臺的各個組裝階段。

攝於1976年12月，豬氣球阿吉在巴特西發電廠升空，同時有神射手在瞄準它（左頁下圖）。

在這個場合，羅傑（右二）反常穿了T恤來，氣勢超弱。

攝於1977年《動物》巡演的舞臺上。

鮑伯・詹金斯（Bob Jenkins）幫我拍的肖像。

貪圖任何一點方便。過任何海關，監管人員都有可能隨興檢查整批該死的行李。煩人的是似乎連海關也不曉得這些表格怎麼用。有一次比利時海關撕錯表格，還是在貨品通關證不對的地方蓋章，害我們跟主管機關發生激烈爭執。事後花了三年才說服比利時當局，我們那三輛半聯結車的器材並沒有涉及長毛象拍賣。鼓勵在歐盟境內自由移動，至少有一項好處。）

幸虧那隻豬自發降落，被肯特郡（Kent）的一個農夫撿回來，沒有造成災害。傳聞有位飛行員在希斯洛機場（Heathrow）準備降落時看見了那隻出走的豬，但卻不敢舉報，以免航管人員認為他喝醉了。很遺憾，我認為這是杜撰的。糟糕的事實是，最終版封面上的豬是後來才加上去的，因為發電廠最棒的照片（有陰鬱的烏雲襯托）是稍早的勘景日拍的，當時阿吉不在場。

有幾隻充氣豬變成了巡演的正規成員。幾場戶外演唱會都有一個豬氣球飄在觀眾頭頂，之後再把它拉回舞臺後方。後來，一隻外型相仿但比較便宜的親戚在原本的位置升空，灌滿氦氣並加掛丙烷腹袋，爆炸燃燒出電影《終極警探》（Die Hard）結尾那樣的好萊塢等級災難特效。在某個場地，舞臺設計師馬克・費雪（Mark Fisher）實驗用氧氣混和乙炔來取代丙烷，結果引發猛烈爆炸。後來馬克的耳朵一直嗡嗡作響，不是因為爆破聲，而是因為被史帝夫狠狠責罵。

現場也備有一些煙火，爆炸時會迸發綿羊形狀的降落傘，輕輕飄落。幫我們製作這批煙火的公司曾替一位沙烏地阿拉伯邦長服務，磨練出技術，在邦長的生日宴會上以類似手法迸射出他的肖像。這間公司透露，在邦長的即位典禮上，前一間公司誤用了剛被廢黜的邦長堂兄照片，他們這才接手……。

《動物》是樂團的第一趟「冠名」巡演。以往新專輯的素材自然納進巡迴期間的任一場演唱會，但這是我們頭一次有意宣傳特定專輯而上路。一九七七年一月二十三日，巡演在德國多特蒙市西伐利亞會議中心（Westfalenhallen, Dortmund）揭開序幕，二月待在歐洲、三月回英國後，四、五月間我們到美國演出三週，六、七月間再繼續唱三週。

我們低估了演出主辦方對豬這個主題的興致。在舊金山，葛拉漢在後臺弄來一整圈動物，顯然沒有一隻樂意待在那裡。幾年前大衛在美國巡演時認識了妻子金潔（Ginger），她是個嚴格的素食者與愛護動物人士，見狀大為驚駭。她跳進柵欄要求放動物自由，並拒絕在牠們的未來福祉誓約獲得宣讀前離開。

長期合作的德國演唱會主辦人馬歇爾・亞弗朗（Marcel Avram）在慕尼黑送了我們一隻小豬。我們再次不得不幫新來的同伴找個家，而因為有好幾個似乎很餓的德國人垂涎地盯著小豬看，巡演經理沃維克・麥克雷迪（Warwick McCredie）只好受命帶牠回飯店過夜。我們住在表演場館附近一間特別時尚的希爾頓，但沃維克成功避開了耳目，把小豬偷渡回房。真正的問題是沃維克房間裡有許多鏡子牆，因此豬一直覺得有其他很多隻豬盯著自己看。牠不喜歡這樣。夜裡，小豬撞破了地板附近的大部分玻璃，還拉屎踩得到處都是。隔天早上我看見史帝夫脫隊獨自走向接待櫃檯，我們則在巡視了這可怕的場面後匆忙離開。我始終沒能提起勇氣問他當天的對話內容。

此時我們演出的大型運動場帶來一系列新的問題。小型的劇院場地開演前才讓觀眾入場，但在一座棒球場，龐大的群眾規模和相應的停車需求，代表場館必須在開演前三、四個小時提早開放。場地空間變大，巡演工作人員的體能也必須提升，更別提攀登技能。如今我們有了一組「方位角小隊」，扮演空降特勤挑夫，負責扛四組喇叭到運動場和觀眾席最高、最遠的位置安裝。

巡演時我們不常請暖場團，這麼做有許多原因。早期，出場的樂團之間存在一定的角力關係——率先上場的藝人會想勝過壓軸樂團，「把他們轟下臺」。我們的情況還要加上戴立克彩色玻璃環這類道具，這也代表其他團唱完以後，重新裝臺需要一段漫長的過程。再後來，問題則主要是任何暖場團都會破壞掉我們試圖營造的氣氛，導致觀眾過度激動、無聊或疏離。至於運動場的演唱會，不請暖場團代表觀眾可以提早在夜間八點左右看到主要表演，無需枯等其他兩、三個樂團唱完。即使如此，在沒什麼能取悅觀眾的情況下，觀眾承受著日曬雨淋，還是有可能變得躁動不安。總是會有些人猛喝酒或吸毒，然後在樂團登臺的時候昏死過去。這有時會害我們分心，因為我們會想看看觀眾裡有誰打瞌睡或完全昏迷。

我們愈發體認到人群控管、維安和保全的重要性。演唱會中有多達八萬人在飲酒作樂，我們形同獲選成為一夜小鎮長，隨之而來的責任範圍包括車禍、輕微竊盜、生小孩……幸運的話甚至還有一些現場音樂演出。我們漸漸體認到巡演生活的實情，例如發現你雖然可以讓前三十排的觀眾產生共鳴，但要抓住視線外後方群眾的注意力，卻極其困難。

這波巡迴的演出品質浮動。雖然我們仍有些許即興彈奏，這部分的數量有限且非主要問題。缺乏一致品質有別的原因。這些屬於短期巡演，我們撥給演出關鍵元素的排練時間不夠，例如從一首曲子順暢接到下一首，或是讓表演跟投影的影片同步。在我印象中，有些表演就跟音樂一樣飄忽不定，因為我們從未留給進場彩排充足時間。我們也總是低估天氣因素。風和雨是常見的威脅，兩者都可能危害音量和音質，全部加起來則會影響我們的專注力和觀眾的氣氛。

然而《動物》巡演的舞臺布景有一項功能，正是為了露天運動場無可避免的壞天氣而開發的：一組機械傘。這組傘可以從舞臺下方升起後展開。雖然事實證明操作機械傘的馬達不可靠，但它們驟然升上舞臺再綻開的視覺效果卻好極了。隨著我們進展到把愈來愈多器材吊上衍架，另一類裝置漸漸淘汰，不過這次巡演期間，我們還是能指望觀眾對於舞臺突然變形成歐洲路邊咖啡館大吃一驚。在《藩籬警鐘》的專輯巡演，我們是有再試過類似的個人機械傘，但是大衛一怒之下把他那張傘扯落在地，事後他說覺得自己站在一棵滴水的棕櫚樹下很蠢。理克差點窒息暈倒，因為煙跑進我們專為他打造的倒掛魚缸裡散不去。

演出時有一個保證靈驗的賣點，就是在舞臺其中一側使用高空作業車，這個點子源自亞瑟・麥克斯。高空作業車是用來更換路燈燈泡的那種油壓升降機，但又不只是吊車，每部都安裝投射燈，由黑衣操作員蹲在後方控制。再加上旋轉的信號燈，當這些高空作業車從低於舞臺的高度緩緩升起，任何演出都可以創造出精采的開場。強光也可能落往離樂團太近的位置，至少有一次近到微微烤焦了主奏吉他手的頭髮。

儘管場地擴大，舞臺上的器材增加，我們雇用的工作人員規模卻跟幾年前巡演時差不多。我們依然叫漢堡外賣（巡演供餐還不是一門精準的學問），或享用主辦方願意供應的任何食物——通常是漢堡，或者一大盤午餐肉。

一九七七年的場館沒有辦公設施。不斷增加的大批官僚、法律、技術和財務問題，大多是在史帝夫、羅比和弗萊明的飯店房內解決。多數文件必須收進一只相當有型的鋁製公事包，那已經成為巡演高層人員的標準時尚配件。

樂手則是體會到，大型巡演也可能更加孤單——你可能過了兩天都沒出現在巴士上，大家才發現你倒在旅館房間裡。也比較容易跟其他團員失去接觸。在團員全都搭一輛廂型車到處開的年代，我們每天都要努力避免爭吵，否則不可能繼續下去。但大型巡演期間，人們傾向於分成小團體。

從俱樂部晉升到體育場後，當地演唱會主辦方秉持善意並期盼樂團跟他們的團隊多相處，往往提議餘興節目，範圍從航海、沙灘車、搭快艇到遊訪迪士尼樂園或清晨五點參觀當地魚市場。通常在深夜裡，有人會提議上述出遊作為隔天的行程。在香檳和開胃小點激勵下人人都答應了，一切安排妥當。然而只要隔天的太陽升起，這些行程往往失去吸引力。於是一列豪華轎車隊抵達飯店入口處，才發現只有三位又累又尷尬的巡演成員準備上車，而不是說好的四十人。

假如你真的在主辦方或唱片公司高層缺席下集體外出，沒人隨伺在旁付帳，那麼供應酒水的場合可能輕易成為一次嚇人的財務體驗。比較有經驗的同伴會找藉口提早溜走，留下倒楣的受害者埋單，並下定嚴正決心絕不再出席社交場合，尤其不去索價過高的飯店酒吧。

《動物》巡演完是另一個低點。大衛如今表明，這段期間他真心覺得平克佛洛伊德或許已經走到盡頭。他的看法是我們已經達到並維繫原本組團想要的成果，因此難以看出我們還能再多做什麼。

回到英國，我們發現不列顛街頂樓開始擠滿會計師，因為生意事務在我們生活中變得愈來愈突出。此時的我們全都帶著公事包出席商務會議，包包表面幾乎肯定都覆蓋著某種瀕絕動物的皮。這也許讓我們覺得自己是生意人，而基於賺進的鈔票，我們也確實得到一種感覺，好像可以無限延後下一張專輯。這聽起來太容易了：耍耍嘴皮，吃頓午飯，你的錢就增加一倍。

穿粉筆條紋西裝男人就跟醫生一樣，有一些優異的特質，其中一項就是在床邊或生意場上很有禮貌。吉米罕醉克斯體驗樂團（Jimi Hendrix Experience）的貝斯手諾爾・瑞汀（Noel

Redding）總覺得自己被這一行的合約幻象整慘了，對於想踏入音樂界並尋求他建言的對象，他有一句人人適用的名言：「讀法律，買把槍……。」

我們早該當心的。我們受到《月之暗面》的美好印象引誘，跟一間叫諾頓華寶（Norton Warburg）的財務顧問公司往來。一九七七到七八年間，《月之暗面》和《願你在此》的收益持續流入，英國高收入者的稅率是百分之八十三，投資獲利的稅率則是百分之九十八。諾頓華寶說服我們採取一項節稅方案：時髦的說法是創投，他們提議把平克佛洛伊德變成一間營運公司，拿錢去投資一系列事業。煩人的缺點是即使諾頓華寶果真成功，我們還是必須擺脫他們，避免過高獲利引來政府稽查人員的關注，因為交易成立的方式就是如此。

事實上根本不用擔心，這些創業想法有許多存在嚴重缺陷，沒有一個腦袋清楚的銀行家會認真考慮。在這段期間，我們涉足碳纖維船、披薩跟一間開在駁船上的漂浮餐廳。還有一間倒閉的飯店轉賣軟糖、童鞋公司、Game Boy遊戲機的先行者記憶大師（Memoquiz）、租車生意跟一間叫班吉滑板（Benji Board）的企業。有一次，我們得知經勞斯萊斯私下認可的二手車買賣公司，似乎出了許多交貨問題而啟人疑竇：車輛要不是沒送達，就是比我們在一九六七年吉米罕醉克斯巡演死裡逃生那臺賓利的車況還差。最後這間公司有兩位主任進牢裡待了一段時間。

但我們沒什麼時間作功課，因為我們的心神和能量轉向製作《動物》的下一張專輯，因此需要一些新素材。樂團面臨一個具體問題。有兩位可以寫歌的團員在忙個人專輯，也就是大衛和理克，所以沒什麼多餘素材給樂團。

大衛的個人專輯就叫《大衛吉爾摩》（David Gilmour），在一九七八年五月發行。這張專輯他再度跟威利・威爾森合作，大衛在一九六八年入團前，曾與威利合組Jokers Wild樂團。理克也投入第一張個人專輯《潮溼的夢》（Wet Dream），合奏樂團由史諾伊擔綱吉他手。我跟史帝夫・希勒吉（Steve Hillage）有過一小段合作，製作史帝夫的專輯《綠》（Green）。錄音師是約翰・伍德，一九六七年一月我們在聲音技術錄音室錄原版〈阿諾連恩〉期間，他擔任我們的錄音師。

任何一位團員去做任何形式的個人工作，對我們來說從來都不是問題，雖然它很容易造成問題，其他樂團就遇過這種事——滾石合唱團的米克・傑格（Mick Jagger）和凱斯・理查在一九八〇年代關係弄僵，正是因為這個緣故。但我們全都發行過個人專輯，也幫過其他藝人製作，結果事實證明這並未構成緊張或嫉妒的根源，反而提供了有效的情緒紓緩管道。

所幸羅傑解決了素材不足的問題。當我們全都在忙其他事情時，他獨自在家庭錄音室創作。羅傑的試聽帶品質起伏很大。有些好到我們無法在錄音室進一步改善，因此回頭去用原始的版本。有的就真的很粗糙，過度變調失真。但羅傑不認同，堅稱它們全都是絕佳品質，並放話要在我面前完整播放一遍好證實他的論點——因此我展現風度，同意了他的觀點。

寫在牆上

WRITING ON THE WALL 9

9

寫在牆上

觸發《牆》的時刻發生在一九七七年《動物》巡迴的一場演出，地點在蒙特婁的奧林匹克體育館（Olympic Stadium）。那是一個巨大的運動場，為了前一年的奧運興建，有座未來主義的高塔俯瞰全場。那座塔實在太高，尺度大到不太適合跟樂迷產生溫暖舒適的親密關係。

在舞台旁有一夥觀眾，人數不多但過度激動，八成嗑藥嗑得正嗨，確定的是有點茫了。因為就在舞台正前方，他們的聲音聽得超清楚，也決定了我們對觀眾心情的感受。在幾首歌曲中間的空檔，這夥人大聲叫嚷著點歌。當羅傑看到有個聲音特別響亮的傢伙喊「彈〈小心用那把斧頭〉，羅傑」時，他終於失去耐心，朝那個冒失鬼吐了口水。

這不只反常，還很詭異。席德離團後，羅傑一直是臺上的發言人，負責開場、投影機故障時填補空檔，或在有人起鬨時沉著回應，也常發表逗趣的觀察。這次事件正表明了要跟觀眾建立任何形式的連結已經愈來愈困難。

羅傑不是唯一對這場演出感到沮喪的人。這些年來，我們已經發展出一套保證是最後一曲的安可，先演奏一段慢板的十二小節藍調，同時工作人員把器材跟樂器一個個都搬走，最後留下一個孤單、沉默的樂手走下舞台。結果這次，大衛對演唱會的氣氛生氣到年安可曲都不想參與。

雖然這個口水事件在當時讓人心情不爽，但它倒是觸發了羅傑的創作之輪。他圍繞這想法發展出一場演唱會的輪廓——把觀眾跟他們的偶像在實質上和心理上都隔離起來。不知道蒙特婁的衝突，對被吐口水的倒楣樂迷有沒有造成什麼改變人生的衝擊，但可以確定的是他從來沒去找律師，也沒來聲討過創作靈感的版稅。

《牆》代表了一系列素材龐大、跨越多種媒體的作品：唱片、演唱會（有影像、舞臺效果跟道具助陣）和一部電影。羅傑從一開始就有此意。先前他展現過自己偏好探索多媒體的可能性，但《牆》把進展帶向比想像中更遠的地方。整個計畫也跨越很長的時間，實際上的工作從一九七八年中羅傑創作出最早版本，一直到一九八二年電影發行。

羅傑從經驗學到重要的工作座右銘：要知道推動一個點子的正確時機。一九七八年的某一天，他清楚感到是時候了，在家裡的錄音間開始動手。在把成果放給我們聽之前（我記得至少有一次去他家聽，他也有拿盤帶到不列顛街錄音室），他其實已經大致寫出兩張專輯，一張是《牆》，另一張是《搭便車的利與弊》（*The Pros and Cons of Hitch-hiking*）。

雖然後來《牆》的樣子改了許多，事實上羅傑在法國重寫了整個作品，但那捲試聽帶已經十分明確且有足夠的概念（某些只有輪廓外型，某些肌理更為具體），讓我們所有人了解這裡頭的潛力不只是一張專輯而已。我們也都覺得《搭便車的利與弊》比較不能打動人，看起來最好留給羅傑自己去做（一九八四年他發行了這張個人專輯）。即使在那時，《牆》顯然已經是主要的新工作——我想我們每個人都可以想像自己演出它的樣子。在製作過程中這麼早就提出完整的概念，對我們來說也鬆了一大口氣。

在試聽帶的其中一首歌裡，我聽到自己對著電話罵人的聲音。羅傑需要電話響的音調來當節奏，他以為我不在家，也沒確認就打了我家的電話號碼。我接起來，起初覺得是怪人的騷擾電話，似乎在電話線另一頭有個瘋子在低聲哼歌——然後我就罵了髒話。不久我才得知那是羅傑在唱歌，但這中間我們兩個都困惑了一陣子。

史帝夫也聽了試聽帶：他是唯一一個能夠（或者夠誠實）想起自己比較喜歡《搭便車的利與弊》的人。這延續了我們由來已久的傳統，可以嘲笑一下經紀人的音樂品味。不過史帝夫辯稱，要記得《牆》的試聽帶並不包括任何後來大家都知道的那些歌，例如〈地獄那樣奔跑〉（Run Like Hell）或〈舒適的麻痺〉（Comfortably Numb）。

樂團其他成員的貢獻程度日後變成爭執的焦點。或許是羅傑的試聽帶已經很完整，因此大衛跟理克不容易貢獻太多。但確定的是，大衛後來覺得他的音樂貢獻沒得到公平的認可，特別是〈地獄那樣奔跑〉跟〈舒適的麻痺〉。不過在一九七八年秋天的不列顛街，當我們開始製作《牆》專輯中幾首歌的毛帶版本時，這座導致未來失和的潛在火山還在休眠中。

工作要開始時，我們還缺少一個錄音師。我想我們那時覺得布萊恩・漢弗瑞斯已經整個精疲力盡了，而且是「佛洛伊德耗損」的極端病例。亞倫・帕森斯在忙亞倫帕森斯樂團，而尼克・格里費斯仍被視為未知數。所以我們開始找人，到處問有沒有年輕又有才華的錄音師，做過幾張唱片，證明能為我們的聲音帶來一點不同的處理手法。最後亞倫推薦了詹姆斯・蓋瑟利（James Guthrie），他錄過、製作過幾個團，包括熱浪合唱團（Heatwave）、電影樂團（The Movies）、猶大祭司（Judas Priest），還有一個叫跑者（Runner）的樂團。詹姆斯之前的成品，特別是他帶給跑者那種你立即就能辨認出來、閃爍著光芒的聲音輪廓，讓我們覺得他可以幫我們的作品加上一種新鮮、明亮許多的感受。

史帝夫請詹姆斯去他的辦公室。詹姆斯不太知道史帝夫經紀的樂團有誰，或者他想要討論什麼。他說史帝夫手上有兩個想談的計畫，一個是歌手湯姆・羅賓森（Tom Robinson），另一個是平克佛洛伊德。「我平靜地從地板上撿起我的下巴，讓自己沉著下來，專業地點點頭，但我的心在狂跳。史帝夫說樂團聽過我的一些成品，有興趣跟我碰個面。他強調這會算是共同製作。我腦中在想：『我還在念書這些傢伙就已經自己製作唱片了，我當然沒問題。』」詹姆斯去見羅傑，在他回憶中，羅傑「有禮貌又認真，仔細分析我的每個字跟每個動作。」他們討論了羅傑關於《牆》的概念，然後寄給詹姆斯試聽帶的拷貝。

耐心無限的詹姆斯，跟精力超級旺盛時而暴躁的巴布・艾茲林（Bob Ezrin），剛好反向平衡互補。雖然我們自己製作過《月之暗面》和《願你在此》，羅傑還是決定把巴布找進來當共同製作人。巴布是業界有名的製作人，做過好幾張艾利斯・庫柏的專輯和路・瑞德的《柏林》（Berlin）。羅傑的第二任妻子卡洛琳（Carolyne）幫巴布工作，把他介紹給我們。事實上卡洛琳還帶他去看我們在安大略省漢米爾頓市（Hamilton）的演出，就是搞爆計分板的那場。

那次巴布也帶了朋友一起來，他是個心理分析師也是樂團的粉絲。他看到羅傑在演出後跟史帝夫假打時弄傷了腳，提議如果自己加入固定團隊一起巡迴可能是個好主意……。詹姆斯敏銳地指出，他一旦被認為值得信任，就很像是受到了一個家庭接納，「雖然是個非常失衡的家庭」，他記得我說過這句話。

巴布清楚記得第一次到不列顛街見我們的情況。他遲到了，因為我們沒想到要叫車去機場接他，只告訴他租一輛車，然後跟路況戰鬥穿越倫敦市中心。當他終於找到錄音室時，第一個遇到的人是走下樓梯、形容枯槁的布萊恩。他慘兮兮地對巴布說：「他們把我搞成這樣……。」當巴布走進我們所在的房間時，羅傑輕輕敲著錶面，用尖銳目光看著他。巴布記得他後來把羅傑叫到一邊說：「我已經有一個老爸了，下次別又在公開場合這樣對我。」後來史帝夫抵達時，發現氣氛有點緊張，與會者全都是製作人，巴布威脅要走人。調停啟動，巴布接受了慰留。

真正開始錄音時，我們想尋找新的氛圍，企圖錄下一種在大會堂現場演出的聲音。我們在不列顛街頂樓的開闊空間錄製鼓聲，有玻璃屋頂和木頭地板，羅傑把他寶貴的撞球桌放在那。由於室內完全沒做隔音或降噪，同一排的其他住戶可能沒有很享受這次經驗。因為他們除了鼓什麼都聽不到，沒有背景音軌跟任何音樂性的內容，而且一旦鼓聲開始，他們就不知道這惡魔般的噪音究竟要持續多久。

儘管如此，不同於以前的排練，我們已經買下這棟建物，所以不接受投訴。情況就像洛杉磯大陸凱悅酒店（眾所皆知的「大陸暴動酒店」）那傢伙：他請鄰居降低音量，結果來了三個男人，試圖砸破房門把他幹掉。他打電話投訴，卻得到一個毫無用處的建議：「這間旅館服務音樂圈的人。我們不接受投訴。」

在《牆》的錄音過程裡，鼓聲第一次從頭到尾都保持完整。鼓跟貝斯一開始就先錄到一臺十六軌類比錄音機，然後混音成兩軌，轉到二十四軌錄音機準備做疊錄，這樣到最後混音時都能保有原始的錄音。當盤帶不斷播放以便加入其他樂器跟歌聲，總會發生難以避免的耗損，這個方法解決了耗損問題。

雖然不列顛街在錄製《動物》的時候符合需求，不過現在顯得不太跟得上《牆》的錄音任務。我們更換了大量的設備，主要是巴布跟詹姆斯想照他們的需求標準升級，此外每個參與製作工作的人也都帶來自己喜歡的器材。我們很快就有了一臺新的 Stephens 二十四軌錄音機，不久也換掉原本的監聽喇叭。

經過這番作業和規格更新，我們無論如何都必須搬遷並變動錄音地點，同時外界的事務也向我們襲來。這段期間，我們在樂團之外的公司業務問題爆發。幫我們經手投資的諾頓華寶公司，推薦財務顧問諾曼・勞倫斯（Norman Lawrence）來管理不列顛街錄音室。諾曼雖然表面上是諾頓華寶的人馬，但他發覺有些事錯得離譜，開始調查整個管理機制。

實情浮現：諾頓華寶的投資公司顯然只是個鍍金殼子，他們從裡頭吸金，去支付損失慘重的創投標的，例如那些滑板、披薩跟報廢車。公司創辦人安德魯・華寶（Andrew Warburg）潛逃到西班牙，最後在一九八二年回英國時被捕，起訴服刑三年。許多人損失錢財。因為諾頓華寶有美國運通、英格蘭銀行等信譽卓著的機構背書，很多人把一輩子的積蓄跟退休金都放了進去。寡婦跟領退休金的人已經沒有機會回去就職，所幸我們還有可能再工作。

這一切商業問題跟我們的音樂沒什麼關係，但衝擊很大，連帶影響到我們怎麼做下一張專輯的決定。我們發現我們四個人總共損失了大約一百萬英鎊。創投公司的損失驚人得多，而且我們現在面臨巨大的稅務風險，因為投入的是稅前資金——這些操作的重點所在。根據我們理財顧問的說法，課稅金額可能是五百萬到一千兩百萬英磅不等。

讓問題更嚴重的是，我們不是成立單獨一間創投公司，而是一人一間公司，導致稅務問題變成至少四倍。我們得到的建議是這一年要成為英國的不在籍國民，這樣我們可以去賺點錢填補遽減的存款，也給會計師跟稅務專家時間，從失事殘骸裡救回一些東西。這整個經驗讓我們烏雲罩頂。我們向來很驕傲，覺得自己夠聰明，不會掉進這種陷阱。我們認為自己是受過教育的中產階級，一切都在我們的掌控中。結果我們錯得有夠徹底。

解答是流放海外。我們只花了兩三個星期就打包上路，手腳快得連火車大劫案那夥人可能都會讚嘆[104]。目前看來這是最佳選項。稅務居住地規則代表我們必須在一九七九年四月六日前離開英國，直到隔年四月五日都不能回去，停留時間多短都不行。事實上，有不少搖滾樂團都樂於利用流放的選項，高高興興收下政府明顯惠賜的好處。對我們來說，這只是不得不然。到了後來的巡演，我們才受惠於一項新規定：至少出國待滿三百六十五天，但中間允許回來幾次。（這是一九七〇年代工黨政府為了鼓勵出口實施的小撇步，嘉惠赴中東工作的石油從業人員。）

104 一九六三年英國發生的大劫案，劫走格拉斯哥開往倫敦的運鈔火車，儘管逮捕部分共犯，至今仍未追回主犯與兩百六十一萬英鎊失款。

除了拿一年的免稅收入還債，還有機會擺脫律師跟會計師紛擾，重新開始做音樂，這樣的期待讓人難以抗拒。不論如何，巴布都覺得對製作一張硬派搖滾作品來說，我們全體在英國享受的舒適家庭生活是另一個拖慢進度的原因。幾乎可以說我們樂見有機會逃到海外。就像頑皮的孩子拋下亂七八糟的遊戲室，我們可以把一團亂的財務丟給專家去收拾。

我們在國外工作時，顧問則在拆解樂團之前巡迴時的合作關係（重拾黑山丘時代的理念），然後跟國稅局的先生女士們協商並重建一切。稅務顧問奈喬・伊斯特威（Nigel Eastaway）回想，我們一度有兩百組帳戶被凍結，等候公司營收獲得核可，這很能顯示問題有多龐大。我們幾乎沒辦法走進不列顛街，裡面都是成行成列的會計師——不過他們努力的所得也只夠付他們的開銷。史帝夫跟彼得・巴恩斯也跟查波唱片（Chappell）談了重要的發行合約，幫忙增加額外的收益。

法國的錄音室叫做超級熊（Super Bear），我們著手開工，做好《牆》大部分的基礎錄音。理克跟大衛前一年都在超級熊錄過個人專輯，喜歡那裡的氣氛。錄音室位於濱海阿爾卑斯省，距離尼斯三十分鐘車程的高地，坐落在一個小村莊旁，有自己的網球場、游泳池、大片的休閒空間。我們用網球點綴錄音過程，偶爾造訪尼斯的紅燈區——漫長車程打消太過頻繁的小旅行。

理克跟我就住在超級熊，羅傑跟大衛租下附近的別墅。與此同時，巴布則在尼斯豪華的內格雷斯科旅館（Negresco Hotel）定居下來。巴布的晚餐邀約就像是參加王室晚宴。在旅館餐廳，巴布跟領班熟到直接叫名字，領班對他殷勤到不行，就像俗話說的「雨中的便宜西裝」一樣貼身。享用美好的米其林三星大餐後，我們熱情向巴布道謝，因為他大方簽了帳單。一直到車子開回山上途中，侍酒師推薦的好年份葡萄酒效力退了，我們才意識到實際上是自己付了這一桌的錢。

用最保守的方式形容，巴布的時間觀念飄忽不定，但這反倒以一種奇特的方式聚焦了大家的能量，他的習慣遲到變成我們挖苦的對象——每天他都有一個更精心編造也更扯的藉口。這挺讚的，好像我們又回到了巡迴路上。

我早早就在超級熊錄好了鼓的音軌，大部分時間都在當個好奇的觀察者。羅傑在旺斯鎮上租了間大別墅，我也搬到那邊去——住錄音室雖然愉快，但總像是寄宿學校跟電影《咖啡邦戈》（Espresso Bongo）挖掘咖啡師出道的奇怪混搭。每天我跟羅傑都得開四十英里從別墅到錄音室，我的法拉利 Daytona 跑車在十一週內就用掉兩組輪胎。

鼓的工作搞定後，我就有理由脫身去參加拉曼二十四小時耐力賽（Le Mans）。我把勞力士金錶拿給羅傑保管（後來他有還我），這是在十年沒那麼辛勤工作後 EMI 唱片給的禮物，然後利用週末跟史帝夫一起展開少年任務。事實上，這可以說是一場大冒險。這是我第一次真正體驗賽車，最後身陷《海底兩萬哩》中尼莫船長的地盤。那年稍早我安排了短暫的練習，開一臺排氣量兩公升的 Lola 跑車，跟多塞特賽車維修團隊（Dorset Racing Team）合作。但我從未達到拉曼那五英里穆桑直線賽道（Mulsanne straight）該飆上去的速度，或是夜間賽車的經驗。這麼說好了，一路開在時速兩百英里左右是很刺激，然後你就被一臺時速比你快四十英里的保時捷超過去了。

許多同場車手都是世界級的賽車冠軍，讓那次經驗更為深刻。在賽車運動界，那裡的準備區就等同於胡士托音樂節的後台。拉曼是非常特別的賽事，提供僅存的少有機會讓業餘人士跟大人物同場競技，甚至有機會拿下成績。Lola 跑起來完美無瑕，唯一真的讓我嚇到的只有在資格賽上，我把頭伸到擋風玻璃之外的那時候。高速氣流從安全帽邊緣掠過，我以為自己的頭要被扯掉了。幸好後果只是脖子痛了一個禮拜。我跟 Lola 不只跑完全程（這已經是個成就），還拿到同級別第二名，並贏得里程績效獎。史帝夫的法拉利完賽成績又領先我幾名。在回貝爾萊阿爾佩鎮（Berre-lesAlpes）前，這無疑是恢復活力的最好方式。

相較於我輕鬆卸下職責，理克的日子就辛苦多了。那年夏天，在拉曼賽事不久後的某一刻，CBS/Sony 唱片（哥倫比亞廣播公司／索尼音樂）的迪克・艾雪（Dick Asher）給了一份新合約，提議增加版稅，條件是我們得做完一張新唱片在年底前發行。羅傑找巴布討論，很快盤算了一下有可能的最長工時，覺得或許剛好趕得及。他們決定也用上五十英里開外的米拉瓦爾錄音室（Miraval），主人是爵士鋼琴家賈克・路西耶（Jacque Loussier），位於城堡式莊園建築內。別的不說，你可以從城牆往下跳進護城河裡游泳。雖然每一間錄音室都會吹噓自己設備獨一無二，但不論多少個按摩浴缸都還是比不上這裡。錄音工作就分在兩間錄音室一起進行，巴布來回兩邊，除了應付實體上的空間分隔，也負責調解大衛跟羅傑之間逐漸擴大的裂縫。不過他很有自己的一手，勝任這個角色，兩個工作都交出了很好的成績。

但鍵盤部分還沒錄好，要趕上預定發行日，唯一的辦法是理克縮短他的夏天假期。我們之前說好從春天錄到初夏，然後放個假。因為鼓的部分早就錄好，這對我不是問題。可是當理克從史帝夫那裡聽到他得在假期中回來錄音時，他斷然拒絕。事情傳回羅傑耳里，他又吃驚又生氣，覺得自己做了大量的工作，理克卻不想做任何努力來幫忙。

理克也想當《牆》的製作人，這讓情況變得更糟——彷彿我們的製作人還不夠多似的。羅傑跟他說，只要做出重要貢獻就可以。哀哉，結果理克的貢獻除了錄音時露臉坐在那兒以外，其他什麼也沒做，僅僅就是「當個製作人」。巴布也有意見，他覺得這鍋湯已經有太多廚師，理克就此卸下製作責任。儘管如此，巴布主動幫忙理克編排鍵盤部分，但因為太多可能的原因，羅傑一直都不滿意理克的演奏。

無論理克與羅傑十五年來是什麼樣的關係，終究還是破裂了。理克的失勢也來得很快。就在史帝夫開開心心搭乘伊莉莎白女王二號遊輪前往美國途中，羅傑打了電話，告訴他在羅傑抵達洛杉磯做專輯混音之前，一定要讓理克離開樂團。羅傑說理克可以留下來當《牆》的巡迴樂手，但在那之後，他就不再是樂團一員了。羅傑威脅說如果不這樣，他就要中止整個計畫。這聽起來就像一個瘋子拿著槍指著自己的頭。

但理克倒是不爭執，而是默默答應了，可能還鬆了一口氣。我想這個決定背後有很多原因。先是被解除了製作任務，然後是雖然有巴布幫忙，鍵盤部分卻還是很難讓羅傑滿意，加上他跟茱麗葉的婚姻崩壞，讓這一切雪上加霜。而且跟我們所有人一樣，他也擔心這張唱片若是沒有完成，就會面臨財務危機。事後發現理克的決定對他個人而言頗為有利：身為單純的領薪樂手，他成了《牆》巡演期間我們當中唯一一個有賺到錢的人。我們剩下三個人則是分攤虧損……。

我還是覺得真的要把這個時期的一些事件完完整整地好好寫出來非常困難。當時羅傑應該依然是我最親密的朋友，我們都能享受彼此的陪伴。但我們的友情卻承受愈來愈大的壓力，因為羅傑拼命想把一個原本表面上很民主的樂團改造成一個實際上只有一個領袖的樂團。

原始錄音完成之後，就轉到洛杉磯開始混音工作。疊錄上去的管弦樂，由作曲家兼編曲家麥可・凱曼（Michael Kamen）創作和指揮。巴布找來了麥可，他在紐約的CBS錄音室錄好這些編曲，直到錄音工作結束時才見到樂團的人。混音在洛杉磯的製作人工坊錄音室（Producer's Workshop）進行，我們在外面的停車場錄了各種音效，包括〈地獄那樣奔跑〉裡面刺耳的輪胎聲。這多虧菲爾・泰勒駕駛一輛福特LTD廂型車，載著羅傑在停車場裡不斷急煞迴轉，發出最大的呼嘯聲。

場景拉回不列顛街錄音室，這時尼克・格里費斯正著手一長串交給他收集的音效，從不列顛街員工合唱「推倒那牆！」，到一整個推車的陶瓷餐具砸到粉碎的聲音。為了其中一個音效，尼克花了整個禮拜跑遍全國側錄建築拆除的聲音。但他十分失望，發現拆除公司有夠專業，他們拆除巨大的建築只需要在結構弱點放上少量炸藥，結果錄不到什麼噪音。期間他在倫敦凌晨兩點接到美國打來的電話，另一頭是羅傑跟巴布，尼克很怕自己是不是把音效搞砸了。不過他們只是想問尼克，能不能找兩三個孩子用惹人憐憫的聲音唱〈牆上的另一塊磚〉（Another Brick in the Wall）裡頭的幾行歌詞。尼克說「沒問題」，但他想起自己最喜歡一張陶德・朗格倫（Todd Rundgren）的唱片，在每個立體聲道裡都凸顯一群聽眾的聲音。他提議錄一整個兒童合唱團。好，他得到回覆，但也要錄三個小孩的版本。

尼克立即動身，從不列顛街走到當地的小學。他發現音樂老師亞倫・任肖（Alan Renshaw）態度非常開放。尼克做了個粗略的約定，讓我們錄一些學童的歌聲，回報方式是也幫學校的管絃樂隊錄音。錄好背景音軌的工作帶從洛杉磯快遞寄來，連同歌詞影印本。「這有點太強烈啊」，在錄音室熬了一整晚之後，尼克在清晨讀到歌詞時心想。

他架起幾支麥克風，照計畫先錄三個孩子，然後再請其他的孩子加入。尼克在錄音室裡又唱又跳激發合唱團的熱情，在可用的四十分鐘內錄完——學校讓他們請了一堂課的公假。

很快整理、混音後，磁帶寄回了洛杉磯。幾天後，羅傑打來說他喜歡——尼克下一次聽見這首歌就是在廣播裡。

用尼克的話來形容，單曲成功後，「地獄之門就開啟了」。報刊記者在錄音室門外駐紮守候，渴望報導敗德搖滾明星公然剝削天使臉孔的學童，卻發現我們在七千英里外安然無恙。尼克按照指示不跟記者交談，有好幾次，他都得爬後窗脫身。最後我們與學校協議，因為是在上課時間錄製的，因此決定讓整個學校都受惠。

〈另一塊磚〉作為單曲問世，部分是受到巴布的影響。他挺怪的，一直想做一首迪斯可金曲。相反地，因為一九六八年〈把我對準天空〉沒能打進排行榜，我們一怒之下放棄了發單曲的想法。巴布堅稱，就是因為我們對單曲太沒熱情，所以才拖到最後一刻才把這首歌剪接成單曲需要的長度。節奏設定在每分鐘一百拍，一般都說這是理想的迪斯可節奏。儘管困惑，但一首迪斯科金曲的概念就這樣強制執行了。而當我們登上一九七九年聖誕檔期英國單曲榜第一名時，這份困惑又變得更加強烈。

這張雙專輯在最後的混音過程也非常艱辛。我比大衛和羅傑晚一個月到洛杉磯（理克已經回去他在希臘的房子）。因為混音由羅傑、大衛、巴布跟詹姆斯負責，我就用這段時間跟爵士樂作曲家卡拉·貝利（Carla Bley）、小號手麥可·曼德錄了張唱片。地點在紐約上州的胡士托，環境很放鬆，我們製作了一套卡拉寫的歌，用《尼可·梅森的虛構運動》（*Nick*

Mason's Fictitious Sports）名義出版，方便發行跟拿到比較多的預付款。後來我到的時候，混音已近乎完成——在巨大的時間壓力下，跟平常不同，混音直接送去做母帶後製。但錄音室瀰漫著一股異樣的猜忌。我們跟CBS/Sony唱片的關係不好。羅傑和他們談版權談得很火大，因為《牆》是雙專輯，唱片公司試圖削減他寫每首歌的酬勞。CBS副總裁艾雪提議：不然就丟硬幣決定。羅傑則反問：為什麼他要拿自己合法擁有的東西來賭？最後唱片公司投降。史帝夫也跟CBS協商得正熱，在他們那邊的戰線，CBS這次發唱片不打算付錢給獨立宣傳人員。這場戰爭歷時很短，最後唱片公司也是輸掉，因為如果不透過獨立宣傳網絡，美國的廣播電臺連排行榜第一名的唱片都不放。

我們威脅要扣住《牆》不給CBS，他們則反擊說要強行拿走這張唱片。當時錄音室一度遭人闖入。應該只是青少年惡作劇，但在那充滿猜疑的氛圍下，大家都認為一定是唱片公司的瘋狂高層派出的特種部隊。實際上，如果沒有整個製作團隊合作，沒有人能把堆積如山的磁帶弄成一張像唱片的東西。不過，我們只允許知道密語的人進來。現在我可以揭曉通關密語了。是「我是CBS來的」……。

CBS的宣傳負責人沒能改善樂團和唱片公司的關係。他在棕櫚泉的試聽階段收到前幾首歌，高興得不得了。聽到完成的版本時，他卻勃然大怒，說跟第一次拿到的歌比起來，這整張唱片都歪掉了。

一如既往，隨著專輯攀上排行榜，總會有一些政治和財務面的後續發展。有一堆代表各方各面的律師試圖爬上這班列車分一杯羹。我們曾經隨機轉動電視按鈕，把聲音錄下來，結果錄到了某一位演員的聲音並且出現在唱片中，他因此認為唱片能成功主要是他的貢獻。我們提供了和解方案，並提議如果他把全部所得都捐給慈善機構，我們就把金額加倍。他選擇了只拿一半的錢，放自己口袋。

現場演唱會的準備和混音工作重疊。演出的概念最後變成觀眾一進入會場，就看見舞臺兩側矗立蓋到一半的牆。演出開始時，有一位主持人介紹節目，他是司儀也是DJ，用來加強表演的非現實感並打破觀眾的期待。

隨著搖滾演唱會的所有浮誇煙火和特效，彷彿是我們的樂團由舞臺底下升起開場。事實上這是看起來跟我們很像的「替身樂團」——彼得・伍茲（Pete Woods）演奏鍵盤、威利・威爾森打鼓、安迪・鮑恩（Andy Bown）彈貝斯、史諾伊・懷特彈吉他，每個人都戴著仿真的人皮面具（這是基地選在好萊塢附近的好處之一，很容易製作這些道具）。當煙火和特效達到高潮時，第一組樂手僵住，燈光打過來照亮他們後方的樂團本尊。隨後替身拿下面具，作為伴奏樂手出現在舞臺上——在這次化身中，他們被看成「影子樂團」。他們的樂器和服裝全是灰色，而不是我們用的黑色。

演出進行時，牆面逐一建起，到上半場結束時，最後一塊磚正準備放上去。每天晚上，工作人員都在標準時間誤差九十秒內把牆蓋好。我們在音樂裡面放了一段緩衝，這樣當最後一塊磚就位，便能契合上半場最後一首歌〈再見殘酷世界〉（Goodbye Cruel World）的最後一行歌詞。這堵牆由三百四十個防火強化紙箱組成，每個紙箱約四英尺寬、三英尺高、一英尺深，蓋好後，高有三十三英尺，寬兩百六十英尺。下半場開始時，樂團前面是一堵完整的牆。牆上放映傑若・史考夫製作的動畫電影片段。有一次牆上的開合橋部分開啟，呈現旅館房間的場景。另一次，在演奏〈舒適的麻痺〉時，羅傑在牆前現身，大衛則站在牆頂上獨奏吉他。

盒子是紙板做的，這樣就可以壓扁打包，運到下一個演出場地並在現場重組。利用油壓精靈升降臺，蓋牆組的工作人員將空心磚連接在一起，隨著牆愈蓋愈高，升降臺也跟著升起，讓工作人員站上正確位置。當牆蓋好，後面有一排傾斜車斗輔助支撐，最後要拆毀牆的時候，可以控制車斗往前倒或往後倒，以防傷到前排觀眾。

當磚塊開始滾下，演出達到了最高峰——這涉及精心設計的力學機制，以避免訴訟、送醫治療和只能唱一晚的可能，畢竟紙板做的磚塊還是很重。牆倒下後，我們用原聲樂器演奏最後幾首歌，有如一伙流浪樂手。

從前一年聖誕節開始，費雪帕克工作室就致力將羅傑的想法變成現實。馬克・費雪有過《動物》巡演的氣球表現之後，實際上在《牆》錄音期間就來到南法，遠遠超前進度。這代表演唱會已定案，要做的是基於設計圖創造3D版本，而不是在壓力下匆忙開工。（馬克是我們之中的另一位建築師，一九六〇年代後期他就讀倫敦建築聯盟學院。事實上在一九六六年，他還請了平克佛洛伊德去那裡的活動，他記得當時我們的酬勞比傻瓜狗狗樂團〔Bonzo Dog Doo Dah Band〕還要低。）不過雖然有前置時間，還是存在無數機械問題要解決。技術彩排在美國進行，這是最可行的方案。在那邊我們有良好的後勤支援，有適合的場地在洛杉磯卡爾弗城片場（Culver Studios），可以用便宜的價格租用兩週。起步階段的問題浮現。蓋牆組的精靈升降臺相當吵，而且第一次拆牆試驗幾乎毀了舞台上所有設備。為了保護設備，我們趕忙設計並建好大型鐵籠，還採購了一些神奇的太空等級潤滑劑。排練持續進行，二月初我們前往洛杉磯體育場（Los Angeles Sports Arena）準備最後兩週的排練，迎接十七日的首演。

首演的前一晚，我們的秀總算有了一點樣子。但最後排練時，雖然舞臺裝置大多正常運作，我們卻不得不承認燈光就是不合格。接下來就是瘋狂的尋找：先找代罪羔羊，然後尋找救星。史帝夫聯繫了馬克·布理克曼（Marc Brickman），羅傑對他在布魯斯·史普林斯汀（Bruce Springsteen）演唱會的打燈頗有印象。

因為馬克認識佛洛伊德團隊的人，接到史帝夫打來的電話時，他還以為是朋友假裝成史帝夫，在電話裡說要給他隔天演出的票。好啊，馬克說他想去。不，史帝夫說，你沒搞懂。

馬克是費城人，十幾歲起就開始做燈控，在音樂這行合作過的藝人有強尼・馬賽斯（Johnny Mathis）、也有史普林斯汀，最近一直在洛杉磯做電視節目。他記得自己是在下午一點接到史帝夫的第一通電話，三點就趕到了演出會場。

傑若和羅傑向他介紹演唱會流程，並解釋說當天晚上七點有一場彩排。馬克那天晚上回來，羅傑說：「我們本來想說不會再看到你了……。」接著開了場有點尷尬的會議，葛倫・弗萊明被打發走（就是被解僱了），馬克也被打發走（繼續去做他的新工作）。因為時間緊迫，馬克很感謝羅比・威廉斯跟費雪的大力幫忙。

開場爆炸燒到布幕，讓我們的開幕之夜多加了戲劇效果。布幕持續悶燒，直到羅傑不得不暫停演出，等舞臺搭建工人帶滅火器跑上屋頂去滅火。這時觀眾和演出者在共同警戒中團結起來，讓演出繼續進行。因為大喊「停！」指令原本就是演出的一部分，這也使羅傑花了點時間，才讓訓練有素的巡演組員相信這一次是真的出了緊急狀況。

演出之前有一次，有人建議這次演出應該真的「巡迴」，而不是只在幾個城市舉辦定點演唱會。這引起一陣短暫討論，想要弄個巨型充氣彈頭，大得有足夠空間把整場演出和觀眾都包進去。不過這個想法未能成形，對設計師、工作人員、演出者以及職業安全專家都很幸運……。我們回到更簡單的想法，展開搖滾史上比較短的「世界巡迴」：洛杉磯七晚，紐約拿騷體育館（Nassau Coliseum）五晚，後面是一九八〇年八月在倫敦伯爵宮演出六場，一九八一年二月在多特蒙演出八場。另外在伯爵宮加演五場，錄製電影版的素材。

幾乎每一場演出都相對平順。唯一遇到的麻煩是有一場演出就要開始前幾個小時，替身樂團的鼓手威爾森卻累倒了。幸運的是，我長期合作的鼓技師克萊夫・布魯克斯（Clive Brooks）本身也是一位很好的鼓手。克萊夫是英國藍調樂團土撥鼠（The Groundhogs）的老將，他加入演出，在後續兩個晚上完成所有分內職責。從那時起，每當我在巡迴中流露出一點點不適的跡象，我都能從他的聲音中察覺熱切的期待。

我們為這次演出做的排練比以前都要多，技術上也發展得很成熟。它成了我跟大衛後來的巡迴、以及羅傑個人演出的前導。我們也發現，演唱會的固定架構能幫助樂團克服「糟糕」的夜晚。演唱會如此成功，表演起來自然很愉快，但卻缺少即興或更改音樂的機會，讓人開始有點生膩。話說回來，由於必須搭牆，每一塊磚卡住或某位搭牆的人太過倉促，都可能影響每個半場的演出長度，因此我們也得在關鍵時刻補上各種填充橋段或是刪減一些。

到一九八一年六月伯爵宮的五場演出時，演唱會已經打磨成形。然而這也成了將近四分之一世紀裡，羅傑、大衛、理克和我最後一次的同臺演出。就團隊關係而言，情況甚至比錄音期間更糟糕。在伯爵宮的後臺區可以看到最清楚的徵兆：在那裡每位樂手都有各自的活動隔間，羅傑與理克的隔間分別位於場地兩端……。我想那時我們還辦了各自的慶功宴，小心避免邀請對方。

幾個月後電影開拍，由傑若與麥可・薛辛（Micheal Seresin）擔綱雙導演，亞倫・帕克（Alan Parker）擔任總監製。但一週過去，這個體系顯然行不通。改由亞倫升任導演，麥可離開，傑若分配到其他工作，一切又重新開始。開拍就改變指揮結構是某種預兆，接下來的則是關於電影的大量分歧。亞倫有自己強烈的願景，但傑若和羅傑也有。傑若覺得相當孤立，因為亞倫與新的製片亞倫・馬歇爾（Alan Marshall）自成一派，羅傑和史帝夫則是另一派。據參演歌手鮑伯・葛道夫（Bob Geldof）說，亞倫信奉編劇麥可・韋納（Michael Winner）的格言：「片場的民主就是一百個人照我說的去做」，而電影專案的其他某些負責人也同意這個哲學。雖然這樣註定多災多難，但我想最後的結果是個人才華戰勝了組織。傑若的動畫讓舞臺演出成功轉換到大銀幕，擔綱主角平克（Pink）的鮑伯也是。

鮑伯跟羅傑都講過一個故事。鮑伯跟他的經紀人搭計程車去機場，經紀人在車上告訴他有個工作機會，在電影裡飾演平克的角色，還說他真的應該好好考慮，說這會是事業的一大步。鮑伯噴了一些憤怒的話，類似：「喔幹，我他媽的超討厭平克佛洛伊德。」羅傑回憶：「這對話一直持續到他們抵達機場。鮑伯不知道計程車司機是我哥。他打給我說：『你絕對猜不到我剛剛載到誰……。』」幸運的是鮑伯改變了心意，並接受了這個角色。

試鏡時，鮑伯用《午夜快車》中的一幕和《牆》打電話那段說服了所有人。在亞倫哄騙下，鮑伯在幾個小時內從矜持的新人變成情緒化的戲劇演員。問題是直到後來鮑伯才意識到，這部電影裡頭他幾乎沒有任何對白。

鮑伯的合約細節被他的經紀公司拖入泥沼，這件事對拍攝也毫無幫助。當負責人最終出現在倫敦機場時，他卻被逮捕並帶去訊問。儘管各種合約問題依然無解，鮑伯還是很有騎士精神地開始工作。

亞倫認為，雖然鮑伯有所保留，但他盡了最大努力來演出這個角色，甚至準備要剃掉眉毛。亞倫說，因為鮑伯不會游泳，因此發現「在屋頂游泳池溺水那幕對他來說很容易，因為大部分是真實反應。」鮑伯只抱怨過一次，那是一場寒冷的夜間拍攝，他得在漢默史密斯區的舊餅乾工廠脫光衣服，渾身沾滿粉紅色黏液，再聽令變身成一個法西斯主義者。

鮑伯在自傳《Is That It?》（「是這樣嗎？」，暫譯）中也描述過電影其中一幕，有一位熱中於方法演技的美國女演員要表現出她很害怕平克的樣子。她問亞倫表演動機是什麼。亞倫嘆了口氣告訴她：「錢。」結果這一幕似乎一下就拍好了……。

戰爭的場景在德文郡桑頓沙灘拍攝。這是一片特別有用的海灘，提供我們許多背景，包括在沙灘上擺滿床的《暫時失去理智》專輯封面。拍攝過程中，一架二分之一比例的德制俯衝轟炸機，在有證照的飛行員控制下表現出色。另一架則墜落海面消失無蹤。我記得有天早晨在沙灘上，戰場硝煙瀰漫中，大家一陣歡呼，看見當地外燴業者英勇調動一架下午茶餐車穿越沙丘，確保我們安全獲得熱茶和培根三明治補給。

另一件值得一提的外景工作是在倫敦皇家園藝廳（Royal Horticultural Hall），我們在那裡募集了兩千名光頭黨，扮演既是搖滾演出、也可以是政治集會的群眾。他們喜歡在附近頗排外的酒吧揮霍工資，加上厭惡穿制服（即使身為不幸的臨演），因此現場保證有種充滿活力而近乎危險的氣氛。編舞家吉蓮・格雷戈里（Gillian Gregory）負責這項不可能的任務：教導光頭黨非常簡單的舞蹈動作。經過兩個小時不斷精簡舞步、降低難度後，她終於放棄。很可惜，她期望中軍隊般的精確度是不可能實現的——看著最終版本，你會知道他們想要做一致的動作，卻看不出來那是什麼動作。

亞倫有段關於史帝夫的特別回憶。後製期間，在亞倫的松林園小屋辦公室中，史帝夫接到羅傑從主屋打來的電話。史帝夫轉身就要衝回去，但「因為視力太差，他沒看到關上的玻璃門，整個被他撞碎。史帝夫全身都是割傷，還有腦震盪，躺在地上。他睜開雙眼，看到我的祕書安吉（Angie）正溫柔地從他臉上拿開玻璃碎片。他立刻墜入愛河，最後跟她結婚。」

我相信亞倫是這個工作的最佳人選。而且他有時確實聽得進別人的話或建議。我還保留著他寄給我的一個小膠捲筒。我們曾經針對男孩在海灘上的某個特定鏡頭爭執了一陣子，因為我認為那有點異想天開。膠捲筒裡是這段影片的膠捲和一張紙條，上面寫著：「好吧，你贏了」。在亞倫記憶中，他和羅傑對於素材很少有創意上的歧見——他還是對完成的電影自豪——但也說當兩個強大的自我起衝突時，激起的問題常讓他感到痛苦。亞倫在松林園小屋的門上有一塊牌子，寫著：「只是牆上的另一根刺[105]」。

史帝夫擔任監製，負責確保我們能撐過拍攝電影的財務災難。「提到帳目，」亞倫描述，「有人說史帝夫・歐洛克報銷動畫成本的帳簿，多到可以在福伊爾書店（Foyles）擺滿一個書架。」我們一開始承擔電影啟動資金兩百萬美元的風險（靠《牆》發專輯賺的所有收入），不過最後美國米高梅影業的大衛・貝葛曼（David Begelman）傳來消息，保證提供我們需要的一千萬美金。德國新康斯坦丁電影公司（Neue Constantin Film）的柏納・艾辛格（Bernd Eichinger）又給了兩百萬美金，英國戴菊鳥電影公司（Goldcrest Films）也透過投資銀行拉扎德兄弟（Lazard Brothers）為實際製作提供資金。遺憾的是，我們要償付利潤時，戴菊鳥電影已經因為財務困難進入清算。不過在一九九四年，戴菊鳥的加拿大籍前總裁傑克・艾伯茲（Jake Eberts）打電話來的時候，我們還是給了他兩張加拿大演出的免費門票。

亞倫回憶，他和史帝夫第一次把這部電影提給米高梅時（亞倫剛幫米高梅拍完《名揚四海》〔Fame〕），貝葛曼「跟我說他要把公司好幾百萬美金的投資託付給我，儘管他完全不知道這部電影在幹嘛。就連他十八歲的兒子——一個平克佛洛伊德的樂迷——也看不懂。史帝夫・歐洛克跟我握了貝葛曼的手，敲定合約，我說：『別擔心，大衛，你可以相信我們，

105 亞倫用刺（prick）做磚（brick）的諧音，諧擬歌名〈牆上的另一塊磚〉。

因為我們把別人的錢當成自己的錢。』」走進電梯後，史帝夫告訴亞倫這句話可能不太恰當，貝葛曼才因遭控挪用六萬美金支票，被解除先前在哥倫比亞影業（Columbia Pictures）的董事長職務。

電影原聲帶從未發行，部分原因是難以避免太貼近原來的專輯。但鮑伯還是用自己的詮釋，為幾首歌帶來有趣的不同版本。

我們在一九八二年舉辦多場首映，包括在坎城影展（Cannes Film Festival）的深夜放映。這一場很有趣，尤其是剛好遇到F1摩納哥大獎賽，我可以邀請傳奇英國賽車手詹姆斯・亨特（James Hunt）赴會。坎城節慶宮（Palais du Festival）老舊的音響系統，在不列顛街庫存設備稍微出力之下升級。隨著音樂響起，天花板上的石膏開始剝落，形成一片灰塵與油漆的帷幕。亞倫記得史蒂芬・史匹柏（Steven Spielberg）出席了坎城影展的放映。「當片尾燈光亮起時，他帶著極大的憐憫看向我這邊，聳聳肩，彷彿在說：『這到底是在演什麼？』」

洛杉磯和紐約也辦了幾場特映，包括一場美國的記者會。製片馬歇爾被問到這部電影的意義，他的回答很簡潔：「不就是關於某個瘋狂混蛋和這堵牆的故事嗎……。」

溝通失敗
COMMUNICATIONS FAILURE

'10

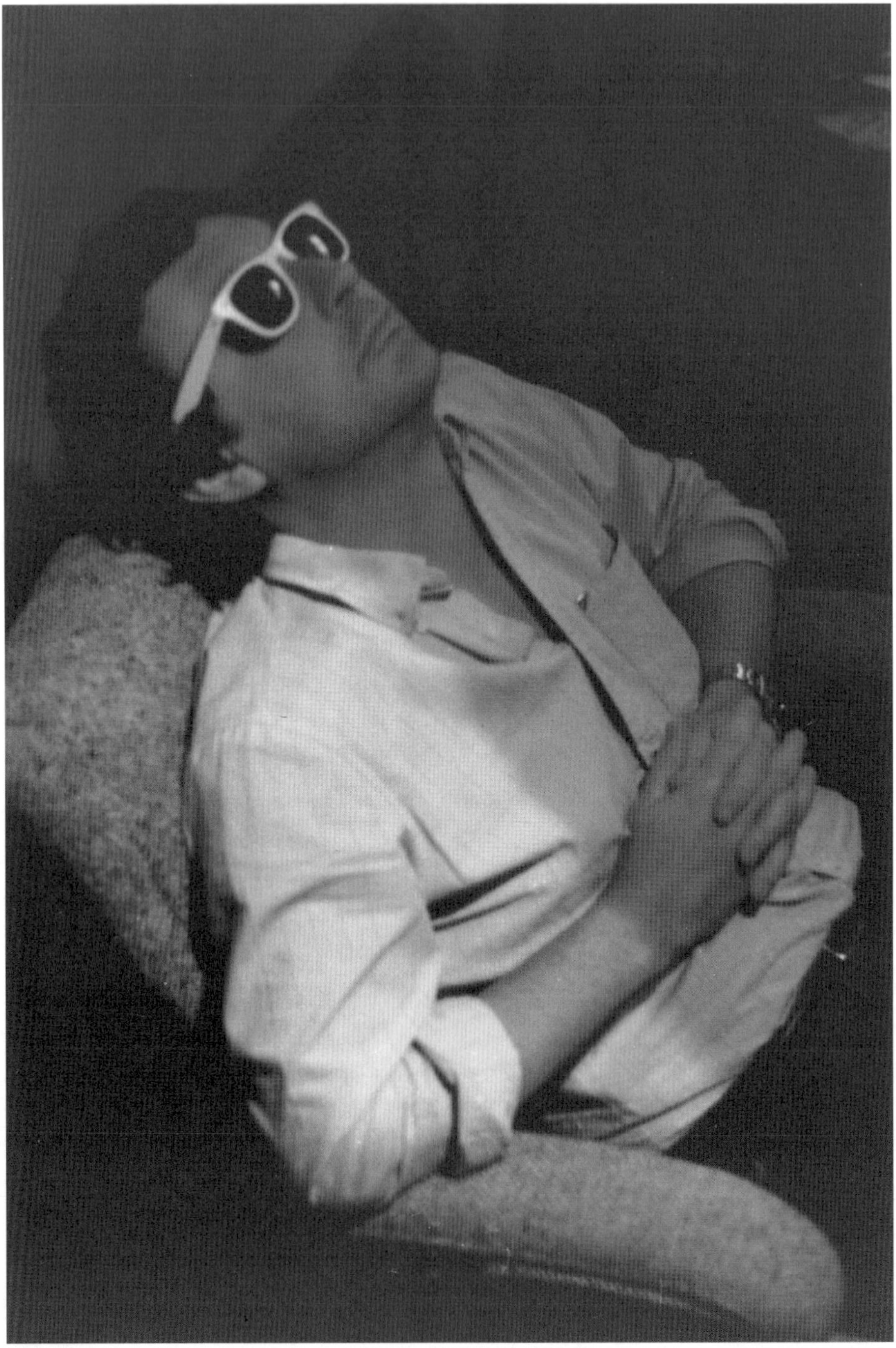

10

溝通失敗

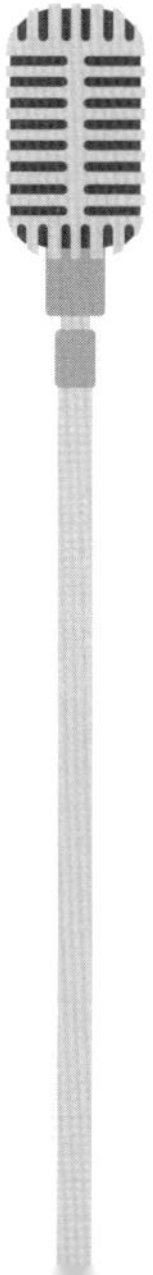

《牆》的所有工作完成後，我主要的感受與其說是興奮，不如說是疲倦——這可能成了典型的模式。由於我們兩年內只表演了三十場左右，因此很難怪給體力消耗。比較像是感覺整個計畫簡直沒完沒了。然而，或許讓我垂頭喪氣、缺乏熱情的另一個原因，是想到接下來我們又得互相對峙。

巡迴演出與電影放映結束後，一九六八年以來四人編制的平克佛洛伊德不復存在。理克享受自我放逐：他住第二任妻子芙蘭卡（Franka）在希臘的家，和傳說中吃蓮花的島民一樣愜意。曬太陽的理克缺席，只是突顯出我們陷入了沒有溝通的循環。

一九八二年七月《牆》電影版在院線上映，我們或多或少都參與了宣傳。我記得自己被派去西班牙做當地首映的唯一代表（我以為其他人都在美國負責紐約和加州的首映活動），咬著牙對著鏡頭微笑。在馬德里的皇家包廂裡，我用自己覺得有王室威嚴的儀態揮手，謙虛坦承這部電影並不全是我個人的作品……。

回到倫敦後，羅傑開始製作下一張專輯，在很短的時間裡這張專輯就改過好幾次。我記得最初的計畫是把《牆》沒用到的幾首曲目整合在一起。電影配樂裡有些歌並沒有收進原本的專輯，可以加入新的素材強化。

《最後一幕》最初的暫定專輯名稱「備用磚塊」（Spare Bricks）證明了這一點。當整張唱片發展成相當不同的面貌時，原本的想法就棄置了。我想有好幾個因素導致方向改變。羅傑並不滿意起先零碎片段的方案，這時他已經對想要處理的問題有了更清楚的想法。《最後一幕——戰後夢想的安魂曲》（*The Final Cut - A Requiem for the Post War Dream*）成為更聚焦的作品。雖然還是與《牆》的主題相關，但這張專輯探索的是羅傑對父親之死的感受，他父親在二戰的安齊奧（Anzio）登陸戰役中陣亡。在戰爭初期，羅傑的父親一直是個良心拒服兵役者，這個事實更添沉痛。要畫重點強調的是，雖然有這麼多人為此犧牲，戰後的英國卻沒能提供一個更美好的世界。

另一位看似不可能的繆斯女神候選人是瑪格麗特・柴契爾（Margaret Thatcher）。一九八二年，在柴契爾夫人領導下，英國為了福克蘭群島主權向阿根廷宣戰，作家豪爾赫・路易斯・波赫士（Jorge Luis Borges）巧妙地把這場戰事比喻成「兩個禿子搶一把梳子」。當時英國的侵略主義氣氛令人震驚，我想這特別讓羅傑心煩。《最後一幕》成了一個真正的工具，可以讓他表達對這些事件的驚駭。

我很難不去體諒這些政治上的感受，但我認為大衛的看法是《最後一幕》已經變得不適合成為樂團的共同專輯。大衛想要時間去創作一些自己的素材。但此時已經充滿動力的羅傑一點都不想等待。他想繼續趕進度，一旦起步，就不留什麼時間給別人支支吾吾。除此之外，他似乎懷疑大衛有能力在短期內交出任何東西。

羅傑強制定下一個專輯的完成期限，似乎真的壓抑了大衛的創意。我不確定這是不是羅傑有意的權力遊戲。我推測，他可能是對大衛交件緩慢感到生氣，或者只是不耐煩。也可能在羅傑的腦海裡，他已經邁入了他個人的單飛期，只是要大衛和我協助他完成抱負。《牆》錄音期間我們維持某種民主的表象，但就連這個表象也受到威脅。事情很快就變成了「問題」，就像一艘危險的潛艇，在我們的關係那複雜隱晦的水面上伸出了一支潛望鏡。

結果變成這張專輯收錄的全是羅傑的創作。大衛的貢獻被縮到最小——他的吉他獨奏除外，連羅傑也不會莽撞到嘗試影響這部分。更具指標意義的是羅傑決定自己負責大部分的主唱，只留給大衛唱〈現在不行，約翰〉（Not Now John）一首歌。先前大衛歌聲的抑揚頓挫，總不免對羅傑歌曲的旋律結構加上一些微妙的變化。這種改變，加上失去理克的招牌鍵盤音色，代表既定的「平克佛洛伊德聲音」關鍵要素不見了。

另一個消失的環節是巴布・艾茲林。以樂團用語來說，中止合作或許會說成「音樂方向不同」，但實際上這可能來自一連串的意外：羅傑依然對巴布接受某一本美國雜誌的糟糕訪問而怒火中燒。就在《牆》演出前，一位記者朋友（後來鬧翻了）像黃鼠狼一樣狡猾地從巴布口中騙到了整場演出的詳情，還獨家披露壓軸大場面是牆面倒下。這次背叛行為害巴布窘得要死，但火上加油的是那個記者還盛讚巴布，把他寫得比實際上貢獻更多，至少我們是這麼認為。

後來巴布接到史帝夫來電威脅要告他，說私下跟媒體談話違反合約，他可能落得拿不到辛苦賺來的版稅。從核心成員突然被打入冷宮，這一切讓巴布震驚。史帝夫甚至挑明了跟巴布說，他連來看演出都不會受歡迎。我現在覺得，我們那時並不知道聯合起來否定一個人有多可怕。就在種種跡象都顯示這張唱片即將創造巨大成功時，巴布卻無法享受榮耀的時刻。

最後整個問題被丟到一旁，但幾年後塵埃仍未落定，依然瀰漫在空氣裡。羅傑還是不準備讓巴布重回團隊——假設巴布有想參與。就我來看，這很可惜。巴布也許一時糊塗，但他總是很坦率……。

巴布留下的缺口，一部分由麥可・凱曼補上。他不僅是評價很高的作曲家（後來獲得奧斯卡提名），還是一位傑出的鍵盤手。麥可最初在紐約茱莉亞音樂學院主修雙簧管，一九七〇年代開始創作電影配樂。《牆》之後，他持續作曲，電影配樂作品包括《巴西》

（*Brazil*）、《蒙娜麗莎》（*Mona Lisa*）、《終極警探》、《殺人執照》（*Licence To Kill*）、獲得奧斯卡提名得《俠盜王子羅賓漢》（*Robin Hood: Prince Of Thieves*）、《春風化雨》（*Mr. Holland's Opus*），以及電視影集《驚爆萬惡城》（*Edge Of Darkness*）。

這解決了理克離開後的實際問題。不過，麥可沒興趣用吵架的方式製作唱片。事實上他也不需要這樣。不管置身什麼樣的情況，他都只是逕自做出精采的作品。他沒跟任何團員面對面接觸就完成了《牆》的工作，樂團政治根本與他無涉。

《最後一幕》大部分在梅菲爾錄音室（Mayfair Studios）錄製，位於北倫敦的櫻草花山（Primrose Hill）。除了位置便利，靠近一家我們都喜歡的餐廳，詹姆斯・蓋瑟利也很期待在那工作。巴布缺席之下，詹姆斯顯然是錄音師和聯合製作人的合適人選，尤其是他能輕鬆應對跟我們每個人合作的麻煩事。一九八一年他幫我們重錄〈金錢〉，收進新發行的精選輯《傳奇舞曲選》（A Collection of Great Dance Songs）。大衛用剛上市的Linn鼓機編寫律動，然後我進錄音室疊錄現場鼓聲。不幸的是我跟機器的拍子有落差，詹姆斯覺得他必須直接找我談。他解釋說，鼓的音色和拍子都有些不一致的問題。他印象中我專注聽取他的意見，點頭，然後小心拿捏措辭回應：「嗯，拍子和一致性從來不是我的強項。我在慶功宴的表現往往比較好。」

其他幾間錄音室也用於特定的疊錄工作，包括奧林匹克、RAK、埃爾派島錄音室，還有羅傑跟大衛自己的家庭錄音室，兩間的設備現在都提升到專業等級。羅傑的錄音室叫撞球間（Billiard Room），凸顯出房間原有的設備，外加一臺二十四軌錄音機……。

之所以這樣做，有一部分原因是想避免回到不列顛街。雖然技術條件如今已改善許多，但那裡仍缺乏詹姆斯認為很重要的一些特質。採用中立錄音室而非不列顛街或許也是個明智決定：關在我們自己的核彈掩體裡，末日爆炸可能最終發生在內部，而不是外頭。我們在梅菲爾只遇過一次真正的技術狀況：聖誕節前夕的一個週末，我們都做了一番努力趕來錄音室，助理卻睡過頭把我們鎖在門外——為了他的自身安全，我們建議他新年別回來。

詹姆斯記得錄製《最後一幕》期間，在撞球間有過一次氣氛非常緊張的錄音。羅傑想把某一段歌聲唱得更好：「羅傑在他習慣的位置，靠在撞球桌邊，戴上耳機開始唱歌。多數時候羅傑都抱著平常心，能夠很快捕捉到動人的歌聲表現。那天本來是休息日。音一直唱不準，氣氛愈來愈緊張。麥可就是沒那個心情。他有好一段時間都沒說話，注意力明顯在其他地方。他非常專心地在便箋上寫字。」

麥可顯然無心錄音，搞到最後羅傑煩躁起來，怒氣沖沖地衝進控制室，要求知道麥可寫了什麼。詹姆斯回想：「麥可覺得自己上輩子一定做過什麼難以啟齒的事，如今為了償還業報，只得忍受一次又一次反覆唱一樣的東西。所以他在便箋上寫了一遍又一遍、一頁又一頁、一行又一行的『我不可以操綿羊』。他不確定自己上輩子到底做了什麼，但『我不可以操綿羊』似乎是相當合理的猜測。」

幾年後，麥可加入羅傑的個人樂團參加巡迴，所有的人員都領到一件T恤。所有的T恤上都用左右相反的鏡字寫著「我真的對得起薪水嗎？」（以便在每天早上當成第一件事提醒他們）。樂團成員的衣服上還有他們自己個人化的訊息，麥可的那句是「羊綿操以可不我」……。或許驚人的是，麥可和詹姆斯跟這個極度排外的樂團合作過後都撐了過來，得以再次與我們所有人合作。

有一段時間，我自己很少參與錄音過程。我花愈來愈多的時間賽車：一九八一年我被迫錯過拉曼耐力賽，因為《牆》的演出更優先。不過史帝夫做了瘋狂的事：他在比賽開始時先駕駛前半段，然後衝回伯爵宮趕週六晚間的演出，週日早晨又回到賽場開後半段的比賽。為了彌補這件事，我策畫了一項相當聰明的宣傳活動，那就是慫恿德國EMI唱片總裁威爾弗雷德・榮格（Wilfred Jung）贊助多塞特車隊的Lola 298賽車，讓它披著《牆》的塗裝奔馳在紐柏林賽道（Nürburgring）上進行一千公里的耐力賽。這其實不太難，因為威爾弗雷德是個狂熱的賽車迷。我想我們都覺得這正是鞏固藝人與公司關係的方式。隔年我回到拉曼，和史帝夫合開一輛車。奔走在尋找贊助商、練習比賽，以及災難性的某組大獎賽車隊部分所有權之間，說來神奇，我還找得出時間去錄音室……。

儘管如此，我還是花了幾天錄好幾首歌的鼓聲，也花了一些時間露臉，表現積極態度並提醒每個人我的存在。這些任務都不難，直到另一個要素變得明顯不如預期：例如立體身歷聲（holophonic）的效果不靈光。開始錄音時，有個名叫烏戈・祖卡雷利（Hugo Zuccarelli）的義大利聲音專家找上我們。他聲稱自己設計了一種新的立體身歷聲系統，可以直接錄到立體聲磁帶上。我們很懷疑，因為在這之前，一九七〇年代對四聲道美好世界的嘗試都證實過於複雜。四聲道錄音需要大量的音軌空間，還得無止盡地調整控制旋鈕，把聲音安置到四聲道頻譜。不僅每一方面都極其複雜，而且準備好把扶手椅準確地放在客廳正中央以獲得最大聽覺享受的瘋子也不夠多。

然而，烏戈的立體身歷聲——或「全聲」（total sound）——系統不一樣。它真的管用。我仍然不知道那究竟是怎麼做到，因為它只使用一對包在人偶頭裡面的立體聲麥克風。這提供一些空間性聲音特質，透過耳機重聽時，它會複製出日常生活中人類耳朵的運作方式。烏戈的第一盤樣品磁帶確實驚人：我記得有個音效是搖晃一盒火柴，在你的頭旁邊繞一圈，聲音忽前忽後、忽上忽下。如果你閉上眼睛用耳機聽，那真是會讓人迷失方向，完全信服。

我們馬上決定用這套系統來錄專輯的所有音效，我自願護送立體身歷聲人偶頭（他叫林戈〔Ringo〕），到各個地點錄教堂鐘聲或腳步聲。羅傑特別著迷往來車流的都卜勒效應，以及行經車輛音調變化時創造出來的音樂性效果。我的賽車經驗終於得到回報：我花了愉快的好幾個小時捕捉公路的聲音，並試圖在亨登警察學院駕訓班（Hendon Police Driving School）

的光滑練車場錄下刺耳的輪胎聲（結果完全失敗，因為就算煞車整個鎖死了，汽車卻還是安靜得詭異，從路面的浮油上滑過）。

羅傑還想要戰爭般的飛機聲。我透過一位空軍高層熟人，獲准在沃里克郡的英國皇家空軍霍寧頓基地（Honington）錄製龍捲風戰機。站在跑道盡頭，試圖為這麼強烈的聲音設定錄音音量級別是一次不尋常的經驗。點燃後燃器時，空氣本身因為音速超載而劈啪作響。我還藉由老朋友的人脈，說服另一位駕駛沙克爾頓反潛機（Avro Shackleton）的朋友錄軍機飛行的聲音。想到要花半天時間在海上繞圈，尋找不存在的潛艇，我一點也不興奮，但林戈勇敢地接受了這項任務，返航迎接早餐和勳章，以及磁帶上整整十二小時的飛機轟隆聲。至今我仍然心懷一絲愧疚：我從軍中朋友身上得到這麼多協助，但全部的努力最後卻收進了一張反戰唱片中。我希望他們現在都原諒我了。

遺憾的是，我都還沒開始做《最後一幕》，羅傑就非得霸道地宣布，因為我做的事只有「打鼓」，所以不能因為這些工作而要求額外的版稅或列名。這樣的行為似乎真的已經接近自大狂的邊緣了，尤其是我根本不會威脅到他的計畫。我決定往好的一面看：至少這是逃離錄音室緊張氣氛的一種方法。

如果說我不太開心，大衛肯定也過得不輕鬆。羅傑刻意忽視大衛的所有建議，也可能正因如此，他希望麥可加入，豐富音樂的點子。由於麥可在旋律上很強，還有作曲和編曲的經驗，他從許多角度來說或許可以取代大衛，就像取代理克或巴布一樣。我這麼想可能太多疑了，但大衛似乎是真的被冷落在外。到《最後一幕》完成時，羅傑已經有效掌控一切。我認為我們工作時一直有一個基本原則，就是作曲者對於一個作品要如何製作呈現擁有最終決定權。既然大衛在這張專輯沒有作曲貢獻，他的角色就無可避免地被侵蝕了。

然而，我不記得我們有討論過該不該把這張當作羅傑・華特斯的個人專輯來發行。不管怎麼說，這樣的計畫應該都是來不及的。唱片公司期待的是一張平克佛洛伊德的專輯，不會欣然接受羅傑的個人作品。我也不會同意，因為我認為這會代表樂團的結束，而我也確實有一種不好的傾向，秉持「如果什麼都不做，也許問題就會消失」的信念行事。似乎已經很難想像在未來某個時候，我們還會重新開始製作一張樂團的集體專輯。當然，我們那時就應該解決這些問題的，但我們卻不知怎麼地完全閃避了。

雖然我們都擁有激怒對方、讓對方不爽的驚人能力，同時還能面無表情，但我們卻始終不曾學會如何討論重要議題。在《月之暗面》之後，我們全都有個明顯的傾向，就是批評起別人絲毫不留情面——被批評時則更加沒有風度。羅傑有時被看成喜歡衝突，但我認為並非如此。我想羅傑常常沒有意識到自己有多嚇人，而他一旦認為衝突是必要手段，他就會拼死求勝，不顧一切——而他的「一切」有時真的非常可怕。從積極的一面來看，這對他打高爾夫球、網球和撲克牌來說是個巨大的優勢……。相對之下，大衛一開始可能沒那麼嚇人，但他一旦決定了行動方針就很難動搖。當大衛不可動搖的事物碰上羅傑不可抗拒的力量，就保證產生一堆難題。

接下來是一場關於列名的大規模爭論。最後大衛的名字消失了，但共識是他仍然會得到報酬。麥可與詹姆斯則繼續擔任聯合製作人。

感覺上像是羅傑接管了一切，而我們為什麼會默默接受呢？當時的我們接受了許多我們認為是不可避免的事，但回頭看來，那些似乎都沒必要。之所以會這樣膽怯地服從，可能是過去十年間樂團結構逐漸改變的緣故。或許大衛對自己的作曲能力缺少信心，覺得如果我們去爭論這些問題，就會有失去羅傑、讓樂團無法繼續下去的風險。也可能是理克離開後，我們開始擔心各自被邊緣化，再一個一個被勸退離團。承認這一點讓我很痛苦，但無論理由是什麼，把羅傑投射成終極反派，雖然很誘人，卻可能是錯置了。

我記得那段時期特別緊張，總覺得要維繫一切好難好難。我自己的生活也稱不上井井有條。在海外待了一年後，我也在處理自己的劇碼。我準備結束和琳迪的婚姻，也即將與現在的妻子安奈特（Annette）開展新關係。由於我在情感問題和現實生活上一直傾向於避免衝突，說這段時光不輕鬆，似乎太輕描淡寫了。對於琳迪和兩個女兒克柔伊和荷莉來說，這尤其可怕，但我有一種很糟糕的感覺：當時的我八成覺得自己是唯一真正受苦的人。

一九八三年三月專輯發行時，佛洛伊德的另一條聯繫也切斷了。因為一支影片拍攝預算嚴重超支，史東和小波解散了新潮靈智（可能宣稱有「視覺上的歧見」）。儘管傑若・史考夫參與《牆》的製作，史東可能合理期望自己會接到這份工作。只是，傑若和史東都被略過，羅傑選擇自己設計封面。他任用威利・克里斯蒂（Willie Christie）拍攝照片——我認為這對威利有點尷尬，因為他既是羅傑的小舅子，也是一位出色的攝影師。但新潮靈智缺席，確實讓不再如昔的平克佛洛伊德那已然響起的「最後熄燈號」又增加了幾分貝。

我不認為羅傑對《最後一幕》全然滿意（我認為他一度用「充滿瑕疵」評論它），但一定有很多事情讓他感到滿意。唱片獻給了他的父親，恰恰說明了《最後一幕》對他來說是多麼個人的一張作品，也或多或少說明了我們其他人為什麼被剝奪了參與的權利。對我來說，這張唱片代表了我人生中一段非常艱難的時光，也因此我無法對它做出任何真正有效的評價。和我們的每張唱片一樣，最終完成的那一張黑膠就形同我生命中某幾個月的日記，而不是我可以客觀看待的音樂作品。

音樂能夠直接召喚出你人生的某個時期，有些可怕的歌曲你可能一喜歡就是好多年——正如劇作家諾爾・寇威爾（Noel Coward）所言，「廉價音樂的力量強大得不可思議」。對發唱片的樂手來說，奇怪的是時間失序這件事，因為專輯實際上在發行「之前」就已經存在了，也許早了一年。對我來說，《最後一幕》是一九八二年下半，而不是一九八三年……。

《最後一幕》完成後，沒有接下來的計畫。我不記得任何宣傳活動，也沒有誰提議辦現場演出來宣傳這張唱片。反正也很難想像有什麼演出可以接在《牆》之後。不過這也是大衛和我思考未來的另一個要素。我們都認為現場演出和巡演是身在樂團不可或缺的一部分。如果成為羅傑主導的佛洛伊德團員，就代表不會再有現場演出（「由於不守校規，本學期所有巡演取消」），只剩錄音室裡的煩心事，未來前景顯得一點也沒有吸引力。

因此大衛和羅傑都展開個人的計畫。大衛的《關於臉》（About Face）專輯和巡迴聚焦在演奏而不是舞台場面。大部分演奏素材都來自他的個人專輯，但這次的巡迴和專輯後來在很多方面幫了我們：它們呈現出大衛這位音樂家的最佳狀態，而且他能和媒體以及唱片公司建立牢固的關係，這在四年後我們最需要的時候很有幫助。此外也可能是這一趟讓他體認到，如果想讓大型體育場坐滿，就必須拿出一整場充滿戲劇效果的演唱會。

就在巡迴來到漢默史密斯音樂廳（Hammersmith Odeon）之前，大衛聯絡我，提議邀理克和我在最後一場倫敦演出尾聲時出場，和他一起演奏〈舒適的麻痺〉，說應該會很棒。聽起來很好玩，所以我下午就去排練了一下，試試看用別人的鼓組。感覺有點奇怪，尤其是我已經四年沒演奏這首曲子了，但大衛的巡迴鼓手克里斯・斯雷德（Chris Slade）人再好不過。根據我多年的經驗，鼓手總是暴躁地交出他們的鼓並補上一句：「不要碰小鼓」，但這次經驗證明了鼓手愈厲害，態度就愈放鬆……。那天的歌聽起來很棒，我們都樂在其中。我討厭扯一些形而上學的東西，但我覺得我們再次一起表演時確實感受到了某種特殊的魔力，而我認為這個時刻也促成了一九八六年的後續事件。

與此同時，羅傑正著手重啟《搭便車的利與弊》。幾年前他就準備好試聽帶，作為《牆》的另一個選項。這張專輯在大衛的漢默史密斯演出後不久發行，接著羅傑用傑若的新動畫和費雪帕克工作室（Fisher Park）設計的舞臺元素，展開他自己版本的平克佛洛伊德巡迴。我去伯爵宮看了他的演出，發現這次經驗讓我出奇地沮喪。演唱會前半部由佛洛伊德的曲目組成，讓我感覺自己彷彿是嬰兒房窗外（上了年紀）的彼得潘——我的角色由另外一個人扮演。回想起來，這件事可能深深激勵了我。我意識到自己不能就這麼輕易放手，眼睜睜看著火車在沒有我的情況下繼續前行。

那時理克正與戴夫・哈里斯（Dave Harris）合作一個叫做 Zee 的樂團（他們幾乎跟羅傑同時發專輯），而我參與了一部精巧結合音樂和賽車的紀錄短片。事實上它與一項合作完美結合，那時我和一位朋友——10cc 樂團的鍵盤手瑞克・芬恩（Rick Fenn）——創立了一間小公司，為廣告和電影提供配樂。

《浮生若夢》（Life Could Be A Dream）的發想，來自樂富門香菸（Rothmans）和他們贊助世界跑車錦標賽 Porsche 956 車隊的案子。我會帶一組攝影團隊上車，開幾場一千公里的競賽。額外的福利是我可以與賽車手勒內・梅吉（René Metge）和理查・洛伊德（Richard Lloyd）在拉曼賽事一起開車（純屬巧合的是，理查以前曾是笛卡唱片的製作人，負責錄製理克與亞當、麥可與提姆樂團合作的第一首歌）。我們也做了電影原聲帶，想說這可能有些商業潛力。遺憾的是，我必須承認自己對於把一大堆菸草公司的標誌統統放上去不怎麼自責，還很小心應答關於吸菸的難纏問題。然後我們接著製作一張專輯，收錄大衛大方獻唱的單曲〈說謊圓謊〉（Lie For A Lie）。即使有他幫忙，這首歌跟排行榜的距離還是沒能近到刮傷烤漆，更別說是撞出一道凹痕了。

這段期間平克佛洛伊德不太有機會一起演出，但一九八五年倒是出現了一個隱約的可能性，讓我們在四海一家慈善演唱會（Live Aid）登台。最後大衛是我們之中唯一上場的人，他幫布萊恩・費瑞（Bryan Ferry）彈吉他。這還有個好處，讓他認識了鍵盤手強・卡林（Jon Carin）。

我把大部分的空閒時間花在學開飛機，終於克服了巡演引發的恐懼——我們實在搭過太多讓人緊張到指關節泛白的航班了。這顯然帶動了流行，大衛也跟著取得飛行執照，還有史帝夫。後來我們共用飛機很多年，把自己嚇得比搭那些民航機時更慘。

這段時期的個人創作和演出原本或許可以讓我們四個人獲得有效的喘息空間，但事實上卻只成為引發不滿的另一種根源。大約在這時候，羅傑決定要和史帝夫重談個人合約，並希望協商保密。史帝夫覺得，無論考量道德面與可能的財務原因，他都有義務通知我們其他人。羅傑把這視為一種背叛，加上他認為在《最後一幕》大家情緒不穩交鋒期，史帝夫強烈傾向代表大衛發言，因此羅傑想換掉史帝夫的經紀人位置。

我們確實見了面，談了事情。一九八四年在一家日本餐廳，甚至有過一次氣氛相對輕鬆的會面。在壽司和清酒的撫慰下，我們討論了所有後來不會去做的事——然後史帝夫也湊過來聽。羅傑無疑被這普遍友善且認命的氣氛誤導，以為我們都已經接受了平克佛洛伊德即將走到盡頭的事。但大衛和我卻認為，羅傑完成《利與弊》之後，大家的生活就可以繼續了。畢竟，以前樂團的活動也曾經中斷過好幾次。羅傑認為這次碰面是一場欺騙，不是一場外交——我不同意。很明顯，我們的還是極度缺乏溝通技巧，搞得一團亂。離開餐廳時，我們對於剛剛談定的事情卻是抱持完全相反的看法。

11

RESTART... AND RESTORATION

重新開始……與修復

11

重新開始……與修復

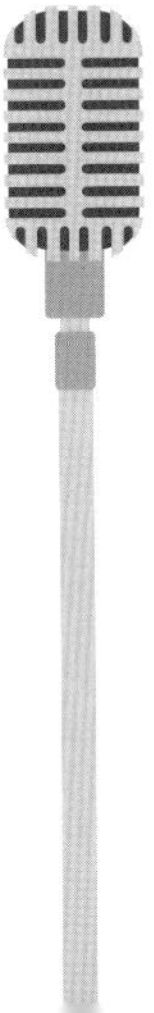

一九八六年，大衛和我決定嘗試製作另一張專輯，沒有羅傑。我們並不是在某個特定的時刻靈光乍現，然後才決心去做這件事的。事實上大衛自己一陣子前就已經下了決定，而且一直在做幾首歌的試聽帶。後來我們漫不經心地聊了幾次，史帝夫可能說過「你們想不想……？」或者大衛也許問過我「好啦，做不做？」最後這些討論終究自己累積了足夠的動力，我們達成共識：「放手去做吧。」一旦下了決定就不再回頭。這有點類似一九六八年失去席德的時候：事後才發覺那些替代方案令人擔憂。我們不曉得確切要怎麼做，卻覺得一定可行。儘管我個人一直是搖滾界的牆頭草，但我徹底守著這項決定。我依然對自己展現的意志力略感訝異。樂團舊作囊括那麼多羅傑的創作和指引，不過我對大衛能夠很快喚醒任何蟄伏的能力深具信心，也相信他的歌喉和吉他功力，這些曾經對樂團的聲音貢獻良多。

我不認為我們認真考慮過種種法律後果，但我們絕對有意識到相關風險。在這個時刻，媒體還是很關注團員與羅傑不合的事，因此發行一張專輯會帶來令人不安的可能性，讓他們有機會證明攻擊言論是對的，因為我們暴露出自己只不過是見錢眼開的偽君子。還有一種潛在的威脅：我們有可能會在賣場的決戰中被自己昔日的同僚打敗（這始終是一股強大的驅力），也遺憾地暴露出我們的真正動機其實不是想將美好的音樂帶給一群美好的人。這對我們自尊心可能造成的傷害，遠遠超過任何財務災難。

在整個錄音期間，與羅傑的持續紛爭不曾消減，演變成雲霄飛車式的餘興節目。跟律師團的無止盡通話換成了冗長的會議，常在狄更斯筆下的律師學院環境下舉行。為了想找到關鍵致勝證據，數小時討論圍繞我們過往中最枯燥的層面，也就是我們認為十八年前口頭上可能同意過的法律細節。訴訟是一種不凡的體驗，你依照個人打鬥技巧選擇競技鬥士，然後舒適地坐著欣賞他們表演。這或許是我見過昂貴得最過分的娛樂形式，也是最使人焦慮的一種。

在法律前線之外，我們也曾討論並嘗試過要和解。有天我跟羅傑共進晚餐，他說他能夠接受的底線就是跟史帝夫解除合約。很遺憾，史帝夫是我們事業的要角，我想我們都覺得大家是綁在一起的，雖然這其實也許沒必要。部分問題在於我們什麼都沒寫下來。史帝夫和樂團之間有過口頭協議——律師說這跟紙本合約一樣有約束力，也就是說任何一個人的行動都必須得到其他人的同意。由於未能理解其中真正的含意（這指的當然是我），討論失去了焦點——結果問題還是沒有釐清，信任感也還不堅定。事後回想，我們那時就該跟羅傑談妥一切的。

但我當時確實認為自己明白羅傑的困境。一方面他覺得自己是平克佛洛伊德的化身，十多年來一肩扛起樂團，扮演詞曲創作者兼營運總監。但只要樂團以任何實體形式存在，對他的個人事業就會構成實質的阻礙，因為唱片公司在等的永遠是平克佛洛伊德的下一張專輯。他的任何個人作品都會被視為填補空檔的材料，不太可能獲得樂團專輯的那種宣傳支援。

羅傑真正需要的是樂團正式解散，為他的單飛生涯開路。他可能以為只要他抽身，這就會自然發生，因為理克嚴格說來不再是團員，我除了賽車和經營二手車買賣以外也沒做什麼事，就連大衛也變得更像是其他樂手的製作人和客座吉他手，而不是樂團成員。誰都沒有料到大衛的反應，在我看來他是覺得自己的貢獻和想法並沒有得到應得的認可與曝光。利益的分配——尤其是功勞的部分——常常都不太公平，但承受最多不公平的人可能是他。即便是我這個不喜歡衝突的人，在過了二十年之後被暗示我該安靜躺下、滾一邊退休去，都覺得十分委屈。

雖然我之前通常都站在羅傑那一邊，畢竟他是我認識最久的朋友之一，但聽見有人暗示說我毫無貢獻、少了他就沒人要了，我還是困窘。我特別喜歡自己說過的一句話：「羅傑最愛說沒有人是不可或缺的……他說對了。」

事後回想，羅傑採取法律行動或許是失策了——有一度我們全都準備法庭見。然而，由於羅傑的辭典裡沒有「耐心」這兩個字，寧可行動、不願等待的天性代表他會把一切都逼到臨界點——然後適得其反。對大衛來說，最有效的激勵就是羅傑在聽說錄新專輯的計畫時，告訴他：「你絕對辦不到」。

羅傑早已暗示過，他認為平克佛洛伊德已經沒了，他跟史帝夫的爭執也已升溫。人人都很憤怒，因此我們各自掘壕固守，拒絕讓步。羅傑向世人宣告樂團「玩完了」，打破沒有交火的假戰狀態。這讓我們其他人很驚訝。事後證實，這是錄製專輯的另一個誘因。

動機非常充足。此時我們把注意力轉向邁出下一步的方法、人選和地點。時間不太是問題。沒有唱片公司合約，也沒有敲定好的巡演日期。專輯錄製可以初步決定我們工作的節奏。

方法主要取決於大衛挑選的創作伙伴和工作伙伴。他早早決定找巴布・艾茲林回來當共同製作人。不幸的是，同時開錄的羅傑專輯《KAOS 電臺》（*Radio KAOS*）也考慮找巴布當製作人。巴布堅稱已經確定不會製作羅傑的專輯，因為他們談不攏適合雙方的工作時程。巴布尤其想避免長時間離家在外逗留，羅傑則想一口氣完成工作。事實是，羅傑覺得巴布跟「對手」簽約是一種背叛行為——根據巴布的說法，此時的羅傑是用「鬆餅樂團[106]」來稱呼我們其他人。

到頭來，跟大衛合作過、也在我們專輯合作名單內的派崔克・李奧納德（Patrick Leonard）跟羅傑共事並樂於獲得機會，可以說雙方平分秋色。我們找安迪・傑克森（Andy

106 鬆餅樂團（The Muffins）一九八一年解散後，部分成員在一九九八年重組並發行新專輯。

Jackson）來當錄音師，安迪跟詹姆斯·蓋瑟利在《牆》的電影原聲帶合作過。我們認識詹姆斯，預料他會做出睿智的選擇，他也沒讓我們失望。

有過在法國錄製《牆》的經驗後，事實證明巴布完全理解這個案子的精神。他有一項傑出特質，能夠在特定情況下應用特定的多種技能。而今他立刻意識到，自己在這張專輯的主要功能是支援大衛，同時扮演催化劑與某種個人音樂教練：巴布尤其擅長激勵大衛繼續往前邁進。

在寫歌這方面，大衛決心嘗試與多位潛在的合作者共事，看看成果如何。過程中他花了點時間跟樂團羅西音樂（Roxy Music）吉他手菲爾·曼查奈拉（Phil Manzanera）、10cc的艾瑞克·史都華（Eric Stewart）、利物浦詩人羅傑·麥葛（Roger McGough）和加拿大樂手卡蘿·波普（Carole Pope）相處。這些試驗顯示大衛真正要找的是一位作詞家，最後合作對象是組過沒在怕樂團的安東尼·摩爾（Anthony Moore），很久以前曾是黑山丘企業的旗下藝人。

我們早期選定的錄音地點在阿斯托利亞（Astoria），也就是大衛的船屋錄音室，停泊在泰晤士河上接近漢普敦宮（Hampton Court）的地方。這艘奇特的船建於一九一〇年代初（造價是當年的鉅款兩萬英鎊），業主是個名叫弗萊德·卡諾（Fred Karno）的老音樂廳和喜劇秀經理（堪稱那時代的哈維·葛史密斯），曾招待卓別林等人登船。阿斯托利亞的總長九十英尺，屋頂設施可容納編制七十人的管弦樂團演奏（我們選擇不要）。大衛以前就住在幾英里外，幾乎是一時興起才買下這地方當作水上家庭錄音室。

大衛身為二十世紀末的樂手，在巡演組員菲爾的協助與慫恿下，把船上餐廳改造成一間錄音室——位於船頭的狹窄陰涼處，空間仍足夠擺下一套鼓、貝斯和電子琴。控制室設在主起居室，兩側窗戶可眺望河景，第三面窗看得到河畔的花園。船上也有充分空間放一切相關輔助設備。

我們先用一臺二十四軌類比機器錄音，再疊錄進三十二軌的三菱數位錄音機。這是我們初次嘗試盤帶數位錄音。這種新科技有許多好處，包括改善音質、消除劣化，錄音地點在船屋也不例外。菲爾印象中，錄製專輯《暫時失去理智》（A Momentary Lapse Of Reason）期間，大衛航向上游，在船上待了一週，錄好整首〈悲傷〉（Sorrow），包括所有的吉他、人聲和鼓機，所以隔週一我們再碰頭時，只需要再進行一點最後的打磨。

一九三〇年代的泰晤士河遊船鱒魚號停在一旁，供任何有需要散心的人使用，甚至讓駕照暫時吊銷的本地人乘船回家。放眼外界仍然顯得頗激進，也特別具有吸引力（然而短短幾年內，在同樣美麗的環境錄音已經蔚為風行。）事實證明這是成功的方程式，而且置身無比宜人的環境，即使工作告一段落，也沒人特別想要匆匆離開。

大船超速駛過偶爾造成令人不安的晃動，不過除了稀少的划槳手，唯一路過的是來自附近棲地的數百隻天鵝。確實曾經有一個電視新聞團隊不請自來，要求正式採訪遭拒，於是宣稱他們穿戴了潛水裝備，在類似電影《威震大西洋》（Above Us The Waves）的水底場景中側錄了我們。他們想必是在水底待了很久，而且冷到不行，才錄到了一段泡水的聲音。我想這則報導可以跟堅稱我們的靈感來源是外星人那則一起歸檔……。

比較嚴重的威脅來自河水迅速上漲，整艘船開始傾斜，因為它勾在一根墩柱上以防漂走。阿斯托利亞號步上鐵達尼號後塵，在樂團演奏之際消失於翻騰的水中，這種可能性恐怖到難以設想，儘管我寧願認為在隨後必定開拍的電視連續劇裡，李奧納多・狄卡皮歐可以成功捕捉到我孩子氣的魅力。事實上，現場有我們忠心的船夫與管理員蘭利（Langley）鬆開引起事端的螺栓。汗溼之餘心懷感激，後來我們邀請他在巡演影片中擔任主角（扮演划槳手）。由於蘭利住在船上，天天划槳，在我遇過的人之中他最像《柳林風聲》書中水鼠的同類。

《牆》和《最後一幕》（The Final Cut）以後的新科技，大幅提升了船上的工作生活。這些年來，電腦軟體和設備成為控制室的標準裝備。如同大部分技術革新，電腦化的莫大優勢是可以嘗試無限多種選項的聲音和剪輯，使各種決策延後。

在這張專輯我們首次採用大量取樣手法。取樣容易操作，也能從這些聲音發展成歌曲。在鼓的部分，節奏、過門甚至每小節的元素現在都能更動，刻意呈現節奏變化好讓鼓聲多一點人味。顯然，電腦還沒辦法把電視扔出飯店窗外，或喝醉酒吐得一地都是，所以它們短期內還不太可能取代鼓手。

事實上，做這張專輯時，我發現電腦讓我難以招架。我已經有四年沒認真打鼓，根本不喜歡自己打出來的聲音或感覺。或許是跟羅傑吵架讓我士氣低落。有一些段落我怎麼打都無法滿意。加上時間緊迫，我只好把某幾部分交給洛杉磯最棒的職業樂手，包括吉姆・凱特納（Jim Keltner）和卡邁・亞皮斯（Carmine Appice）——感覺怪怪的，有點像把你的車交給舒馬克開。這不只是失敗主義者的心態，更代表我必須學好這幾部分該死的鼓，才能去現場演奏（這次經驗歸檔到「再也不幹」）。

巴布開始想家，而且需要更大的錄音室，因此我們違背理智，全部跟著他回了他的家鄉洛杉磯，讓客座樂手也捲入一場全面的恐慌。在 A&M 錄音室，我們不只可以欣賞凱特納和亞皮斯先生的才華，還包括湯姆・史考特（Tom Scott）的薩克斯風和小腳樂團（Little Feat）鍵盤手比爾・佩恩（Bill Payne）的琴藝。巴布・迪倫也在 A&M 錄音，所以這整個經驗感覺就像經過阿斯托利亞的天鵝群和黃瓜三明治後，重新回到了真正的音樂世界。

在加州時，我認識了一個全新的人種：鼓醫生。不是確保鼓組架設無誤的資深巡演，而是從現有資源哄騙出前所未聞聲音的魔術師。鼓醫生帶著一車的裝備抵達，滿臉鄙視朝我的鼓組抽了抽鼻子，然後把整套聲音悅耳的道具擺出來：擁有細微差別的五六種精選小鼓，以及五花八門的銅鈸。真是大開眼界，有如永遠隨伺在側的吉夫斯[107]拿出搭配好的鈸，而不是領帶。

107 吉夫斯（Jeeves）是英國漫畫裡的管家，總是悉心為男主人搭配服飾。

理克比較晚涉入訴訟程序，因此不必支出任何費用，也免於承擔羅傑造成的法律後果。這主要是實際面的問題。理克在樂團裡的位置有點不清楚。大衛和我最初想找理克談的時候，發現他一九八一年的離團協議中藏了一個條款，禁止他重新加入。因此我們必須小心拿捏團員的條件，只有大衛和我出現在專輯封面上。

《暫時失去理智》裡大部分歌曲都是在我們開始錄音前寫好的，所以過門著實不多。飛去洛杉磯聽混音初期的工作進展時，我有點吃驚。聽起來似乎太紛雜。我們錄好許多素材，顯然大部分都混進去了。我們一致同意這聽起來不對勁，因此最終版本有了更多呼吸的空間。

專輯成品促使我思考幾件事。事後看來，我真該有打完所有鼓譜的自信。此外，在沒有羅傑的最初那段日子，我想大衛和我覺得自己必須做對，否則會遭到屠殺。結果導致這是一張非常「謹慎」的專輯，沒敢冒什麼險。這些事情加在一起，讓我深深覺得跟《暫時失去理智》有點距離，到了那聽起來不全然像我們的程度。然而〈學飛〉（Learning To Fly）倒是有幾分味道——感覺非常像一首「主場」曲目。

我們依照慣例花了三週苦苦思索專輯名稱：每個選項必須通過不只一種考驗。我們喜不喜歡，跟音樂搭不搭，羅傑跟樂評會不會拿來攻擊我們？最後我們恍然大悟，世間沒有什麼字詞是不能拿來取笑的。於是我們採用《暫時失去理智》，出自大衛跟曼查奈拉合寫的歌詞，把擔心留給其他事務。

至於專輯封面，我們再度交給史東。為了呼應錄音大多身處的河流環境，以及歌詞描述的空床幻象，概念演變成多排床鋪。實拍地點在德文郡的桑頓沙灘（Saunton Sands），《牆》電影中的戰爭段落大多在這裡拍攝。隨之而來的問題是快速漲潮和惡劣天氣。額外好處在於有這麼多種格式可供運用，包括CD、黑膠、錄音帶、MD，以及不同地區的版本，我們得以盡可能利用好的設計想法、無需捨棄，避免冗長的爭論與抉擇困難。

此刻我們開始為巡演做準備。當我們終於克服專輯與法律層面的最後事項，加拿大演唱會主辦人麥可・柯爾（Michael Cohl）成為強力後援。麥可從一九六〇年代晚期開始主辦演唱會，起初專注在他出身的加拿大，隨後拓展進北美。他跟滾石合唱團建立深厚關係，主辦他們的巡演都市叢林／鐵輪子（Urban Jungle/Steel Wheels），以及後來的巫毒館（Voodoo Lounge）、巴比倫大橋（Bridges to Babylon）與四十年四十首（Forty Licks）。

麥可滿懷信心巡演能辦成，並承擔羅傑可能申請禁令阻止主辦單位賣票的風險，開始幫我們的演出打廣告。在連我們自己都不曉得前景如何的時刻，像這樣的支持無比寶貴，也確保了麥可在我們個人的名人堂裡有個位置。初期售票成績不錯。此時我們只需要擔心會不會被告，羅傑沒出場觀眾會不會暴怒，以及如何負擔我們想製作的那種表演場面……。

從一九八〇年代初期起，贊助就成為巡演資金的重要來源，儘管吸引人，但這不是我們能運用的選項。接待櫃檯面臨種種未知因素，加上慘烈出醜的潛在可能，門外沒有可樂或運動鞋廠商排隊等候接見。我們不能出售所有的票並預支開銷。唯一可行的方法是大衛和我自掏腰包。

就我個人而言，我有點難拿出所需的數百萬英鎊現金，所以終究去了一間高檔當舖，典當了我的一九六二年法拉利 GTO 跑車。這輛車算是我最寶貴的財產，也是家中的老友（我在一九七七年買下），它可觀的競價史又再添一筆。因為車市近期暴漲，這款車又是瘋搶的榜首，據說當時一輛能賣到一千四百萬英鎊。我毫不費力就繳清我那一半的巡演籌備成本。

籌組巡演工作團隊時，人們的公平競爭與忠誠度觀念引發更多張力。舞臺設計我們起初找費雪帕克工作室，他們卻拒絕這次機會，因為已經答應製作羅傑的《KAOS 電臺》演唱會。雙方都不可能欣然分享人才。考量到費雪帕克也要參與兩年後柏林的羅傑版牆演唱會，留在他的團隊裡或許沒錯。

我不確定是不是這樣，但我察覺強納生・帕克（Jonathan Park）對羅傑特別忠誠，馬克・費雪則樂於兩邊接案。我之所以提起，是因為這個議題在七年後浮上檯面——那時候，心胸狹窄的我們只邀馬克來工作。我們也許會忘記給人應得的掛名，但總是有辦法牢牢記得真實的或想像的羞辱。

隨後史帝夫對劇場設計師做了一番研究，提議找保羅・史戴波斯（Paul Staples）。我們一跟保羅聊並看過他的一些作品，立刻覺得他能勝任。保羅為我們的舞臺設計帶來連番新鮮想法：他擁有豐富的劇場工作經驗，也做過無數的展覽和發表會。他提出許多點子，一如往常，有些不得不刪除，其餘留下來。剛開始表演設定在室內體育場，但依然需要一個屋頂結構來吊掛螢幕。我們想要大舞臺，此外儘管似乎從來沒辦到，我們總是想讓舞臺盡可能簡潔。

為了投影效果，我們也需要最極限的黑暗，衍生的成品基本上是一個大黑盒。跟多數巡演樂團相比，我們有一項非常具體的優勢：我們沒有一個團員會月球漫步、跳鴨子舞、放火燒頭髮或用牙齒彈吉他，因此觀眾不需要一部固定的監視器來顯示我們在舞臺上的一舉一動。偶爾會有人問我為什麼不乾脆用電腦來演出算了。我通常回答：「不，我們辦不到，它們的動作太大……。」

從許多角度而言，膠卷都比錄影帶笨重，但相較之下膠卷擁有優秀的畫質和亮度，還是更適合體育場的環境。未來可能把彩色雷射全景投影到場館半空中的人造雲，不過一九八七年這種技術絕對還沒問世。

在洛杉磯《牆》演唱會臨時被史帝夫找來工作的馬克・布理克曼，如今又接到大衛的電話，請他從洛杉磯飛過來。馬克回想自己跟大衛交談時，察覺大衛「非常不爽」羅傑居然自認有權關閉平克佛洛伊德。馬克負責燈光設計，開始跟羅比和保羅共事。馬克和羅比去布魯塞爾見保羅，當時他在一個芭蕾舞團工作。他們在附近的咖啡館喝咖啡，一列電車緩緩經過。馬克和保羅對看一眼，腦中靈光乍現。這次巡演運用追蹤移動的燈光，在理克彈〈願你在此〉

前奏時準確停在他頭頂上。另一項特效或多或少是意外。測試追蹤燈光與環形螢幕時，電腦出現故障。當馬克重新設定系統，所有燈光快速點亮。他發現燈光能「跳舞」，這項手法就此成為演出的重要元素。其他新玩具包括三角柱旋轉側景，把轉盤架設在舞臺底座的正面。它們可以設定不同轉速，或按照預設的圖樣閃爍。

巡演部門最厚的資料夾之一叫「那些逃走的東西」。我們花了大量時間在一些似乎很有看頭的效果上，但似乎每次都會變得超級危險、貴得嚇人，而且嘗試五十次只成功一次。有時候，就算每一個特徵都滿足了，它們卻還是沒被攔下（說的就是充氣金字塔）。這回我們在巡演到一半的時候決定放棄伊卡洛斯（Icarus）——這是個會飛的人形，預計在演出〈學飛〉這首歌時跳出來，然後飛掠舞臺。他一直沒發揮效果，最後看起來就像掛在晾衣繩上的一件超大衣物。

有一個點子——幽浮——聽起來超棒。這是個灌滿氦氣的大型裝置，用無線電控制懸浮在場館上空，投射燈光和特效。電線或索具都不需要。問題是這根本在幻想。若想載得動提案裡的燈光架，就得有足夠的動力，屆時這個裝置不論是大小還是成本都會跟一艘齊柏林飛船（Graf Zeppelin）差不多，安全性也一樣……。

我們做了一個像樣的舞臺模型，呈現出所有的東西該怎麼組合、折疊、裝上卡車。演練的重要著眼點是找出最有效率的卡車裝卸方式，在一年的巡演期間，少一輛卡車可能會省下十萬英鎊。這一切都還好。但我們也必須組成一支樂團——不論建多少模型，至少都得有部分樂手是人類。我們以前請過額外的樂手，從《月之暗面》以來，助陣歌手就是表演的一部分。史諾伊受邀擔任《牆》的第二吉他手，另外在一九六八年初的一小段期間，席德和大衛組成雙吉他陣容。我們也在《牆》多用一位鼓手。現在我們顯然需要一位貝斯手。最顯著的改變或許是加入第二鍵盤手。這不僅是在回應數位科技提供的可能性（我們需要熟悉序列器與取樣機的人），也有助於重現在船屋錄製的較完整、較繁複的聲音。

我們的第二鍵盤手強・卡林最早是在溫布利體育場的拯救生命演唱會認識大衛的。強幫布萊恩・費瑞彈琴，由於大衛在同一個團裡彈吉他，有機會第一手觀察強的技巧。強也懂最新的取樣科技，在我們需要重現早已被淘汰、躺在科學博物館裡的琴聲時，這點尤其有用。

貝斯手蓋伊・派拉特（Guy Pratt）來阿斯托利亞試奏時我也在場，因為大衛想要第二個人的意見。我們請蓋伊彈一遍貝斯的段落，結果他對恐龍搖滾樂之王的態度不怎麼尊敬，我們因此發現到一個事實：除了能單手彈完全部（或者醉醺醺地彈完全部，或醉醺醺地單手彈完全部）之外，相較於一個原本很崇拜我們、混熟了之後反而變得超級沮喪的人，他會是個更好相處的巡演夥伴。碰巧的是，蓋伊的父親——詞曲創作人麥可（Mike）——曾與里歐奈・巴特（Lionel Bart）和湯米・史帝爾合寫〈跟山頂洞人一起搖滾〉，讓我愉快地回想起五〇年代末去看湯米表演的青春時光。

大衛出席一場慈善表演時，看見蓋瑞・沃里斯（Gary Wallis）跟尼克・柯蕭（Nick

Kershaw）同臺演奏打擊樂器。我們從來沒人見過類似的表演。蓋瑞沒有坐下來彈奏，而是在裝滿打擊樂器的某種籠子裡活動，有些樂器掛得老高，必須跳躍三英尺才打得到。他的音樂才華顯而易見，再加上額外的表演性質，在起初彷彿被喪屍占據的舞臺上似乎是理想的加分元素。

薩克斯風手史考特・佩吉（Scott Page）本身就是另一場舞臺秀。我們在這方面唯一的問題是要拉住他，或甚至捆住他。表演中薩克斯風的段落相對少，因此史考特變成了一個《歌劇魅影》般的人物。隨便找到半點理由他就會跑回臺上，一把吉他掛在頸間，期望替自己找到另一個演奏機會，或是跟著大衛的吉他獨奏彈一遍。他沒有無線麥克風，使用的是標準吉他立架，因此巡演助理——也許是受到巡演經理莫里斯・利達（Morris Lyda）的牛仔競技背景影響——每晚都會把他的電線剪短幾寸，限制住他的行動。史考特很幸運他們沒把他五花大綁。

說到吉他，提姆・倫威克的資歷無人能及。他是劍橋本地人，跟羅傑、席德、大衛和鮑伯・克洛斯上同一所學校，只是低了幾年級。他最早的樂團由大衛擔綱製作，他也在羅傑的個人專輯彈過。在大衛缺席的排練場合，提姆是頂替音樂總監的傑出副手。

巡演的合音歌手從許多來源組成。我們透過詹姆斯・蓋瑟利知道瑞秋・費里（Rachel Fury），瑪格麗特・泰勒（Margaret Taylor）則是洛杉磯一帶參與專輯錄製的職業歌手。藍珠樂團（Blue Pearl）的前成員朵加・麥克布隆（Durga McBroom）補足最初的三人陣容——朵加的姊姊羅蕾萊（Lorelei）在巡演後段取代瑪格麗特。

我們在一九八七年八月初抵達多倫多排練。這主要是基於麥可的加拿大人脈：巡演也將在多倫多開場。大衛要等專輯混音完成才來，我們把成堆新器材搬進一間非常熱的排練室，率先開始工作。我們都想營造同一支樂團的感覺，而不是分成主角和伴奏樂手。無論如何，新的音樂本質上都更接近這種風格，沒辦法輕易轉成四人編制的現場演出。兩週過後，聽起來大致對了，不過代價是強和蓋瑞熬了好幾天的夜，跟無數的取樣光碟奮戰。（「全都摔壞了，老兄，再熬兩天應該能搞定。」）

隨後樂團移往機場跟巡演人員會合，他們正忙著裝貨。事後證明選這地點是聰明的點子，讓我們養成以小機場作為排練基地的習慣：現場有精良的工程設施，也方便遞送那些源源不絕卻總是延誤的高科技重裝器材。

安全很容易維繫：我們在住過的那些漂亮飯店丟失的工具和個人物品比在飛機庫丟掉的還多得多。不安全感也較容易避免，因為我們不必表演給那源源不絕的路人看——他們總是有辦法混進任何形式的排練場地逗留。事實是我們還能搭乘七四七客機的飛行模擬器，駕駛它繞著加拿大國家電視塔飛，甚至坐進參加航空展的美國空軍 F14 戰鬥機。通常在機場閒晃就可以提升這次經驗的整體愉悅感。在專輯誕生前的那段期間，大衛和我頗常開飛機，除了〈學飛〉之外，飛行的主題貫串整趟巡演。MTV 音樂臺送出一架飛機和飛行課程當行銷獎品，巡演人員則換掉緞面刺繡棒球外套，穿上飛行夾克。

此時，專輯已經準備好要發行了。大衛和我增加工作量，每天早上幾乎都在接受無數電話訪問。跟美國巡演旋風式走訪廣播和電視臺相比，這是比較好的選項，而且我們橫豎沒辦法在歐洲做什麼，所以乾脆就坐著回答那些三十多年來千篇一律的問題——「團名怎麼來的？」「席德人呢？」「樂團維持這麼久的原因？」此外再加上幾個跟羅傑吵架的新問題，並在聽到問題時努力裝出很驚奇的樣子。

與此同時，在飛機場，保羅、羅比、馬克與莫里斯·利達正在想辦法把一百噸的鋼材組裝成一座舞臺，然後再拆解裝進一輛卡車。莫里斯是我們團隊的新面孔，卻早已成為搖滾圈的傳奇人物。當過牛仔競技手後，他改行去做更富有挑戰的搖滾樂團巡演經理。他跟我們一半的工作人員在創世紀樂團的巡演共事過，擁有這項工作需要的經驗。一如往常，起初看似一群專業、負責技師的印象，就在一位法籍 Telescan 舞臺燈光操作員因為跟人打賭而在俱樂部吃菸灰缸裡的東西遭訓斥後漸漸瓦解……。

抵達機庫時，我們成了組員最不想見到的人。我們不只弄亂那安排得漂漂亮亮的舞臺、要求調整，還限制他們必須在五萬瓦特內完成所有想做的事，讓一切沒得談。最後我們終於達成了協議，獲得各自需要的休兵期，但進度感覺比我們需要的落後許多。工作人員規模比我們參與過的任何演出還龐大。當初《牆》只用了六十多人，此時我們卻有超過一百人。不只很難記得他們所有人的名字，過了一年還是很困難，尤其因為有些前置作業的組員來來去去，或者參與了三分之一的演出。

在這些難題中有一些特殊的時刻。馬克常整夜製作燈光編程，我難以忘懷初次看見他努力的場面，因為那非常驚人。在臺上你毫無概念從外面看是什麼樣子。例如，從我的鼓椅看過去，安裝燈具的環形螢幕就像是另一個燈光架。至於旋轉燈光模式的完整效果，從舞臺正前方看才能盡收眼底。

除了工作團隊人數增加外，我們也有三具電話分機、廣播系統、傳真機和繪圖室。上次巡演連行政辦公室都沒有。莫里斯偏好的簡報會議比較接近諾曼第登陸作戰而不是搖滾演唱會。工作經過評估、分配與批評後，來一場實戰進攻短講再適合不過。當莫里斯提起「海洋」，他不是在聊海豚，而是硫磺島。我們需要這種角色。

樂團抵達後，最早一批交辦的任務包括載運大衛的健身划船機。大衛似乎認為跟羅傑的爭執會在競技場而不是法院解決，所以天天健身，坐進這部能用電子方式衡量使用者進展的神奇設備，還可以讓你跟任何想得到的對手較量划船。缺點是划船機重四百磅，長十英尺。最後運輸箱看起來像無敵浩克的棺材，重量也跟浩克一樣。卡車裝貨時也沒有任何人考慮到它。後來最晚出發的一輛卡車，懲罰是必須載划船機。裝貨效率就此提升百分之三十。

同時，我們請了專輯製作人巴布・艾茲林來幫忙。我們需要有人從整體角度審視演出。我想我們一直在忙音樂，雖然有精采的燈光設計，但臺上的樂團依然一團亂。這恰好是巴布的強項。他自己帶來一把擴音器，在臺前昂首闊步地走來走去，高喊音量大但難以理解的建議，同時用狂放的手勢指揮鼓手過門。後來我們把通訊系統換成了比這個稍微高科技一些的設備。

我們也必須處理相對簡單卻必要的問題：用什麼方式、在什麼時間點上臺，歌曲怎麼結束，歌與歌之間要亮燈還是直接進入下一首。另外如果樂手要移動，我們必須確保他們不會跌進其中一扇暗門、從此人間蒸發，它們是用來遮蔽那些不那麼常見的燈光架的。

前往渥太華（Ottawa）前的最後彩排在夜間舉行。那是一個溫暖的夏季夜晚，我們演奏時巨大的機庫門是開啟的，大型噴射機在跑道緩緩滑行。隨著音樂飄送傳出，沒有受邀的機場人員圍過來看。機庫內外漸漸塞滿五花八門的公務和救援車輛，它們的黃色旋轉信號燈全部點亮，效果打趴了揮動打火機的傳統作法。

渥太華的第一場演出前，氣氛熱烈——好吧，即使地面頗潮溼的前臺沒有，至少後臺很熱烈。店裡還買不到新專輯，所以我們的開場是要向一群也許抱持懷疑態度的觀眾表演陌生的音樂。事後我們因為撐完全場而給自己打了高分，但我們也深刻意識到雖然技術層面大多順暢，表演卻大幅低於水準。我們決心投入更多排練時間，並再一次調整演唱曲目。

在我們一手擬定、十分緊湊的行程表中，一切開始迅速就位，我們還得以在前幾場演出中改善並更動表演內容，而不是臨時抱佛腳。我們的歌單依然捉襟見肘，多一首安可就落得幾乎沒別的歌好唱：我們選中〈回聲〉。團員演奏這首歌不太熟練，聽起來有些生硬——這是我們最後一次表演〈回聲〉。大衛現在看出來，我們不太能重現原曲的感覺，有個原因是這次合作的年輕樂手技術太純熟，沒辦法捨棄技巧，像七〇年代初的我們那樣隨意撥弄樂器。

修正幾個音樂和技術層面後，儘管偶爾出現差錯，演出開始迅速成形。回想起來，偏向各自分立的演出因此融合成順暢的流動。事實上演出讓人太放心了，我們很早開始嘗試側拍，然而不算幸運，在亞特蘭大奧尼體育場（Omni）拍攝的成果不佳。我們投入得不夠，影片說明一切。於是為了懲罰自己（以及其他所有人），隔年八月在紐約我們又重試一遍。我們安排二十架攝影機，最後拍出兩百小時的影片。到現在可能都還有人被關在某個地方的剪接室裡查看成品。

同一時間，羅傑的《KAOS電臺》正巡演北美各地。我們刻意設法避開彼此，但倒是有幾個我們的工作人員去看了他的演出。我不想看——畢竟眼不見心不煩，反正傳聞也說我們不准入內，我可不想到了現場卻很丟臉地被感出來。最後我們終於跟羅傑正式和談。一九八七年聖誕夜，趁著巡演期間的空檔，大衛和羅傑召開高峰會，地點在大衛會計師傑羅姆．沃頓（Jerome Walton）的船屋。水果甜派、小杯烈酒和聖誕帽暫時先擱置，等傑羅姆苦苦打出協議書的架構。儘管細節複雜得多，但基本上這項協議允許羅傑解除跟史帝夫的約定，大衛與我則使用平克佛洛伊德的團名繼續工作。隨後文件交給我們各自的昂貴律師翻譯成法律術語。結果他們沒有一個完成任務，到頭來法院接受了傑羅姆的版本，當成最終版的有效文件，爽快地蓋了章。

跑完第一段美國行程，我們初次前往紐西蘭：彷彿回到過去的英國，不過是友善的版本。認識本地樂手讓我領悟從這裡起步有多難：即使在紐西蘭闖出名號，你也不會幫唱片公司賺到任何錢，所以接下來你必須在澳洲成功——然後還得過五關斬六將。奧克蘭的幾場演出過後，我們重回睽違已久的澳洲。上次我們演出是一九七一年，錯在一年之中最嚴寒的時刻抵達。這次我們決心選個好季節，結果既順利又舒服。樂團的新成員偶爾帶頭到俱樂部即興演出。他們曾以漁友樂團（The Fisherman's）的名號在澳洲表演過幾次。我覺得他們為了揣摩〈釋放我的心〉（Unchain My Heart）和〈我轟了警長〉（I Shot The Sheriff），排練得比正規演唱會還努力……。

在澳洲表演完之後，日本的困難度高了一點。當地沒有戶外演出，我們穿梭在大型場館間，不太有時間體驗這個國家。這次似乎連買相機都比較貴。回美國途中，小奈[108]和我在夏威夷短暫停留了愉快的幾週，只是偶爾會下一陣暴雨，讓人回想起典型的英國海濱假期。

這次巡演的專業層面是史上最令人滿意的，個人層面更是如此。繼多倫多的排練後，小奈一路隨行，讓這整趟工作的愉快程度無與倫比。她以演員身分參與過劇場巡演，但這種規

108 小奈（Nettie）是作者第二任妻子安奈特的暱稱。

模、人數與涉及的後勤物資量讓她大開眼界。我深切體認到，不帶伴侶上路很可能導致大部分的關係緊繃——有次我計算在這群巡演團隊中，百分之九十有過破碎的婚姻和伴侶關係。情況似乎是要不你帶妻子隨行，否則就邀離婚律師一同上路。

第二段美國巡演再次驗證，凡是特效，都有能力形成災難：在麻州福克斯伯勒鎮（Foxboro）演出時，空中飛豬卡在某個地方，被過度熱情或素食主義的狂觀眾扯成了碎片。

等到抵達歐洲時，樂團已經真的融洽無間了：他們是一群勤奮的樂手，會固定查看前夜演出的錄影帶，試圖記下任何不完美的地方，鍵盤手強尤其如此。他們的專業心態無可挑剔：即使貝斯手蓋伊是前一晚（或一大早）最後一個踏出酒吧的，但上臺彈奏時他還是毫無瑕疵，突顯出他的身體有多強健，再不然就是我們的音樂太容易了。

我們發展出在巡演期間共同生活與工作的方式，不分成小團體，享受合理程度的尋歡作樂。我們偶爾在散場後舉辦傻瓜派對，概念是打扮得盡可能匪夷所思。當地二手店的亮面緊身運動服銷售一空；尼龍是受歡迎材質。菲爾從一九七〇年代中就隨我們上路，據他所說，這趟巡演樂趣足氣氛佳，而且對於我們重返巡演鬆一口氣。

如果隔天有哪一副軀體委靡不振，他們的主人就可以去找史考特，他已經成為這趟巡演非官方的草本茶銷售員。史考特對這檔事就跟薩克斯風一樣精通，很快就有不少團員緊抓著裝在塑膠瓶裡可怕尿色液體，堅持時不時喝一口。所幸一如大部分巡演狂熱，像是日本相機、鹿皮牛仔夾克和龍舌蘭日出調酒，熱度並不長久，我只希望史考特那一大堆糟糕的藥草還塞在他的閣樓。

在歐洲，演出更多變，也停留在我記憶裡更久，主因是場地選擇。有時我們可以增加額外的變化：在鹿特丹，我們安排一場演唱會前的空中表演，兩架滑翔機隨著 PA 系統播出的〈回聲〉飛行，駕駛是大衛和我學開飛機時認識的朋友。讓優雅的空中芭蕾般的拖曳軌跡加入其他演出似乎是個好點子，但要拿到在限飛區飛行的許可，手續實在太複雜，讓我們打退了堂鼓。

凡爾賽宮可能是歐洲最盛大的演出。史帝夫先去勘查各種可能的地點，與各方直接聯繫，加總讓這些活動成形。當時，法蘭索瓦．密特朗（François Mitterand）的文化部長是活躍的賈克．朗（Jack Lang）。他支持凡爾賽宮計畫，似乎是很自然的意氣相投，這有助於在政治角力中說服任何質疑者。

環境宏偉壯麗，大部分法國人樂意在那裡見到我們。當然有本地重要人士的冗長演說，據聞其中一人背書的條件是他的大名在官方紀念銘牌上順位高於樂團。我臨時應邀發表簡短演說，匆匆拼湊出一些陳腔濫調，這些含糊發言應該不會對《英法友好協約》領域的歷史學家造成麻煩。我們遇到絕佳天氣，感覺像一場特殊盛會。這正是試圖去獨特地點開唱的目標。把任何大型演出辦在運動館更加方便，但難以創造這麼特殊的氣氛。只要有機會，盡力去利用擁有歷史感與場所感的環境絕對值得。

為了向義大利的歌迷表達善意，我們接受在威尼斯大運河表演的邀請。然而真相大白，邀請函並不是由所有的市政高層發送的。有兩派對立陣營：一方樂意，另一方則深信我們可以做到潟湖千年來都未能達成的偉業，就是在一個下午內淹沒全城。我們舉辦記者會，向議會、全國和環保人士保證樂團絕對沒有要洗劫這座城市，連一點小小的打劫都不敢。然而，我們還是沒讓所有的人都相信我們言出必行。

由於威尼斯的進出管道有限，計畫是演唱會當天限制可通行的遊客人數。我們住在城外的潟湖區，體認到生活艱難，無需特意跟歌迷和市政當局擦身。活動期間，市長跟警方聯手放所有人進城，勸商店關門，並撤回任何事先安排的廁所或垃圾桶。看來必要的款項沒能雨露均沾時，取消支援不是不可能。

貢多拉船夫工會有位代表來訪，宣稱如果我們不付一萬元，他的同行要在整場演出期間吹哨子（已經有客戶每艘船付他們雙倍價錢）。我們認為這是虛張聲勢——我還沒說聽過有什麼哨子能蓋過我們製造的音量。我們的舞臺兼駁船登記為遠洋船隻，如果企圖駛進大運河就必須額外繳稅，偏偏警方又擋住了所有其他的出路。所幸我們得以航向公海，用英國海軍將領霍雷肖・納爾遜（Horatio Nelson）的方式脫身。

這些干擾並未減損演出的成功，做成電視轉播特別節目效果又特別好。原本要跟我們同臺演出的指揮家麥可・凱曼是我看到的唯一一張沮喪的臉孔。過去他偶爾擔任特別來賓亮相，但這次我們希望他的參與方式經過更多規畫，尤其是這要上電視。嗚呼哀哉，麥可卡在人群中，關鍵時刻又缺乏水上運輸管道，他最多只抵達音控臺，錯過上臺時機，不得不從離岸兩百公尺處張望——活像鬍子版的法國中尉的女人。

有個難忘的黃金時刻是有一艘皇家駁船開抵，滿載著給我們製造了那麼多麻煩的政要。船上燈火通明，供應七道菜的大餐，駛近舞臺正面並停泊在觀眾前方，擋住了他們的視線。觀眾氣瘋了，瓶罐和垃圾如雨點般飛向駁船。服務生手拿銀托盤遮擋，以百夫長的姿態英勇護主。駁船很快就再度開動，這回是企圖停在我們的舞臺旁。跟我們的工作人員相比，黑鬍子海盜團簡直就像情境喜劇《鷓鴣家庭》（*Partridge Family*）裡的人，因此他們只是看了一眼就開走了，再也沒有出現。

若說威尼斯的演出困難重重，幾週前我們在莫斯科表演時面臨的物流挑戰則又更大。貨幣不流通，代表俄國主辦方基本上不可能支付巡演成本，但我們達成一項協議，大致涵蓋演出的所有實際層面。首先，他們負責把我們的器材從雅典運到莫斯科，演出結束後再運往赫爾辛基。為了做到這件事，他們動用了一架軍方的安托諾夫（Antonov），也就是世界上最大的貨機。安托諾夫龐大無比，能輕鬆裝進整套器材。我們住在紅場的大飯店，每層樓都還是有 **KGB** 探員監視著，還有金屬茶炊供應熱茶。這地方看守嚴密，空間又大，我們花了三天才找到晚上喝酒和白天吃早餐的地點。

我們也帶自己的外燴團隊隨行，這是最有效的敲門磚。邀請任何官員共進晚餐可以確保拿到各種好處。我們的稅務顧問奈喬・伊斯特威恰好是俄羅斯航空研究信託組織（Russian Aviation Research Trust）的受託人，透過他，我們得以參訪莫尼諾（Monino）的俄國空軍博物館——歐洲最大、也是當時最少人造訪的航空博物館。在那裡，我們見到一些伊果・史科爾斯基（Igor Sikorsky）發明的飛機，幾架一九三〇年代的俄國單翼轟炸機（在那年代英國皇家空軍還在用過時的雙翼機），政治正確版的航空史，一九六〇年代美國飛行員蓋瑞・鮑爾斯（Gary Powers）遭擊落的U2偵查機殘骸，以及五月一日閱兵期間在紅場盤旋的轟炸機，讓美國觀察員堅信俄方空軍的力量。我們倍感榮幸，因為後來發現英國大使館的空軍武官拿不到參觀許可。

英國大使館招待我們吃了一頓豪華午餐，離開時還獲得數百個俄羅斯娃娃和一堆皮毛帽。我很懊悔自己問了帽子是什麼做的，因為真相是有些皮毛來自幼海豹。我們也走了一趟大學，談論政治、藝術和生活，但又淪落成另一個「團名怎麼來的?」時段。我們離開時徵用豪華轎車取代載我們來的車，因為有更重要的人把那些車徵用走。接著器材在警察護送下馬不停蹄地運往赫爾辛基——大家都說這趟路程有如地獄（在菲爾印象中，抵達赫爾辛基就彷彿「從黑白進入特藝彩色」）。

巡演結束後，現場演出專輯《雷霆之聲》（*Delicate Sound Of Thunder*）在艾比路混音，使用三號錄音間，自從我們上次在那逗留後已完全翻新。特別讓人慶幸的是音樂不需要多少修復，在巡演後期錄音無疑是個好主意。

與此同時，羅傑在柏林重演《牆》，我們無可避免地聽說了這件事。有個重要原因是他特意邀請了我們所有人的前妻，但當然，也有可能給我的邀請函只是寄丟了……。究竟有誰參與了柏林的演出，各種混淆之說依然甚囂塵上，但我完全不知道這是為何。那完全是羅傑的秀，但總是有人感謝我，告訴我它有多棒。我至今仍未想透，究竟是謙遜地微笑並假裝我們有在場比較容易，還是該完整說明其實只有羅傑自己和幾千位臨演。當歌迷繼續堅稱我有在場時，我都只是無力地咧嘴笑笑、眼神茫然，避免更多誤解。

距離巡演最後一場演出（在馬賽）不到一年，我們在一九九〇年六月參與克奈沃斯村的露天音樂會，這場慈善活動是為諾多夫—羅賓斯音樂治療機構（Nordoff-Robbins Music Therapy）舉辦的。歷經三年的過勞，過去一年沒做什麼事，只為了一場演出重聚，讓人稍感不安。由於相同陣容的樂團進行過兩百場演出，團員或許還記得自己的部分，排練壓到最低限度。我們去布雷製片廠（Bray studios）排練了幾天，也把強和馬克從美國邀來助陣。不過我們沒用史考特，我想他沒空檔，而是邀請荷蘭薩克斯風手甘蒂・杜夫（Candy Dulfer）同臺演出，她最近在英國有一首跟大衛・史都華（Dave Stewart）合作的暢銷單曲〈莉莉芳蹤〉（Lily Was Here）：我們認為有不錯的歐洲風情。跟史考特一樣，對薩克斯風手而言，唯一的缺點是他們實際上只得到客串角色。考量到甘蒂的才華，時間或空間都遠遠不足以讓她展現一丁點真材實料。

我們的合音是薇姬・布朗（Vicki Brown），她女兒珊姆（Sam）也在臺上，下次巡演將由珊姆擔綱延續布朗王朝。〈天空中的精采演出〉原唱者克萊兒也加入。

獨自巡演兩年後看其他人演出是件樂事，也有機會在克奈沃斯的後臺，用搖滾之神的姿態閒晃。這是某種音樂界的奧林帕斯山老年人午後。吉他手馬克・諾弗勒（Mark Knopfler）和克萊普頓與艾爾頓・強和創世紀樂團同臺演出。現狀樂團（Status Quo）、克里夫・理查和麥卡尼也寫進演出名單。理克介紹我們認識他的新女友蜜莉（Millie），我們全體搭乘巨大的休伊（Huey）直升機抵達，在彷彿電影《現代啟示錄》（Apocalypse Now）的場景，從機身湧出大批家人和工作組員。

我們成功爭取到最後登場，條件是率先答應參與活動。成為壓軸樂團並沒有好下場。當天下午是典型的英國天氣，忽晴忽雨，但愈靠近我們的演出時段，天氣無可避免轉差並受到溼冷侵襲。

壓軸演出適合我們，時逢盛夏，我們希望天色昏暗。不過隨著時間流逝，麥卡尼又再唱下一首歌，陳舊的愛與和平溫情漸漸無感。最後我們在傾盆大雨中演出，面對似乎享受表演的人群，幸好如此，因為滿地泥濘他們走不了。

後見之明

WISER AFTER THE EVENT

12

12 後見之明

從平克佛洛伊德的角度來看，一九九〇年代差點就沒了。在這十年之初，有件痛苦至極、且可能致命的意外，大致喊停了我們對未來或曾有過的任何計畫。這是史帝夫、大衛和我決定參與卡萊拉泛美公路賽（Carrera PanAmericana）導致的結果，重現一九五〇年代貫穿墨西哥的一場絕妙賽事。現代版在一九八八年重生，沒有原本的兩千一百七十八英里競速賽車那麼費力，但依然涵蓋從墨西哥南端到德州邊境的一千八百英里，競賽路段點綴在漫長的規律行駛間。理克明智地迴避了賽車的刺激場面，堅持留在愛琴海航行。

幾年前史帝夫和我就開過泛美公路賽。但那次史帝夫依照約定時間抵達墨西哥、瀟灑地揮舞安全帽時，他的賽車卻沒到，害他落後了兩三天，只盼望座駕終於現身時，他能來勢洶洶地衝出起跑線。我印象中那輛車終究是來了，但才出發幾英里就拋錨掛點。

這一次，或許是決心確保無論發生什麼都要有正面結果，史帝夫預先賣掉了我們要拍的影片版權。計畫是就算這部片無法擔保全部，至少也能提前支應大部分成本。我們認為參賽有機會玩得開心，還能得到補貼。我也想跟父親的生涯形成某種聯繫。一九五三年他開過另一項長途公路賽事——一千英里耐力賽（Mille Miglia），駕駛電影攝影車穿越義大利，我覺得自己在延續傳統。

我們駕駛兩輛 Jaguar C-Type 復刻跑車上路，跟一九五三年贏得拉曼耐力賽的車款大致相同。還有兩組攝影團隊隨行，以及幾輛後援車，載著修理這兩臺賽車的可靠技師。我跟友人瓦倫泰・林塞（Valentine Lindsay）開一輛車，另一輛由史帝夫和大衛駕駛。過了幾天賽事模式漸漸成形，駕駛過程變得刺激，伴隨歐洲參賽者適應墨西哥飲食時必然會有的腸胃毛病。所幸有人教過我如何用針灸治療這類症狀。療法格外有效：只要看一眼我那一整盒針，大家似乎立刻就覺得好多了。

賽事第三天，小瓦和我抵達其中一處站點時，得知有意外發生。除了繼續上路再嘗試打聽更多細節之外，我們也不能做什麼。到達當晚的停靠站時，我們終於查明，出事的其實是我們隊上的另一輛車，它以八十英里的時速衝下懸崖。駕車的大衛受到嚴重驚嚇，魂不附體，但除了幾處割傷和瘀青之外大致沒事。負責導航的史帝夫則一條腿開放性骨折躺進醫院：這樣對待經紀人實在蠻殘忍的。隔天看見車輛殘骸時，我才明白他倆能以這麼輕微的傷勢脫身有多幸運。

儘管小瓦和我成功以第六名完賽，我們的影片卻失去了一半的拍攝對象，因此被迫訴諸好萊塢大亨無疑能認出來的某些電影矇騙手段。這包括到諾丁丘的墨西哥餐廳拍攝一些鏡頭，攝影機架設位置巧妙避開駛過的九十八號雙層巴士，畫面也隱藏史帝夫依然打石膏的腳。我們也有幸基於百分之百的後見之明重拍賽前討論。

事後這整段經歷都有點尷尬，尤其是大衛（儘管我不確定原因出在音樂或他的駕駛技術）。但以視覺體驗而言效果不足。想把片拍好，我們需要一筆好萊塢的預算、無數架直升機和史帝夫・麥昆（Steve McQueen）。要能全然享受我們投入的低預算版本，觀眾還真必須是一九五〇年代跑車、墨西哥景觀或仙人掌植物的死忠愛好者。

但這一切有個額外的好處，就是影片配樂促成了下一張專輯的藍圖：完全沒有錄音前置作業。跟創作《風起雲湧》的方式差不多，一九九一年十一月的幾週錄音時間內，我們在巴恩斯區（Barnes）奧林匹克錄音室（Olympic）大錄音間寫好整部配樂。大部分也是我們全部一起在錄音間彈奏錄製。經過多年單人監禁般的疊錄作業，過程樂趣十足。我們邀集一九八七／八八年巡演陣容的蓋瑞、強和蓋伊，此外吉他手提姆・倫威克碰巧在隔壁錄布萊恩・費瑞的專輯，意外有空檔來客串。

開場是幾段藍調曲目，另外幾首是單純的即興。這些通常從大衛試彈吉他產生的概念延伸，再由錄音間的其他人接續。如果聽起來夠有潛力，接下來就能發展成適合某段影片的形式。儘管有許多仙人掌場景的誘惑，但我們自認為成功避免了淪為墨西哥式的漢默史密斯區（Hammersmith）街頭樂隊。我們在第一張專輯就跟民族音樂有過詭異的磨合，《冬日的葬禮》配樂的吉他也是。我想我們很清楚，這種音色（以及逗趣的帽子，無論是土耳其毛氈帽還是墨西哥草帽）不是我們的強項，連極弱項都稱不上。

剛滿一年後的一九九三年一月，我們採用相同的工作方法進行下一張佛洛伊德專輯。再一次，事實證明錄音過程極其正面：這次我們在潛意識裡有意嘗試以樂團身分運作。我們會在行事曆預留一週前往不列顛街錄音室——如今跟《動物》年代令人焦慮的地下碉堡不太相似。所有錄音間經過重新整修好讓日光穿透，並擴建休息和娛樂區域，試圖誘使客戶多用一點昂貴的錄音時間。

除了預定不列顛街的時段，我們沒對日後的發行預做多少準備。沒人暗藏「這是我先準備好的」樂曲段落來錄音。沒別的火力支援：只有大衛、理克和我，音控臺的錄音師，保留一架雙軌錄音機運轉，以及我們需要的所有時間。儘管苦澀經驗教我們做好面對失望的心理準備，而且沒有壓力要在這期間產出任何具體成果，不過預定錄音間的事實就代表我們的承諾。

如果試彈階段沒有產出，我們習慣尋求外援，或等待一位團員依照自己的節奏寫出歌曲，過程往往很緩慢。我們也花了點時間自我喊話，我們確實一起創作過獨一無二的作品。如果此刻無法產出任何東西，除了其他層面以外，將會深深傷害我們的自尊心，也很可能導致放棄計畫。當世人屏息以待，我們叫來更多三明治。

然而第一天剛結束，我們領悟到自己能做出一些好素材，再試奏過幾次，我們把蓋伊請來彈貝斯。這立刻讓演奏添加更強烈的感覺，不過我們也發現一個有趣現象：蓋伊彈的貝斯往往會改變我們自己創作的音樂情緒。

運氣同樣重要。有次大衛因為無法理解理克直接拋出來的想法而感到沮喪，沒注意到盤帶還在轉，因此錄下了理克隨意彈琴的聲音。我們從這段即興擷取了另外三個有潛力的點子，包括其他任何錄音時段都無法重現的美好琴聲段落，最後就採用他原本的不列顛街錄音，一如〈回聲〉中難以再現的潛艇探測器般音符。

但我們拿出來的即興作品不走情緒路線，不像我們在《好管閒事》之前嘗試的那個無疾而終的專案「屁之一到二十四」。反之，我們從雙軌錄音機捕捉的音樂概念中篩選金塊——〈星團一〉（Cluster One）和〈放逐〉（Marooned）的核心就此現形並留到最終定案的專輯。但真正重要的是每段即興都代表啟動一次創作流程，我們一向認為那是樂團最難跨越的門檻。容許自己把腦中所想彈奏出來，不抱忌諱也不設限，在我印象中，我們漸漸擴展過去二十年間愈發狹隘的視野。

兩週過後，我們錄了一系列令人驚喜的riff樂句、節奏模式和音樂隨想。有些頗為雷同，有些就像我們的舊歌，有些明顯是潛意識的名曲改編版。我們把這些歸類為「尼爾・楊」或顯然是原作的任何名號，輕易排除在討論範圍外。但即使捨棄這些還有四十個點子可用。考量到我們過去有些專輯，是歷經一個月提出僅此一個可用的想法孕育出來，這形同堆積成山的潛在曲目。依照往常的工作速度，這夠我們足足錄到二十一世紀。最終剩餘的素材充足，我們考慮發行成另一張專輯，包括稱作「手卷菸」的組曲。我們茫然發現這類感覺氛圍音樂被寶球（The Orb）之類的樂團沿用，雖說跟動章樂團（Gong）的希勒吉不同，我們從未接獲任何邀請去跟這群下一代樂手同臺演出。

大衛帶頭創作正式歌曲，但裡頭也有理克的貢獻。我印象中大衛終於在他需要時開始做音樂。在新女友、後來的老婆波莉・薩姆森（Polly Samson）協助下，他或許卸下了一部分寫詞的重擔。上一張專輯和巡演也許證實了我們的能耐，壓力絕對減輕了，大衛和理克似乎都更容易交出作品。大衛仍須領頭，不過巴布・艾茲林再度歸隊，又有臉色和善的傑克森處理錄音，組成彼此熟稔而不是未經考驗的團隊。

整個準備階段的氣氛愉快平靜。最重要的是擺脫訴訟，透過律師跟羅傑的信函往來告終。我發現投入大量時間跟其他人一起做音樂，並懷抱真正的使命感起了奇效。以練習鼓技而論，我從來稱不上勤奮的鼓手，所以光是定期合奏就幫助我找回某種狀態。自從一九九〇年克奈沃斯村以來，我唯一真正的現場演奏是一九九二年十月在皇家阿爾伯特音樂廳的切爾西藝術舞會。切爾西藝術俱樂部（Chelsea Arts Club）歷經重整，慶祝再起的活動包括一場舞會，這是他們辦過最大規模的盛會。著名歌手湯姆．瓊斯（Tom Jones）現身，由於鼓手蓋瑞．沃里斯、吉他手提姆．倫威克和貝斯手蓋伊．派拉特跟瓊斯合作，我們答應擔任來賓表演三首歌。強和提姆免不了為此到場，我們排練一兩天，在幾乎沒有舞臺特效、影片或煙火下演奏相當低調的組曲。

離開不列顛街後，我們在大衛的船屋重聚並發展骨幹曲目。從一九九三年二月到五月，我們著手大約二十五個概念，嘗試在錄音間盡可能多合奏。船屋絕對比在地下碉堡錄音舒適。如今大衛已經增建了一間暖房，裡面有廚房、客廳和用餐區。河上的氛圍與在日光下作業的好處再度奏效，船屋工作空間與陸地明確畫分也有幫助，我們可以上岸坐著談天並討論進度。

這張專輯更有自製感，好似一個樂團共處一室合奏。跟《暫時失去理智》相比，我想這次理克尤其覺得更能融入過程。有他重回陣容真好。

這些歌歷經了非常實在的篩選過程。材料充足，無需孤注一擲，我們反而可以只要專注發展概念。現階段的樂團會議中，我們開始把有潛力的歌刪減至更有希望的範圍。我們擬定一套極其民主的制度，由大衛、理克和我分別幫每首歌打分數，滿分十分，不論誰是歌曲原創者。要不是理克誤解了投票制度所仰賴的民主原則，這原本應該順利運作的。但他直接把自己的想法全部打十分，其他一律零分。這代表所有理克的歌都有十分的領先優勢，大衛和我過了一陣子才想通，為什麼這張新專輯會瞬間變成理察・萊特的傑作。我們重新審查了這個投票制度，然後想出了選舉人團和第二順位票選等多種制度，可以搬進任何市長選舉中。

同樣的問題在十年後重演。我們挑選《搖滾回聲精選輯》（Echoes）收錄的曲目時，需要大衛、理克、我和羅傑的意見。除了一整班的唱片公司高層、錄音師、製作人和經紀人蠻橫插手之外，這次我們不得不面對一個事實，跟上次的理克一樣：羅傑只投自己寫的歌。天佑民主。

暑假來臨前，我們把八、九首偏愛的曲目帶去巴恩斯區的奧林匹克錄音室，徵召上次巡演的樂手（蓋瑞、蓋伊、提姆和強，合音歌手除外），一週內錄好這些歌。這讓我們信心大增，意識到每首歌的基本元素已經到位，心中有譜可以多花點時間發展歌曲。

事實上，加裝這張安全網後，等夏天過完，我們最終用不同於以往一切專輯的方式著手錄音。九月的數週間，只有理克、大衛和我，以三人編制在阿斯托利亞號錄製所有的伴奏音軌。自《暫時失去理智》以來的技術進步，代表六個月的錄音期步入尾聲時，我們可以在船上進行歌曲的母帶後製——儘管到最後照例有些瘋狂恐慌，在壓力升高的情況下動用其他錄音室進行一些疊錄。有些傳統根深蒂固到難以徹底捨棄。

幸好有巴布再次加入，釐清鼓的部分，協助坦白說有些單調的錄音過程並調整鼓聲。歌曲最終定型時麥可・凱曼加入：只要我們借他音響系統和一些燈光，供諾丁丘演出的兒童歌劇使用，麥可願意提供我們需要的弦樂編曲。這似乎是一輩子難遇的划算交易——得過奧斯卡的作曲家換幾個喇叭和燈。我們不懂的是麥可盤算的音樂狂想，會讓韋伯作曲的舞臺劇《星光列車》（*Starlight Express*）都顯得黯淡……。

錄音過程到了這階段，我們需要的就只是一、兩個期限，而那通常是所有佛洛伊德團員都很討厭的事。上一張專輯讓我們學到了有用的一課：我們這邊拖拉一下，唱片公司那邊再磨蹭一會兒，結果就是我們的專輯跟麥可・傑克森（Michael Jackson）的《飆》（*Bad*）和布魯斯・史普林斯汀的《愛的隧道》（*Tunnel of Love*）同時上市。不令人意外，在那場競爭中，我們的排行榜位置是不折不扣的銅牌。

這次的期限是因為我們答應了一趟大規模巡演，預計在一九九四年四月起跑。想法是騰出較長的前置期，讓我們事先規畫貫串美國大型運動館的最有效率路徑。不過既然我們之中沒人是狂熱的足球迷，因此遺漏一項頗重要的因素：巡演跟一九九四年的美國世界盃撞期。這代表特定場館不只在某些大日子無法使用，足球場更是在前幾週都不能碰，好保護昂貴的草皮並維護完好狀態。跟我們想像中合乎邏輯的簡潔巡演路徑相反，最終定案彷彿由一位矇著眼朝美國地圖射飛鏢的人制定——或者更糟，是由布萊恩莫里森經紀公司的老同事策畫……。

專輯最後階段牽涉到命名和封面設計的難產。事實證明，抉擇專輯名稱又再成為懸疑局面。即使到了一九九四年一月，我們都還沒達成共識，熱烈交鋒天天上演，而期限警示逼近、挪動終至錯失。大衛偏好《帕瓦集會》（Pow Wow），我喜歡《腳踏實地》（Down To

Earth）。人人心有所愛。沒辦法達到多數決（就算是採用了如今包山包海的精密投票制度）。

身形頗魁梧的道格拉斯・亞當斯（Douglas Adams）湊巧伸出援手。道格拉斯不僅是小說《銀河便車指南》（*The Hitchhiker's Guide To The Galaxy*）的作者，也精通 Mac 蘋果電腦，熱愛吉他，還是平克佛洛伊德的歌迷——算我們走運。他能在最危急的時刻帶來絕佳幽默感，參與多次關於專輯名稱的討論。我們覺得極其欣慰，能跟同為截止日所苦的人談論我們的問題——據說道格拉斯說過，他喜歡讓截止期限從耳邊呼嘯而過。

有天晚飯時我們答應道格拉斯，如果他想出一個我們喜歡的專輯名稱，樂團就捐款給他指定的慈善機構。他沉思片刻，提議《藩籬警鐘》。真正惱人的是這組措辭有出現在既有的歌詞中：我們實在應該更仔細讀歌詞的。

史東終於拿到確定名稱，提出一大堆點子，最後我們選定利用某種視錯覺讓一對頭顱組成單一顆頭。史東是出了名的堅持實拍而不願耍花招，所以頭顱（用石材和金屬多次嘗試後終於造好）設置在伊利區（Ely）附近某塊適合的原野。

我在二月冷冽的一天造訪拍攝地點：場景令人驚嘆，兩顆頭擺在遠方沼澤裡。我們有個大問題是試圖向媒體隱瞞這件事，他們巴不得搶先預告專輯發行消息。我們到軍備用品店大量蒐購迷彩網來蓋住頭顱，馬馬虎虎地試偽裝它們。我猜想，媒體沒跑到這則獨家新聞，不是因為我們高估了他們對這張專輯的興趣，就是跟蘇活區格洛丘俱樂部（Groucho Club）酒

馬克・費雪的《牆》演唱會初期提案。

傑若・史考夫（左）和馬克（右）在操縱「母親」（Mother），這是《牆》演唱會的其中一隻充氣角色。

《牆》的電影版：桑頓沙灘上的軍隊（上）；
鮑伯·葛道夫飾演平克（右）。

攝於1984年拉曼二十四小時耐力賽，我駕駛一輛保時捷956（上）。對於把香菸贊助商的品牌標誌穿在身上，我沒有什麼羞恥心（左）。

史帝夫在拉曼耐力賽開一輛法拉利 512 BB，車身保留原有的比利時國家車隊（Écurie Nationale Belge）標誌。

《暫時失去理智》發片時大衛・貝里幫我拍的肖像。

攝於大衛的船屋錄音期間，巴布・艾茲林（右）在彈貝斯。

理克在《暫時失去理智》巡演時慰勞工作人員。

大衛和波莉・薩姆森——他們在1994年7月《藩籬警鐘》巡演期間結婚。

攝於1989年7月15日的威尼斯演唱會，河上舞臺栓在聖馬可廣場（Piazza San Marco）。

1989年6月攝於莫斯科——麥克布隆姊妹和瑞秋・費里在為重建政策盡一分力。

我和女兒克柔伊攝於1988年6月凡爾賽宮演唱會開演前。

我的兒子凱里和蓋伊接手試音任務。

我的女兒荷莉攝於《藩籬警鐘》巡演。

小奈和我準備登上《藩籬警鐘》的飛船。

攝於2015年倫敦到布萊頓古董車競賽（London to Brighton Veteran Car Run），我身邊是克柔伊、女婿提姆（Tim）、孫子奧斯卡（Oscar）和菲利克斯（Felix）。

攝於1994年《藩籬警鐘》巡演──有一隻豬從豬圈現身（上）；
鏡面球從觀眾席中間升起並打開（下）。

《藩籬警鐘》的巡演盛況。

羅傑（左）和我為了現場八方演唱會重組在彩排。

平克佛洛伊德在現場八方登臺演出。

攝於2005年7月2日倫敦市海德公園的現場八方演唱會。

現場八方的平克佛洛伊德團員：（從左到右）強・卡林、我、理克、迪克・派瑞、卡蘿・肯揚、羅傑、提姆・倫威克和大衛。

理克待在發現號船上的安樂窩。

攝於2011年5月的O2體育館。我展現搖鈴鼓的本領，羅傑吹小號，大衛彈曼陀林。

攝於阿斯托利亞號船上，我們在準備《永生不息》的專輯發片。

攝於2014年11月，彼得・韋恩・威爾森回鍋主掌油彩幻燈片投影秀。

羅傑和我攝於2015年5月，我們到西敏寺大學揭幕平克佛洛伊德紀念銘牌後喝了一杯好茶。

攝於2016年8月，維多利亞與亞伯特博物館「他們的不朽遺產」展覽媒體發表會。

吧的物質享受相比，從西伯利亞刮來的東岸寒風太沒吸引力。當時前往伊利主教座堂（Ely Cathedral）附近拍攝的史東憶述，由於地勢泥濘，運頭顱的低板卡車無法開抵選定場地的中央，因此一群神色略顯不悅的攝影助理扛起重物穿越泥地，把它們架設好。當史東宣告架錯地方時，他們的表情明顯更加扭曲。

與此同時，我們的舞臺表演一直在進化。回顧一九七三年，我們在好萊塢露天劇場辦過一場演出，有張現場照片掛在史帝夫的辦公室，時時提醒我們舞臺的外觀可以有多傑出。我們考慮嘗試採用那場演出的某些元素，開發成適合我們現今表演的體育場。我們也想讓活動增加一定程度的彈性。上次巡演的演奏曲目幾乎立刻完全底定。這次我們想要有改變曲目順序與抽換歌曲的餘地。

我們再次抗拒用大螢幕直播現場表演。我們從來沒有、也可能永遠不會用那種方式呈現樂團特寫鏡頭。但我們確實想為幾首新歌製作影片，此外，決定表演《月之暗面》的幾首歌後，我們也覺得是時候重新思考《暗面》的幾段影片。儘管許多影片保存良好且於《暗面》的組曲再度採用，這些影片多半頗落伍。特別是〈腦損傷〉中出現二十年前的政治人物，如今顯得過時。半數觀眾太年輕而不認識他們，其餘或許早就遺忘了。

我們組成或許是迄今最佳的團隊，數度召開製作會議。馬克・布理克曼回鍋擔任燈光設計師（剛做完一九九二年巴塞隆納奧運開幕式，再度跟芭芭拉・史翠珊〔Barbra Streisand〕

徹底鬧翻），配備大批新科技。舞臺設計師馬克・費雪和製作經理羅比加入陣容。史東外掛負責所有影片——六支不同的影片，長度約四十分鐘。我用外掛來形容，因為史東有個非常討人喜歡的特點，就是沒辦法不以獨裁者的姿態工作。

設計草案中包括一個立在地上的半圓形，隨即往後滑落露出舞臺。儘管結構極其優雅，一旦確立這顯然必須清場舞臺前方區域的所有觀眾，不得不立刻捨棄。最終版本藉助多座精密繁複的模型設計而成，但即使如此，也沒能發現現場實際操作的某些問題。

舞臺完全架好後，由於搭建高低樓層與凹穴，我們發現並非所有樂手都能看見彼此，需要螢幕或超感官知覺來聯繫並獲得視覺上的提示。暗門數量超乎尋常也造成某種工作安全的惡夢。我以為上次巡演的舞臺很難找對方向，但從某種程度上來說，這座新舞臺無疑是潛艦裡的迷宮，因為太容易踏錯走進舞臺下的燈光專用密室，或掉進某個未知洞穴釀成嚴重意外。

奮力制服了舞臺後，我們不得不把注意力轉往樂器，試圖避免讓漂亮臺面淪為貌似垃圾場的地方。許多歡樂時光在我的鼓技師克萊夫・布魯克斯的鼓作坊（Drum Workshops）廠房度過，他設計了搭配舞臺的鼓組架。蓋瑞和我最後帶回三十多架鼓、二十面電子鼓、四十多個鈸和無數個拴鼓臺用的小東西，這座裝置應該能讓我們拿下藝術圈的透納獎（Turner Prize）。

我們原本希望用耳內監聽耳機，避免不美觀的楔型監聽喇叭弄亂舞臺。很遺憾效果不佳，因此我們被迫回頭用監聽喇叭（這可能是最後一波使用楔型大喇叭的巡演，因為現在耳機已經很理想）。不過我可以掛一個無線電小背包和耳機，這代表我的監聽音量不比普通的隨身聽大，音源主要混雜貝斯、打擊樂器和主奏吉他，並不推薦公開販售。

與此同時，布理克曼被派去找最新、最好的特效和燈光發展。例如這次巡演的雷射光比我們以前用過的威力更強，除了常見的綠光外，還能把光線處理成別種顏色。布理克曼有趟考察去了休斯飛機公司（Hughes Aircraft Company）。作為美國最大的軍武製造商，中止與蘇聯間的敵對僵局，使他們急於為如今漸漸陷入空轉的諸多軍事科技尋找新用途。把軍武轉化為民用原則上聽起來是好點子，卻不如想像中容易。很遺憾，儘管獲得便宜到驚人的報價，我們想不到能拿響尾蛇飛彈做什麼——包括演唱會之外的用途……。

我們追求的科技創新也再次受挫，無法使用一架功能特別強大的投影機（我們調查時發現的影像播放可能選項），因為投影機的馬達類似渦輪機，啟動後不能暫停，否則整部機器會爆炸。想到要運送一架每分鐘維持四十萬轉速運行的投影機全球跑，連團隊中最強硬的老手都感到畏懼。當然沒有一位團員打算搭同班飛機旅行。

回溯作品集並決定重拾一些早期設備時，我們找回舊識劇場燈光師彼得・韋恩・威爾森。彼得在一九六七年和一九六八年與我們共事後做過各種工作，曾經跟一群嬉皮劇團搭巴士巡演，替其他樂團規畫燈光，當木工幫牧神人舞團（Pan's People）編舞家芙莉克・科爾比（Flick Colby）造家具，製作迪斯可風潮的稜鏡，並開發一種叫搖鏡輪（PanCam）的裝置，在聚光燈前方安裝一面可操縱移動的鏡子。

彼得跟布理克曼碰面，他描述在製作油彩幻燈片與重建戴立克色環時「樂趣無窮」。實際上科技進步讓重現原有感受更顯困難。六千瓦燈光產生的高熱，代表顏色必定隨著時間變化，而不是原本的有色油彩。在六〇年代，彼得可以利用投影機的熱度製造一些效果，吹風機既可以加熱也能吹涼幻燈片。至於新版裝置，必須安裝一整套空調系統才能促成變化。然而，最重要的是新版戴立克色環在一種層面大有改善：多虧六〇年代從未顧慮的安全要點，跟瘋狂日本武士般威脅斬首樂手的舊版相比，謝天謝地這比較不危及生命安全。

燈光方面一切進展順利。然而在另一處陰鬱的角落，新的影片素材就手、成堆腳本送達，史東迫切想得到某種回應，更別說是決策，而時間悄悄流逝。我們有個問題是要確定演唱會中表演哪些歌。無論如何，假使後來才決定不喜歡那首歌，製作價值五十萬美元的影片就沒有意義。最終我們有五支影片投入製作——如果不是專輯做完跟排練撞期，我們或許可以從微型好萊塢製片廠的經驗得到樂趣。

巡演音樂排練選在倫敦西區的黑島錄音室（Black Island Studios），基於主奏吉他手兼主唱未現身稍加拖延，他又一次困在船上做最後混音。提姆・倫威克再度代理音樂總監。所幸我們全都彈過專輯曲目也熟悉新的音樂，而且這完全不像上一張專輯的音樂那麼複雜。

接著我們潛逃到加州棕櫚泉，但我們根本沒機會練習網球正手拍，而是投入真正的彩排

——地點在聖貝納迪諾郡（San Bernardino）附近的諾頓空軍基地（Norton Air Force Base）。

這些事件不缺戲劇場面。有一次，有一位在二十英尺高的拱門頂上作業的舞臺搭建工人降到地面，明顯受到驚嚇並建議清場。整座結構正在彎曲變形中，而一想到幾百噸重的鋼構倒塌，加上取消至少三個月的演出，飽經歷練的巡演工作人員不得不停下來思考。所幸只是設計細節出錯，可以修正，卻再次證明了多少電腦計算和預測也不能確保最後的組裝結果。

巡演產生與實際投入的工作量非常龐大。我們有影片在製作，舞臺和特效在搭建，設備在組裝；新設計的舞臺和表演需要大量作業與修正才能運作良好。按照慣例，我們製造的裝置必須比實際用上的多百分之三十，因為會捨棄那些沒達到標準或事後證明太貴、太危險的品項。

這趟巡演有個經典案例，是一輛問題特別多的五噸機械起重機，它裝載燈光設備，在我們頭頂上的軌道移動。當起重機終於從軌道上脫落時（幸虧沒傷到任何人），負責運送那東西的費雪和羅比，甚至是花了錢買下它、卻要在它底下演奏的樂團，全都樂於讓它永遠消失。

出售

一輛荷重五噸的起重機。附軌道與全套燈具。適合建設公司或有資歷的搖滾樂團。售價一百美元。聖貝納迪諾郡諾頓空軍基地自取……。

一如往常，當樂團抵達並開始擾亂巡演團隊過去兩週的進度，會有一兩天氣氛略顯尷尬。這時組員也必須經歷最耗神的部分，經由拆臺與裝臺得知替卡車上貨的最佳方式。這項作業不像聽起來那麼沒頭沒腦或軍事化，要根據什麼可以先拆和什麼需要先裝來制定極其嚴格的順序。因此在空間有限的後臺，依照正確順序停放卡車也有嚴格的清單，應用一項簡單的經濟因子：在九個月的檔期少用一輛卡車，或許可以支付十二位巡演工作人員的薪水、一輛新車，或一位律師工作幾天還是幾小時的費用。

關於各式各樣的初期適應問題，我們多半一一克服了。由於史東的影片必然依照錄音版的歌曲製作，我們發現在現場演唱版本會有提示的問題。不過此時我們已經學會一些內行招數——影片中段要夠抽象，給我們一些轉圜的時間。前幾趟巡演的投影放映師吉姆・道奇（Jim Dodge）蔚為老手，他有辦法調整投影機速度，確保開頭、尤其是結尾同步。

演出曲目混合新與舊，包括我們至少二十年沒演奏的〈天文學牧師〉，或許更久，讓人想起席德穿著寬袖口襯衫站在那裡的回憶。〈厚望〉（High Hopes）是新歌，搭配一座巨大的議會鐘[109]——很遺憾是由遙控裝置、而不是蘭克影業的某位健壯紳士敲響[110]。

---

109 英國下議院通知集會、投票、宣告事項的機關鐘（division bell），與專輯同名。

110 蘭克影業識別標誌是肌肉男敲一面鑼的剪影。

演出漸漸成形。這次巡演展現出我們終於能夠從經驗中學習。一九八七年巡演的前幾場相當刺激，只是雖然樂手的個人能力高超，樂團的整體表現卻很貧弱。如今我們已經十分清楚該如何呈現表演。現在只要掏錢就好。

我對於巡演贊助這件事的感覺依然很複雜。大型演唱會巡迴已經成為要價驚人的活動，此時贊助可能非常有用。但我內心深處始終暗藏著疑慮（我想大衛的感覺應該更強烈），覺得接受贊助可能會削弱創意。少了贊助票價會比較高的說法通常可以這麼反駁：只要樂團少拿一點酬勞，就能達到一樣的效果。交涉廣告和商標的尺寸和位置，無疑都有可能變得十分緊張。

話說回來，我很高興能有福斯汽車這樣的重要巡演贊助商。我們跟福斯建立新關係後，討論事項的第一點就是平克佛洛伊德車款。福斯有過一些跟樂團合作的經驗：前一年他們贊助過創世紀樂團的巡演。他們從錯誤中學到幾個教訓。我們聽說，有一個版本採用了象徵同志驕傲的顏色，但以男子氣概聞名的汽車銷售業沒辦法欣賞。

討論一展開就達成協議，我們不想跟那些猛拼車速的掀背車有連結。反之，決議是生產可以被視為最安全、最環境友善的一版Golf車款（有人或許認為環境友善汽車是矛盾的詞彙，好比吃素的鱷魚，但在程度上有差別……。）

我們尋求友人彼得・史帝文斯（Peter Stevens）的幫助。彼得是一位備受尊崇的汽車設計師，也在皇家藝術學院當兼任教授。我們這些年時不時碰面，我在拉曼耐力賽開的理查洛伊德車隊賽車由彼得經手車身圖像設計。他也曾與偉大的跑車設計師、熱愛電吉他一輩子的高登・莫瑞（Gordon Murray）合作 McLaren F1 跑車。彼得從事各種汽車設計的經驗，代表我們至少能讓建議符合可行性，而非提出耗時七年才能量產的更動。最美妙的時刻是我們參訪巨大的福斯汽車工廠。公司可能預期這次會面是橡皮圖章般的行禮如儀，廠裡的高級工程師卻大驚失色，發現我們身邊有早年的老師史帝文斯教授作陪，前來評估工作成果。

彼得也覺得這次經驗讓他學到很多。他注意到史帝夫整趟旅程都帶著一件厚重大衣，直到踏入會議室前一刻才穿上。彼得好奇詢問原因。史帝夫說，那是他的「刻薄混蛋」大衣。穿上它後，史帝夫的身形顯得更魁梧，加上開會期間他總是站著而不是坐著，因此成為非常有效的談判工具。彼得雖然沒有買大衣，但他倒是投資了一雙「刻薄混蛋」靴子，依然在偶爾爭執不下的會議派上用場。他斷言這雙靴子極其有效。

多年來我們都自行其事，不習慣跟另一個運作原則大相逕庭的組織打交道，因此產生了不少歧見。不過最後的產品絕對值回票價——這輛車甚至在歐洲賣得相當不錯，在我心目中絕對比最優質的碳酸飲料珍貴得多。

有些氣候傳統揮之不去。在一滴雨也沒有的天候下彩排完後，從第一場演唱會就開始下雨。在一場溼到不行的演出期間，器材狀況愈來愈差。舞臺擴音聽起來明顯悶塞，監聽設備斷線，我的鼓積了愈來愈多水。我們有如霍恩布洛爾上校面對失控主帆般猛力敲打，在合理的程度內盡可能演奏得久一點，但不得不在某一刻棄船。這提醒了體育場演唱會儘管是厲害的賺錢機器，卻更加難以控制。我們有絕妙的特效，尤其是巨大的鏡面球，不過舞臺泡水的話一切努力都是白費。

因為在不列顛街錄音室相處過，大衛、理克和我感覺更像是一支上路巡演的樂團。然而基於寡言的傳統，我們忘記把這傳達給其他團員（跟我們在一九八七年巡演合作過的陣容大致相同），因此從他們的觀點看來，他們發現自己的處境很不一樣。大衛、理克和我自己享受的積極精神威脅了整體的團隊感，也絕對改變了互動模式。而巡演開始不久後，當我們三人決定單獨鞠第一個躬時，更是對情況沒有幫助——而這還是最保守的說法。其餘團員在舞臺下方成立了行動夜總會來重建自己的團隊精神，位置在為燈光和音響搭建的結構底下，他們命名為超優夜店（Donkey's Knob），散場後舉辦許多非正式表演——偶爾甚至是中場休息期間的演唱會。

在佛羅里達州和德州演出三場後，我們前往邊境南方，到墨西哥城表演一天。這是我們第一次在拉丁美洲演出。氣氛更狂放、更熱情，觀眾還比美國的年輕許多。這群觀眾不只是第一次看佛洛伊德表演，他們似乎也是第一次發現音樂。北美巡迴尾聲並待在紐約幾晚後，我們飛往里斯本開啟歐洲行程，但七月我們短暫休假，讓大衛在倫敦迎娶波莉。

九月初樂團置身布拉格（對我們又是一個新地點）。在斯特拉霍夫體育場（Strahov Stadium）十二萬人面前表演的前一晚，我們跟瓦茨拉夫・哈維爾（Václav Havel）共進晚餐，這位劇作家和前政治犯如今已是總理。這餐飯並非小報偏愛的「大吃一頓」（他們為何這麼堅持小說人物胖學生比利・邦特〔Billy Bunter〕的用語？），而是河畔餐館的非正式自助餐。我們有幾個人做了功課，在赴宴途中讀了哈維爾的書，想表現出對他的作品略知一二的樣子——同時好奇哈維爾是否熬夜聆聽他的 CD 收藏。他有幾位部長似乎上輩子是搖滾樂評人。我確實在想，如今新政權下的祕密警察是不是在寫唱片評論。

九月二十五日巡演在瑞士洛桑（Lausanne）真正結束，或至少感覺像巡迴終點，因為小奈和我在最後的體育場演出後隨即赴法國南部休養。不過我們十月還要在伯爵宮連唱好幾晚。一九八七年我們在溫布利體育場和倫敦碼頭區演出過，所以是睽違十四年重回我們喜愛的場地表演，這地方風情萬種，恰好位於倫敦市中心。但回主場演唱，就代表想以嘉賓身分前來的人多得離譜。我女兒克柔伊當時幫我工作，一年來都在處理繁雜的票務和座位安排。而倫敦是她史上最艱難的任務。

內部通行證本身的精妙之處本身就是一門學問。全區通行代表大約可以進入一半，VIP 則是再往內一層。有護貝的通行證勝過貼紙，有個綠點則代表可以通過另一道門。在那之後，如果你是工作人員或家屬會有幫助，再不然就是臉上的表情夠瘋狂，因為總是會有少數瘋子能夠進到他們絕不該進的地方。曾有一位驚愕的巡演經理發現辦公室裡出現一個陌生人，還說他在闖進來之前應該要先敲門才對。

我們決定把倫敦演出的收入捐作慈善，並想出一道複雜公式，以確保我們個人相關的小型慈善機構及我們都支持的大型機構統統受益。這代表要跟一系列的個別慈善機構合照，他們想從活動中獲得最大曝光是合情合理的。很遺憾他們沒人能親眼目睹，因為有一整區的座位在開場前夕倒塌了。

場館燈光暗下來，在期待的嘈雜聲中，我聽見一陣類似打雷的聲響。可能是放錯了帶子。消息迅速傳來：有一個座位區垮了。除了立刻開燈別無選擇，要援助受困的人並替有需要的人急救。當晚的演出不得不取消。到了隔天只剩少數人還在住院，讓大家鬆了一口氣，當然除了那幾個人以外。

碰巧我們在倫敦的系列演出預留了額外休息日，所以可以安排在幾天後重演，讓大部分人有機會來看取消的演唱會，可惜沒辦法是所有人。儘管第一晚出了意外，這系列演出形同巡演的適當結尾。先前的一切投入確保這些表演盡善盡美，慈善的些許增光還營造額外的陶醉因素。作家道格拉斯在十月二十八日的演出到伯爵宮與我們同臺，我們提議這次機會部分當成生日禮物，也要感謝他想出《藩籬警鐘》的專輯名稱。我只提醒了他一句話：「無論你做什麼，道格拉斯，都別往下看⋯⋯」興奮之餘他顯然是忘了，因為整首歌他都直盯著自己的吉他指板。

伯爵宮演出期間，有位出乎意料但大受歡迎的後臺訪客是鮑伯・克洛斯。我從六〇年代中的茶具樂團時代就沒再見過他，儘管湊巧的是他娶了我在弗倫舍姆高地學校的老同學。這讓我想起幾年後，在古德伍德競速嘉年華（Goodwood Festival of Speed）出現一位甚至更難想像的舊日訪客，是我們在攝政街理工學院同夥的克萊夫・麥特考菲。某個以講話白目著稱的人刻薄地對他說，他當初選擇離團，如今肯定覺得自己彷彿丟失了中獎的樂透彩票。克萊夫沉著回應，說他和基斯決定拋下我們其他人時，他們都認為自己做的是正確的職業抉擇。克萊夫說：「反正我們就覺得你們是魯蛇……。」

雖然當時伯爵宮演唱會只是一趟巡演的結尾，事實上它們代表重大的活動中斷。接下來十年間，我們是有發行巡演的一張現場演唱專輯和一部影片，都叫做《脈動》（Pulse），以及我們作品以新格式出的各種選輯和復刻版。但我們沒再上路巡演或發行任何新東西。

我想大衛會輕鬆承認他是最不急於重新投入忙碌工作的人。他似乎對再一次改善整個巡演機制的一切衍生事項失去胃口。但我確實懷抱一線希望，平克佛洛伊德的活躍樂團生涯未必走到了盡頭。有各式各樣的事我們從未做過。我們沒開發過大衛提出的不插電概念變化版。我們尚未發行《藩籬警鐘》錄音期間的「氛圍音樂」母帶。此外，至少到目前為止，我還沒上過音樂節目《別理吵鬧公雞》（Never Mind The Buzzcocks）的「指認證人」橋段。然而在相對沉寂許多的狀態，平克佛洛伊德再度錄音的前景顯然看似黯淡，更別提任何現場表演的可能性。可是出乎意料（恰好是在一片蔚藍的加勒比海），事情發生了令人驚喜的轉折。

記得有一天

REMEMBERING A DAY

15

dw

13 記得有一天

二〇〇二年一月，我和家人在加勒比海的馬斯蒂克島（Mustique）度假。每年年初那裡都會舉辦一場海灘野餐，替當地學校募款。宴會期間，一雙有力的手突然抓住我的肩膀，隨後搭上我的脖子。我看見面前小奈驚喜地瞪大雙眼……。

那是羅傑。看見我在場，他悄悄逼近，再冷不防抓住我。過去約莫十五年來我們只見過幾次。我常想，假如我們撞見彼此會是什麼氣氛，我又該怎麼應付這種場面。這些沙盤推演真是浪費。

羅傑和我開始交談，那天下午繼續聊了不少，在度假期間又碰了幾面。畢竟往事如煙，能跟老朋友和好感覺棒極了。許多的情緒包袱都在馬斯蒂克島的海關拋下了。

同年稍晚我接到電話，羅傑的二〇〇二年巡演邀我到溫布利體育場那場當特別來賓。我沒立刻說「好啊」——因為這個想法有點令人擔憂——但我沒花多久就想通，錯過這種機會事後肯定後悔。我哀悼我們之間的決裂夠久了，不趁這次機會公開展示十分理智的和解時刻似乎太蠢。我只演出一首歌，是羅傑重新編曲的〈太陽核心控制臺〉，不過那晚棒呆了。羅傑的樂團熱情洋溢，有機會跟鍵盤手哈利・華特斯（Harry Waters）合奏更是件好事。哈利是羅傑的兒子，也是我的教子。

再度與羅傑合作很愉快。我喜愛排練時間。儘管屢獲保證，羅傑在中間這些年態度顯得軟化，我樂於發現表演一有任何瑕疵，熟悉的暴怒狂吼就從舞臺傳到音控臺。

而我真心覺得就這樣了。當《天團浮生錄》（*Inside Out*）在二〇〇四年九月首度出版時，所有相關訪問必然詢問平克佛洛伊德（有或沒有羅傑）再次共同演出的可能性。我秉持著堅定與真誠面對這些問題，但仍然試圖至少表現出一絲樂觀，因為就我所知，我們還不算完。

當年秋季音樂雜誌《Mojo》製作特輯向平克佛洛伊德致敬，羅傑和我都接受訪問。雜誌問羅傑跟大衛關係解凍的可能性，他客氣但堅定地粉碎了這項提議：「我想不出理由。我們兩個都很容易跟人吵架，我不覺得那會改變。」在另一個場合，大衛把這個想法比擬成「跟前妻睡」——看起來希望不大。

在我那篇訪談中，最後兩個問題走傳統路線：「會有下一張平克佛洛伊德專輯嗎？」「時逢《願你在此》十三週年，要不要跟羅傑・華特斯合辦一次平克佛洛伊德演唱會？」

我回答：「我能想像做這件事，但我看不出羅傑會想參與。我想大衛要獲得強烈動力才會想回來工作。如果我們能為拯救生命演唱會之類的活動登臺就太棒了，因為若是為了那種性質的重大活動，就還說得過去。那會很美妙。但或許只是我過分感情用事了。你知道我們老鼓手都這樣。」

六個月後，有人指出鮑伯・葛道夫接受電視訪問時發表評論，鮑伯說看見我談到平克佛洛伊德為一場大型慈善活動重組的可行性（只是有可能）。很遺憾我無法對最終成果爭取任何功勞，但鮑伯腦中顯然種下一顆種子，概念逐步成形，他想辦一場跟二十年前原版拯救生命演唱會類似的活動。

我對他的計畫一無所知，因此二〇〇五年六月某天妻子小奈告訴我鮑伯打來時，我完全不曉得他致電的可能原因。我們偶爾會在社交場合見面，而自從他在《牆》電影中扮演平克後，也在圓屋劇場信託基金的古怪慈善協會碰頭，但我們沒有固定聯絡。

我還不知道鮑伯為了舉辦現場八方演唱會（Live 8）已經展開了初步的努力。此時鮑伯告訴我有這場活動，還說他跟大衛提過平克佛洛伊德登臺的可能性，可是大衛拒絕了。一如往常，鮑伯只把拒絕看成一個令人振奮的挑戰，說他要搭火車去大衛家進一步討論。大衛打來說「別費事」時，鮑伯人已經到東克羅伊登站（East Croydon）了，他決定無論如何都要繼續下去。然而就算是這位以說服力聞名的人面對面親自懇求，依然沒能改變大衛的心意。

我清楚知道，大衛不想為現場八方重組，絕對有很好的理由。樂團不處於運作狀態，過去幾年他在做自己的個人計畫。他曉得如果我們真的登臺，包括唱片公司、媒體和歌迷在內的所有人都會大聲嚷嚷，要我們發行一些新產品並宣布巡演。從他的觀點來看，這個時間點糟糕透頂。因此從後續事件看來，我想他的犧牲最大。

鮑伯問我能不能幫忙跟大衛談條件，我拒絕了，單純因為我覺得自己助陣吶喊也無法動搖他——事實上還可能帶來徹底的反效果。如同我日後說的，你可以把一匹馬拉到水邊，但你無法逼馬喝水。以大衛的情況來說，你甚至沒辦法讓他靠近水。不過，把跟水同音的華特斯帶到大衛面前可能會有效……。

我覺得自己必須做點什麼，至少要跟羅傑提這個想法。儘管如此，我不想讓羅傑覺得我在利用重新尋回的友誼開始要求回報，我也清楚知道他花了二十年建立成功的個人事業。彼得・蓋伯瑞（Peter Gabriel）[111]曾說，如果他單飛那麼久之後重新加入創世紀樂團，損失就太大了：這就像玩蛇梯棋遊戲時，順著一條特別長的紅尾蚺一路滑回底部。

謹慎是必要條件。我寫電子郵件給羅傑，以最膽怯的方式提到鮑伯想要我們協助他拯救地球。假如羅傑沒回信，那就到此為止。至少我盡力試過，即使力有未逮。

111 創世紀樂團在一九六七年組成時蓋伯瑞擔任主唱，一九七五年離團發展個人音樂事業。

羅傑立即回信，打探鮑伯想要我們做什麼。「老實說，我也不確定，」我回覆，重拾四十年前我們在攝政街理工學院初次交談時，同樣的口是心非與外交手腕混合體。於是羅傑打給鮑伯。儘管有鮑伯的家庭生活背景噪音干擾，羅傑還是確認了鮑伯想要我們再度同臺表演。接著葛道夫一家人又搶占上風，鮑伯說他只能稍後再回電。

羅傑馬上贊成為政治上符合他本身觀點的活動再度同臺，尤其鮑伯的目的並非募款，而是發起大規模的全球呼籲，把消除貧窮的訊息清楚傳遞給演唱會數天後赴蘇格蘭格倫伊格爾斯飯店（Gleneagles Hotel）出席八大工業國高峰會的領袖。

等到鮑伯回電給羅傑時，已經過了兩個半星期。羅傑問鮑伯現場八方演唱會的日期，突然驚覺只剩不到一個月：沒時間想東想西了。他提議做出最後表態，打了通電話給大衛。「哈囉，」接通時羅傑說，「我覺得這次我們應該要去。」大衛依然舉棋不定，擔心自己的嗓音和吉他都生疏了，結果羅傑立刻反駁這個想法。大衛想要多點時間考慮這件事。二十四小時後，他考慮好了。

於是大勢底定，六月的某個星期五，距離活動不到三週時間，大衛打給鮑伯、羅傑和我，說：「我們去吧。」我們所有人都明白，由於現場八方是要提升對貧窮的認識，平克佛洛伊德的四位團員為此重組演出，可以幫活動帶來更多關注。不過羅傑也堅決表明，他不打算替辣妹合唱團（Spice Girls）或任何翻唱阿巴合唱團（ABBA）的樂團暖場。儘管如此，鮑伯還是大為動容，把羅傑形容成一位偉大的外交官——還真是嶄新的格局。

但還有一個人必須答應。理克並未涉入這些初期協商，因為那主要關係到羅傑和大衛，可是任何形式的樂團重組都必須有他參與。如果我們要做，就要做到好。理克不需要人說服就答應了，雖然想到要主動重返這個對他而言有點像競技場的地方，他的聲音或許擔憂地抖了一下。

歷經謠言工廠比義大利服務生的胡椒研磨罐還賣力的數週，消息在週日正式傳開。大衛發布聲明，恰如其分表示「羅傑和樂團以往有過任何爭執在這情境下都顯得微不足道。」關於這只是老搖滾樂手宣傳舊作藉口的說法，羅傑懷著好心情回應：「憤世嫉俗的人改不了嘲諷。隨他們去！」

頭條新聞的撰稿者玩得很開心。斧頭埋了。赤蠵龜殼撬開了[112]。飛天豬突然在所有大報和一兩份小報上列隊。致力慈善的編劇家理查・科提斯（Richard Curtis）聯繫表示，假如樂團能對表演歌單達成共識，那麼八大工業國高峰會肯定能對解決非洲問題的務實承諾達成共識。

不知為何，我們的內部問題雖然跟其他許多樂團沒什麼差別，但卻被塑造成搖滾樂壇最

112 赤蠵龜在英文諺語中指頑固歧見，本書作者梅森曾用來形容羅傑和大衛尚未和好。

大仇怨的神話般的代表。親身經歷其中，我可以很誠實地說（也希望《天團浮生錄》有傳達這一點）這不是第三次世界大戰，或者倘若是的話，那我就必須說，我覺得我打了美好的一戰。

托比・摩爾（Toby Moore）在《泰晤士報》的一篇戲謔文章讓我覺得很好笑。他為讀者提供了排練的「獨家內幕」，說我們所有人就坐在錄音間裡，等一整排律師商討能不能用升F大調。我很喜歡他說是我說過的一句話，表示搖滾樂就只是「爭執、相互指責和律師」。還有一份報紙說，席德的姊姊羅絲瑪麗（Rosemary）曾問他對樂團重組的看法。她說他完全沒反應。「他不再是席德了，」她說。有很多年時間，他就只是回去當羅傑・巴瑞特。

一旦下了決定，我們的首要任務是確定演出曲目。一開始由羅傑和大衛討論，加入一些鮑伯的意見。我是有提議演奏比較慢的歌……。

還剩十天，我們四個人在倫敦康諾特飯店（Connaught Hotel）集合做最後決定。隨著時間逼近，我們迅速進入正題，討論待辦事項。

我們帶來一系列錄影帶，有些來自羅傑的演唱會，其餘出自上一趟平克佛洛伊德巡演。改不了一輩子的老習慣，我們覺得需要再做一點微調，這代表我得跟羅傑一起坐在剪接室挑選搭配曲目的片段。這讓我想起自己有多享受羅傑熱愛工作的模樣。迫於壓力，沒有時間可以浪費，但縱使羅傑一直很清楚自己要什麼，他依然能夠接受其他看似可行的點子。

我們講好花三天時間在倫敦西區的黑島錄音室排練，找我們可靠的伴奏樂手提姆和強加入再自然不過——巧妙連結回原始的拯救生命演唱會，強和大衛當時在布萊恩・費瑞的樂團。

迪克帶來他的薩克斯風，卡蘿・肯揚（Carol Kenyon）幫〈舒適的麻痺〉合音。我們也設法找回長期的合作和巡演團隊，包括菲爾（陣中服役最久的士官）、我的鼓技師克萊夫、羅傑的吉他技師科林・里昂（Colin Lyon），安迪坐鎮現場音控臺，詹姆斯負責音響。我們全都年歲漸長，可能也睿智了點，甚至對歌曲該如何彈奏擁有一些正向的創意歧見，不至於按下自我毀滅鍵。當理克提起蓋伊先前某趟巡演彈過的貝斯樂句時（蓋伊在《藩籬警鐘》巡演不久後娶了理克的女兒嘉拉），倒是驟生一股風雨欲來的緊張感。聽見這段話，羅傑宣告：「理克，你跟你的女婿私下搞什麼不關我的事。」

現場八方演出前夕，我們在海德公園集合。主舞臺正前方那區散布一群群的演唱會工作人員、保全、樂團成員和他們的家人，欣賞瑪丹娜（Madonna）指揮她的白衣舞團。我也很高興看到我的兩個兒子蓋伊（Guy）和凱里（Cary）在台上，雖然明明不該出現在那裡但卻一副理所當然的樣子，明顯展現出靠吹牛唬過保全的早慧本事。隨著天色漸暗，各自的試音完成，我們開始彈奏演出曲目。彩排進行得非常順利，但我必須承認，鼓的部分有一定程度的不穩。然而一如所有的優秀彩排，這是替活動當晚預留充足的改善空間。

七月二日週六到來，我們知道樂團會延後登臺——演出準時進行顯然是不可能的任務，所以我們預計五、六點前往海德公園。仔細思考，錯過如此重大盛會的開場就太愚蠢了，因此我想我們全都及時現身參加開幕式。

我女兒克柔伊在最恰當的時機讓我面對現實。抵達藝人停車區，我步出車外（賽車手戴蒙・希爾〔Damon Hill〕好心擔任司機，這是特別令人興奮的優步接送前身）。我想我有點被這一刻沖昏頭，滿腦子想著「我到了，嗨……」。我看見克柔伊，正想上前擁抱，卻被她斷然拒絕，說：「現在不行，爸，我真的在忙。」然後繼續幫音樂頻道VH1做現場轉播。

我靜靜收起自己的搖滾自尊心，到前方欣賞麥卡尼和U2演唱〈胡椒軍曹寂寞芳心俱樂部樂隊〉（Sgt. Pepper's Lonely Hearts Club Band）。即使身為繳足會費、疲憊不堪兼面色發黃的音樂產業老兵，我仍為舞臺和觀眾群中湧現的力量與強度動容。

後臺休息室不足，代表下一組藝人表定上臺前的一小時左右才會空出一間，像是某種分時共享制度，可以避免有人端出天后的架子過度占用。我們的前一組使用者不太情願離開，而等到他們真的走時，卻留下一股令人懷念的大麻味。

我們得以接受幾個媒體訪問，並宣傳現場八方關注的訊息。這一切讓我覺得我們重組是正確決定，因為在沒有雜耍或吞火表演的情況下，我們提供了必要的「不尋常演出」。或許也恰好讓觀眾好奇：「究竟是什麼讓他們參與的？」並思考這項志業傳遞的真正訊息。

我們的時段不斷往後移，陰暗的天空轉成牧羊人喜見的日落。到踏上臺的十一點鐘，我們已經使出集體的所有等待經驗，腎上腺素在體內沸騰，緊張感不知不覺浮現。不過〈呼吸〉的心跳聲母帶一旦在漆黑的舞臺上響起，我就放鬆下來，融入身為樂團一分子的熟悉感受。

再一次跟其他人同臺演出簡直難以置信——理克鋪陳他獨特的音色，大衛一如既往可靠、音準完美且抒情，羅傑儘管更有年紀卻充滿我不復記憶的活力，也許是二十年來擔任主唱的副作用。整套曲目感覺緊湊而沉著，儘管場面盛大，我們還是壓抑了過度興奮之舉，幸好克制住沒喊出「哈囉，倫敦！」或高聲問觀眾「開不開心」。然而在唱〈願你在此〉前，羅傑以審慎的口吻提起席德，確保我們跟觀眾之間產生有意義的互動。

最後一鞠躬完，我們走向後臺，流露許多毫不掩飾的情緒。但我樂於報告，身為傑出老手，我們四個展現高深莫測、絕不流淚的隱忍精神，這是平克佛洛伊德優良傳統的一部分……。

我當時心想，就這樣了。我們為了值得支持的志業聚首，這或許是樂團會重組的唯一理由，不僅在海德公園的二十多萬人面前表演，而是延伸到電視機前的數億觀眾。我們肯定大幅提升了人們對議題的意識，儘管沒過幾天的隔週三，新聞就飛快轉頭報導倫敦贏得奧運舉辦資格，再隔天則是震驚世界的倫敦七七恐怖攻擊事件。

演出後，我們回歸平常的生活。無可避免的是謠言四起，說有人出了天價，要我們再一次並肩上路巡演。大衛當然清楚表明，無論在現場八方登臺有何意義，任何和好復出巡演的長期計畫都不在他的個人待辦事項內。他說，現場八方的排練讓他確信了這不是「我會想要常常做的事」。

我懂他的想法。我想大衛覺得最後的幾次平克佛洛伊德巡演特別辛苦。他把重責大任扛在自己肩膀上，我只承擔了一小部分，就只因為他挺身接下所有的主唱任務。我憧憬舞臺設計、演出和視覺細節，而他對那些層面或許沒我那麼有興趣。

不過一如其他許多事，看似盡頭處證實是另一個開始。首先呢，我完成了《天團浮生錄》初版和外語版的一輪宣傳和簽書巡迴。最初簽書時我還是天真的新手，躍躍欲試地問每個人想把書送給誰，卻很快發現要破解東歐父系名稱的拼法可能會花掉大半個晚上。我隨即領悟，事先準備一疊便利貼寫名字是快得多的解決方案。

我再次上路（即使是比較孤獨平靜的版本，而且沒有比剛買回來那盒飛龍牌原子筆還貴的工具），回到第一線跟歌迷說話。他們已經有好一段時間沒見過一個活生生、能聊天的平克佛洛伊德團員了。

在法國國際廣播電臺（France Inter）的巴黎錄音間接受廣播節目訪談時，主持人塞吉・勒・瓦蘭特（Serge Le Vaillant）有一個聰明的概念，透過平克佛洛伊德的 A 到 Z 來談：「A 代表建築，B 代表〈腦損傷〉」，依此類推（「G 代表鑼」是一個美好的驚喜）。塞吉講到 V 時幾欲哽咽，他選擇讓「V 代表人生——你的人生，尼克・梅森——十分感謝——以及我的人生，我們的人生。」我發誓有眼淚湧出，如果不是他的，那就可能是我的。

重回我們表演過的那些城市有些懷舊情緒。前往法國國際廣播電臺錄音室途中，我們開車路過香榭麗舍劇院，一九七〇年一月樂團第一次在那裡演出。這讓我想起在英國似乎不完全信服的年代，法國人有多麼熱情擁抱我們，並從此成為忠實支持者。

我在洛杉磯住威尼斯海灘，喚起一九六七年我們到獵豹俱樂部表演的回憶。T恤都差不多，不過現在卻是號稱「復古」而不是前衛時尚，反戰、反共和黨的情懷如今轉向另一個戰區，以及一位令人擔憂且富戲劇感的總統。

我漸漸意識到，許多想要在物品上簽名的「歌迷」，實際上是有組織的eBay賣家集團成員。他們總是帶著一堆吉他護板和專輯。你不得不欽佩這種固執、耐性和渴望的混合體，因為他們必須和其他所有人一樣站著排隊。

在曼哈頓，我暴躁地恭喜一位尋寶者，他堅持不懈，一路追蹤我到跟羅傑吃飯的餐廳（他在那裡巡演）。羅傑向他抗議時，我說我懷疑他蒐集簽名只是為了在網路上賣掉。那人發出一聲紐約長嘆：「人總得討生活。」面對這麼坦白的回應，我沒辦法拒絕簽他遞過來的物品。

回到英國，電視節目《頂級跑車秀》（Top Gear）來敲通告。他們特別想邀我新買的法拉利Enzo跑車上節目。初期交涉陷入僵局，但某天晚上跟主持人傑洛米・克拉克森（Jeremy Clarkson）吃飯時，他又提了一次。我提議，如果傑洛米和他的團隊能在節目中宣傳《天團浮生錄》，我就把 Enzo 免費借給他們，因為我信心滿滿地認為 BBC 公然打電視廣告的規定如此嚴格，必定能保佑我免於實現承諾。

幾天後，傑洛米打了電話來。他想出了一個妙計。為了規避 BBC 的嚴令，他說他會寫一個可以聰明避開這問題的劇本。

就這樣，當 Enzo 開進鏡頭時，我進入了購物頻道模式。傑洛米問我，買到這輛 Enzo 有多興奮。我愉快地回答：「可能就跟我拿到第一本我寫的書《天團浮生錄》同樣興奮……。」稍後在攝影棚裡，沙發上坐的是嗆辣妹潔芮・哈利威爾（Geri Halliwell）。傑洛米問她目前的音樂計畫，她差點就要提起辣妹即將發行的新專輯。但傑洛米打斷她。「別說了，」他嚴正表明，「我們節目不做宣傳。」當鏡頭移回來時，站在傑洛米和潔芮後面的整群觀眾，身上都穿著印有「快去買尼克的書」或「尼克是大作家」的 T 恤。

我後來得知，那一集節目片段是 BBC 實習製作人必看的功課——目的是向他們展示絕對不能放行的內容，無論主持人有多成功（或多挑釁）。

作者職責已盡。現場八方的幾個月後，在亞歷山德拉宮的一場典禮中，平克佛洛伊德入選英國名人堂，當時我隱約有種開始塑造「歷史名聲」的感覺。頒獎人是彼得・湯森，他說「除了車禍或生病」，他只有一次錯過「誰合唱團」的演出。他從莫甘比（Morecambe）的一場演唱會開溜，帶艾瑞克・克萊普頓去看我們跟席德同臺表演。彼得也說他很高興我們跟羅傑在現場八方共同演出。「我沒想過這會發生。另一面牆倒了。」

理克眼睛開刀還在恢復中，羅傑在羅馬出席他的歌劇《光明在望》（Ça Ira）首映，所以由大衛和我代表樂團出席。我們上方高掛著一面巨大的螢幕，直播羅傑的臉。這彷彿某種歐威爾或北韓式的集會，而羅傑是平克佛洛伊德共和國的永恆領袖。「這一切美言都讓人相當不安，」他說，「但我不得不承認非常動人。」接著他透露理克其實沒動眼睛手術。「他跟我私奔了，我們愉快地住在威尼托街（Via Veneto）的一間小公寓……。」

我告訴觀眾，這項榮耀是用來彌補必須聽鼓手講將近四十年的冷笑話。但我那天倒是聽到了一個可以總結這一切的笑話——小男孩對媽媽說：「長大以後，我要當鼓手。」他媽媽大笑，疼惜地看著兒子說：「這兩件事你沒辦法同時做到。」

即使這些活動還沒包括在格勞曼的中國戲院（Grauman's Chinese Theatre）外人行道留下手印，感覺彷彿樂團的歷史開始凝結成某種結構，或許會詭異地比我們存在更久。這也是一種象徵，代表我們可能已經過了「巔峰昔日」，人們多半會用回顧的方式看待我們，而不是視為一股活躍的音樂力量。

大衛為這系列事件補充發言。他出現在二〇〇六年初義大利《共和國報》（La Repubblica）的一篇報導，以喜劇團體蒙提巨蟒式的詞彙主張：「平克佛洛伊德這個品牌已經解散了，玩完了，絕對死翹翹了。」大衛告訴他們：「我覺得我受夠了。結束了，è finite（義大利文的結束）。」這句話快速成為一再重複的老調。真的是讓我火冒三丈，或至少也有兩丈，因為我的立即反應是「你又知道了？」我就是忍不住。

大衛表現得這麼堅決的原因，可能跟他新發行個人專輯《唱遊美麗島》（On An Island）有關。在理克、大衛・克羅斯比（David Crosby）和葛拉漢・奈許（Graham Nash）一眾合作樂手中，有早在最初茶具／平克佛洛伊德之聲年代貢獻優異吉他技巧的鮑伯・克洛斯，讓人愉快想起前幾次攜帶表演裝備出外登臺（另一個很妙的巧合，我跟鮑伯的妻子瑪麗是同學）。發片巡演期間，我到皇家阿爾伯特音樂廳舞臺上幫大衛助陣，前幾天的特別來賓是大衛・鮑伊（David Bowie）。

一年後的二〇〇七年五月，在一個比較悲傷的情境下，我跟大衛再度同臺，還有理克。前一年七月席德過世，喬・波伊德在巴比肯藝術中心（Barbican）籌辦「最後的無禮嘲笑」（The Madcap's Last Laugh）致敬演唱會。

我們沒人參加席德的葬禮。不論我對於樂團過去對待席德的方式有什麼悔恨，關於席德的家人、席德本人和他過去三十多年所追求的隱私，我覺得我們是在努力做出正確的事。我們就算考慮出席，我也不認為我們有受到邀請：這是屬於家庭的私人活動。

在巴比肯，大衛、理克和我演唱〈阿諾連恩〉。羅傑（我時不時會去參加他的《月之暗面》巡演）唱他自己的歌〈閃爍火焰〉（Flickering Flame），並邀請強彈琴。後臺藝人是一個耐人尋味的組合，包括搖滾歌手克莉西・海因（Chrissie Hynde）、模糊樂團（Blur）主唱戴蒙・阿爾邦（Damon Albarn）、軟機器的凱文・艾爾斯，尤其是耀眼的明理上尉，讓我想起跟龐克黑暗勢力交手時的火花。

隔年繼續傳來壞消息，理克在二〇〇八年九月過世。我們知道他病了，但這消息一樣令人震驚。他在現場八方和之後的幾次偶遇時看起來都沒事：他不常在英國，大半時光都待在他的船「發現號」（Evrika）上。理克是一位無畏且熟練的遊艇駕駛，曾經航渡大西洋。

我們去伊比薩島度假時，住在皇后合唱團鼓手羅傑・泰勒的船「卷丹號」（Tiger Lily）上，我在那裡意外遇見理克。乘小艇航向岸邊途中，我注意到前方的美麗遊艇：我確定那是理克的船。我們繞行高喊，看起來船上沒人。沒料到有位白髮老水手站起來，所幸就在我喊出「哈囉，船長在嗎？」前一刻，我意識到「噢他 X 的，是理克。」事實上他看起來沒那麼老，至少不比我們老，但頭髮全白。我提議一起吃晚飯，他說：「大衛也在這裡，在福門特拉島。」於是我們航向那座島，吃了一頓即興的重聚晚餐。

理克死後，我感受最深的是他的失落帶來的不平衡感。理克或許從未得到與他才華相符的評價（在樂團內部與外部皆然），但他把獨特而流動的質感和色彩帶進混音，對於人們認定為平克佛洛伊德的聲音絕對是關鍵。他讓我們在音樂面團結在一起。他對演奏的處理確實富有特色：他曾用一句話總結自己的音樂哲學，「技巧比起想法次要得多。」許多優秀鍵盤手能夠也確實模仿重現他的琴譜，可是沒其他人有能力像理克一開始把它們創作出來。

理克有次出手干預，結果對《月之暗面》造成出乎預料的重大影響。史東在新潮靈智的搭檔小鮑（歐布里・鮑威爾）憶述：「我們出現在艾比路，希望想出一些點子。在這個場合，理克撇開眾人挺身而出，不像尋常的提案會議那樣只要我們回去再想點別的，他反倒說：『你們就不能做點不一樣的嗎？我受夠流血的牛和超現實的照片了。為什麼我們不能用黑魔法巧克力盒（Black Magic）之類的圖片？』」這一切描述聽來屬實：面對史東時，我記得理克有變得稍微任性的傾向。

新潮靈智的好傢伙回去思考什麼是最好的回應。他們坐在史東家找靈感時，瞥見一本一九四〇年代的物理學法文書。其中一頁是透明紙鎮擺在窗邊的照片，陽光穿透形成彩色稜鏡。「史東說『我想到了』，不知怎麼畫出那幅三角形，就這樣。我們回到艾比路，人人都說『這就對了』，沒有一個例外。機緣巧合的魔幻時刻。」

理克的追悼會辦在諾丁丘劇院（Notting Hill Theatre）。對於四十多年來扮演我生命一部分的朋友，這是美好的送別。理克曾說想要一場沒那麼正式的聚會，他絕對得償所願。這場聚會讓人滋長愉快而不是悲傷的感受，人際與音樂層面皆然，眾多熟悉的面孔都在場。大衛和我睽違近四十年首度彈奏理克寫的〈記得有一天〉，傑夫・貝克表演了一段動人的無伴奏吉他獨奏，絕妙到讓我想要預約他來我的葬禮演奏。

理克走後，平克佛洛伊德重組的任何前景真正氣數已盡。翻唱樂團會很失望。我現在意識到，每晚平克佛洛伊德的音樂都在某個地方演奏，只是打鼓的不是我。翻唱樂團的鼓手必定比本人還精通我的所有失誤。一如詹姆士・龐德（James Bond）系列電影，我那衣著講究、機智詼諧的羅傑・摩爾（Roger Moore）可以輕易被體格結實的丹尼爾・克雷格（Daniel Craig）取代，也許也根本沒有人會注意到。

我對龐德效應有第一手經驗。作家好友安東尼・赫洛維茲（Anthony Horowitz）在寫一部新的龐德小說《失效安全》（*Trigger Mortis*）——連作者伊恩・佛萊明（Ian Fleming）都被取代了。安東尼想把主要動作場面設定在原始紐柏林賽道的北環段，這裡被視為賽車史上最棘手的賽道，車手傑奇・史都華（Jackie Stewart）稱之為「綠色地獄」。賽道不再舉辦F1大獎賽，但依然可以駕駛。為了協助安東尼做研究，我提供一位賽車駕駛、也就是我女兒荷莉（Holly）的丈夫馬利諾・法蘭基提（Marino Franchitti），開車載他繞行賽道，幫他讓書中的一系列事件盡可能貼近真實。

二〇一〇年七月，羅傑答應跟大衛共同出席一場慈善活動，為時尚設計師貝拉・佛洛伊德（Bella Freud）的希望基金會（HOPING Foundation）募款，目的是支持並改善巴勒斯坦兒童的生活。我們陸續接到社交名媛潔米瑪・葛史密斯（Jemima Goldsmith）的演出邀請並且全都答應了，她要在牛津郡的宅邸基丁頓莊園（Kiddington Hall）主持這場活動。但思考後我們意識到，我們會再度面對沒完沒了的問題，問這是否預示著平克佛洛伊德即將重組，害得只有幾百位來賓的私密規模募款活動失衡。

於是由羅傑和大衛上場，儘管忠實的鼓手兼和事佬缺席，他們表演的簡短曲目包括〈舒適的麻痺〉、〈願你在此〉和〈牆上的另一塊磚〉。他們還不到宣告和解的階段，但這是迄今最接近的一次。

大衛想把泰迪熊樂隊（The Teddy Bears）經典歌曲〈了解他就是愛他〉（To Know Him Is To Love Him）的兩部和聲版本納入演唱曲目，但是羅傑拿不定主意。儘管大衛唱主旋律或和聲都行，羅傑覺得這超出他個人的舒適音域。大衛依然感到熱衷並提議一項約定。如果羅傑願意唱這首歌，大衛就去羅傑《牆》巡演的其中一場表演〈舒適的麻痺〉。

羅傑接受了，二〇一一年五月大衛依約現身羅傑辦在O2體育館的《牆》演唱會。我在〈牆外〉（Outside The Wall）加入他們，並且重現我們原版演出的方式。我拿鈴鼓，大衛彈曼陀林，羅傑吹小號。至少我們再一次同臺，即使樂器選擇不太容易重編〈回聲〉。

那年大衛和我完成數位修復舊作的漫長過程，發行了多片裝、多種格式的華麗盒裝。修復所有歌曲的職責落在蓋瑟利頭上。他英勇解決了這項龐大的任務，我則盛氣凌人地從旁觀看，並獻身接受《赫芬頓郵報》（*Huffington Post*）的訪問。

我說，這彷彿是我們發行實體唱片的最後機會。同時數位科技的進步，讓我們能用以前做不到的方式修復舊的類比素材，只不過那是一項薛西弗斯式的工作。我知道用二英寸多軌錄製的母帶必定有數百卷，更別提四分之一英寸盤帶儲存的初步混音和淘汰段落。一如我當時的評論：「要重聽這一切工作量肯定大得嚇人。」

多方資料中，我特別鍾愛樂團的一九七四年溫布利體育館帝國游泳池演唱會，如今修復的狀態好到足以發行。然而對我來說，最珍貴的是重新發現EMI資料庫中史帝芬・葛雷佩里在〈願你在此〉的獨奏。我以為這個片段永遠遺失了，擔心自己是無意中洗掉母帶或覆蓋錄音的人。它依然存在真是喜事，假如我們再表演〈願你在此〉、史帝芬本人缺席的話，我會邀請同樣有才華的小提琴家加入彈奏：也許是奈喬・甘迺迪（Nigel Kennedy）或陳美。

我也表明心跡說我個人依然贊成「讓恐龍復活並帶牠上路」的想法。不過我懷疑大衛是否有意願，羅傑甚至無法考慮這種可能性，因為他在巡演《牆》。

既然待辦事項無需持續做音樂，我把部分時間和精力投入音樂圈的權力決策。音樂產業的景致變得幾乎面目全非。盜版、下載和串流直接影響產品發行的方式。過去我們用巡演來宣傳新專輯；如今發專輯是一種宣傳巡演的方式。我堅信藝人需要合力確保在談判桌上發聲——尤其要把F1前執行長柏尼・艾克萊史東（Bernie Ecclestone）的評論記在心裡：「如果桌邊沒有你的位置，那你很可能在菜單上。」

我加入演藝人員聯盟（Featured Artists Coalition, FAC），這是保護並爭取藝人權利的組織，老鳥和新秀皆然，尤其著重數位領域。時逢唱片公司對已證實的賣點更有興趣，跟甘冒風險的創投相比愈來愈像保守的私募股權公司。我們也思考影響歌迷的特定立法層面——例如門票轉售，著力尋求反制有組織黃牛的解決方案。

FAC努力嘗試涵蓋盡可能廣泛的音樂產業各領域：倡議歌手比利・布萊格（Billy Bragg）、海獅合唱團（Marillion）鍵盤手馬克・凱利（Mark Kelly）、流行歌手珊蒂・蕭（Sandie Shaw）和創作歌手露莫（Rumer）都曾幾度擔任委員，連同歌手霍華・瓊斯（Howard Jones）、安妮・蘭諾克斯（Annie Lennox）、電臺司令（Radiohead）吉他手艾德・歐布萊恩（Ed O'Brien）、饒舌歌手矮子大師（Master Shortie）和創作歌手凱特・奈許（Kate Nash）。FAC消弭與樂手工會間的某種落差（五十年來我依然是樂手工會一員），也回溯到我父親的工會活動。

當樂團從EMI轉到環球唱片（Universal）、再轉去華納音樂（Warner）時，一段長期關係被切斷了，但也稱不上什麼創傷，因為它只是我們沒有直接涉入的多方商業操作的一部分。感覺彷彿在羅馬奴隸市場的圍欄裡遭人買賣。我們經歷過創投家蓋伊・漢茲（Guy Hands）把EMI當作商品一般買下，顯然對音樂業毫無認識。當然這是一門生意，但你會以為交易中對於排在前面的「音樂」這個字存在一絲興趣。在他的管理下，只消說EMI得到（或說普遍遭視為）「犯下所有想得到的錯（Every Mistake Imaginable）」的稱號。

我從未見過漢茲，但確實記得看到報導說他聘請 BBC 前總監約翰・柏特（John Birt）協助營運 EMI。他們顯然舉辦過企業智庫研習日，決定公司真正需要的是提升生產力，於是柏特接獲任務致電清單上所有藝人，並且告訴他們要……努力一點。我心想，要是我們能拿到 BBC 前總監打給羅傑要他努力工作的側錄帶，那該有多棒。

我從未花太多時間跟唱片公司的人廝混，值得尊敬的例外是凱令・湯林森（Caryn Tomlinson），他曾跟 EMI 一連串的總裁和執行長共事過，並毫髮無傷地存活了下來。有次在某場活動中，我碰巧坐在其中一任總裁科林・索斯蓋特（Colin Southgate）旁邊。「你知道嗎？」他開啟話題，「我不認為我有坐在旗下藝人旁邊過。」近年來，高姿態的音樂大亨似乎回歸，有些讓人想起托爾金筆下的黑暗魔王，有些是真正的音樂人。我記得樂手大衛・克羅斯比評論過，唱片公司的問題在於他們全是鯊魚和騙子，但至少以前你可以朝某個人尖叫，然而一旦業務掌權就沒人可談話，更別提找人罵。

音樂業的陰謀層出不窮，大衛和我終於開始幫嘎吱作響的平克佛洛伊德機器上潤滑油。

在數位技術的少許協助下，我們得以修復《藩籬警鐘》錄音期間的幾卷試音帶（並非錄在多軌盤帶而是簡單的 DAT 數位錄音帶），並將理克彈琴的段落完全獨立出來，好讓我們有一個基礎能往上搭。圍繞他的琴聲，我們建立新的打擊樂、鼓和人聲層次，並得到三位製作人的幫助：安迪・傑克森、年輕人（Youth）和菲爾・曼查奈拉。

大衛跟羅西音樂的吉他手菲爾合作過：我跟他沒那麼熟，不過菲爾的太太克萊兒・辛爾斯（Claire Singers）做過我們的公關。我也沒見過年輕人，他的本名是馬丁・葛洛佛（Martin Glover），絕殺笑話樂團（Killing Joke）的貝斯手，在大衛跟寶球樂團合作的專輯《幻彩金屬圓球》（Metallic Spheres）擔綱製作人。

年輕人、菲爾和安迪都為一連串的發展帶來珍貴的東西：熱忱。如果留給我們自己做，我懷疑這項計畫可能永遠不見天日。儘管理克過世這件事激勵了大衛和我，但也有個外部人士推波助瀾，他說：「尼克，你該重打這些鼓」或「大衛，你可以彈一段不同的吉他疊在上面」。他們每一位都能為混音帶來新感受，建議要新加或拿掉什麼與如何重整既有素材。

我特別樂於處理試音帶，因為它們不只讓我想起在阿斯托利亞號錄《藩籬警鐘》的時光，更上溯到我們在錄音室兜攏一切的方式。我們從打擊樂器倉庫深處拍掉鑼、管鐘和輪鼓上的灰塵，自從二〇〇六年我帶它們到《月之暗面》巡演跟羅傑一同上路，沒有一件樂器再見過天光。

隨後吸引我注意力的是視覺而非音樂素材。除了表演和錄音，我不常刻意聽我們的歌。然而我們演奏時靜止架在錄音間的小型攝影機拍攝片段，喚起無窮回憶。

重新製作新歌期間，我短暫休假赴倫敦奧運閉幕式演出。一如既往，誰會現身的猜測不斷，閉幕和開幕式都一樣。

燈光設計師派崔克・伍卓夫（Patrick Woodroffe）回憶：「平克佛洛伊德一直在討論範圍內，名列理應成為代表且人人希望看見的經典英國樂團清單。但是金・蓋文（Kim Gavin〔出任典禮創意總監的編舞家〕）也覺得該納入當代觀點，所以接洽了紅髮艾德（Ed Sheeran）。」曾經短暫謠傳大衛、羅傑和我要一起表演，但我是唯一現身典禮的團員。

除了艾德，還可望跟創世紀樂團的麥可・魯瑟福特（Mike Rutherford）和感覺樂團（The Feeling）的理查・瓊斯（Richard Jones）同臺，兩位都是好朋友和傑出樂手，甚至讓這點子更具吸引力。此外，既然只唱〈願你在此〉一首歌，需要做的功課不多。

我必須說我真心享受奧運。如同許多人，我對奧運能辦得多好心存疑慮，但這真是一次美妙的體驗。身為倫敦人，能夠享受以觀眾或與會者的身分，參與不列顛節（Festival of Britain）之類的城市重大公共活動，這麼說起來還有現場八方演唱會，令人感到振奮愉快。現場有數千位志工，儘管人數遠遠超過所需，但大家全都盡忠職守：尋找用餐處途中，至少有五、六位賽事志工幫我指路。

除了如「閃電」波特（Usain Bolt）般一下子就結束的表演本身，我對兩件事印象特別深刻。由於許多藝人各自表演一、兩首歌，鼓換得非常快（也處理得好極了），不過我有點緊張，想像自己上臺發現沒有鼓組怎麼辦。為了以防萬一，我在後臺忙著練習小丑馬歇・馬叟（Marcel Marceau）的默劇動作。

因為賽事主辦方顯然跟所有贊助商簽署嚴格合約，不允許其他製造商的名號出現在任何器材上，所以有位鼓技師不得不花好幾個小時，動用多種研磨拋光劑，把我每片銅鈸上的「Paiste」字樣消除得一乾二淨。這間公司的樂器我用了四十年。

照例有許多等待的時間。這些活動和慶典都有許多社交場面，即使演出在晚上八點，你也必須在早上十點到場，因此我跟歌手喬治・麥可（George Michael）和誰合唱團的彼得・湯森等人閒聊了好幾個小時，重提美好的往日時光，場景好比金盞花搖滾大酒店。

很遺憾，那間酒店的房客持續減少。二〇一三年四月史東・索格森過世，又一個重大損失。史東是能夠想像並創造極其有力量、真正具代表性影像的設計師之一，凡是看見三稜鏡，你就會自動聯想到《月之暗面》。但他也喜愛文字，那通常不是設計師的專長（或甚至是興趣）。史東喜歡雙關語和文字遊戲。有次他向我緩緩吐露：「尼克梅森共有九個字母，平克佛洛伊德有九個字母，《Inside-Out》（天團浮生錄）也是九個字母。」這句話的深層含意我至今還沒想通。

同事小波談起史東：「真是個瘋子。圖像的天才。水平思考的專家。難以超越的人物。我們像粉筆跟起司般天差地遠。我們常常爭執：哈蘇相機會飛越工作室。但是我們的相處一見如故。我愛他，他就像我的兄弟。」

小波回想前創世紀樂團的彼得・蓋伯瑞描述跟史東工作的經驗。「天真想起踏上工作室階梯的驚惶，深知你會遭到羞辱、貶低，你的音樂被批評得體無完膚，你的歌詞被嘲笑，隨後發生一場爭執。在這一切過後，你或許可以得到一張像樣的專輯封面。但在那之前，首先史東會拿他試過賣給別人的設計企圖敷衍打發你。」

有次小波和史東去跟齊柏林飛船提案封面概念。「我們幫他們做過幾款封面，處得不錯。我們去天鵝輓歌（Swan Song Records）的辦公室，樂團跟他們的經紀人彼得・格蘭特（Peter Grant）坐在裡面等我們。我有六張草圖，途中注意到史東塞了另一張進來。會議中，我開始把草圖靠在牆上。史東加進來的概念是近拍一支網球擺在草地球場上。吉他手吉米・佩吉（Jimmy Page）問『這是什麼？』史東回答『這看起來像什麼？』『噢，是一支球拍。』『答對了，吉姆—鮑伯（Jim-Bob）[113]。』吉米說：『你是指我們在製造噪音？』史東直視他的雙眼：『對極了。』我們立即被請出去。」小波花了許多時間才平息史東喜孜孜挑起的爭端。

到了二〇一四年七月，我們取名為《永生不息》（The Endless River）的新專輯準備發行。消息意外傳開，由先前不存在的社群媒體扮演要角，促成我們過往任何一張專輯都沒發生過的情況。

113 史東可能故意用這位英國龐克歌手的名字來稱呼吉米和主唱勞勃（Bob 是 Robert 的暱稱），吉米才會從球拍（racket）聯想製造噪音（make a racket）。

消息傳來，說有份週日報打算刊載新專輯發行的獨家報導。為了搶先發布，波莉率先上陣。大衛的妻子波莉幫《藩籬警鐘》和這張新專輯寫了大部分歌詞，做過出版人和新聞記者，本身也是一位成功的作家。她在推特的一百四十個字母內發揮寫作天賦，靈活巧妙透露訊息：「對了平克佛洛伊德十月發專輯叫《永生不息》。基於一九九四年的錄音也是理克・萊特告別作，非常美妙。」

為專輯額外獻聲的朵加・麥克布隆把這視為公布消息的綠燈，寫了一篇臉書貼文，秀出她跟大衛在錄音間的照片和訊息：「**對，平克佛洛伊德新專輯要發了。而且我有參與**。多值得高興。」平克佛洛伊德的官方新聞稿緊接著她的貼文發布……。

第三層社群媒體連結直接關係到專輯設計，同樣是以往不可能發生的方式。由於史東不在我們身邊了，樂團邀鮑威爾主導設計。小波跟史東許多年沒共事，他想到這有點卻步，於是邀請許多人參與提案。藝術家戴米恩・赫斯特（Damien Hurst）是其中一人，但儘管他想出數十個點子，從我們的觀點來看，問題是它們看似很棒的戴米恩赫斯特作品、而非平克佛洛伊德專輯封面。

小波也接洽一間廣告代理商來提案。他們提出的一幅圖像來源是 behance.net，這網站展示插畫家和設計師的作品集。圖像描繪一位男子站在船頭，也許是一艘阿拉伯三角帆船，航行於雲層朝向升起、也可能是落下的太陽。小波、大衛和我都喜歡這幅圖——結果插畫家是十七歲的埃及學生艾哈邁・埃梅德・阿爾定（Ahmed Emad Eldin），跟家人住在沙烏地阿拉伯北部的拉夫哈鎮（Rafha），鄰近伊拉克邊境。

小波透過網站寄信，這是艾哈邁首度得知我們對他的繪圖有興趣。他清楚記得那一刻。「我在我房間裡。那是二〇一四年七月三十一日下午兩點。我很震驚：平克佛洛伊德為我的作品聯絡我？我說不出話來。我想去告訴我的家人發生什麼事，卻十分鐘都說不出話來。」

小波無從得知艾哈邁是平克佛洛伊德的歌迷，發現時大吃一驚。他在一部美國喜劇電影《臨門湊一腳》（Due Date）的配樂聽見《牆》的〈嘿，你呀〉（Hey You）。「我真的很好奇，想找出這是哪個團。我問幾個朋友，他們告訴我是平克佛洛伊德。從那刻起我成為樂團的死忠歌迷。有件真正怪事是郵件寄來信箱時，實際上我正在聽〈嘿，你呀〉。」

小波跟艾哈邁談好，我們可以用這張圖（他十六歲的創作，取名為「天際之外」）並稍作修改，給船夫一把槳好讓他撐船（現在是泰晤士河的小舟）穿越雲海。三個月後，這張圖印成八公尺高的廣告在倫敦南岸亮相。

專輯賣得不錯。我從來不喜歡吹噓（或鼓譟）我們的佳績，但欣喜得知這是當時亞馬遜網站史上預購量最高的專輯，也是二〇一四年發行銷售最快的黑膠，顯然還創下十七年來的紀錄。聽說這些讓我想起另一項之前得知的事實，就是在英國每兩戶家庭就擁有一張《月之暗面》：我的理論是實際數據是七戶人家才有一張，但這些家庭裡有許多記憶力不好的人，不斷重複購買這張專輯。

我們在波切斯特中心（Porchester Hall）辦《永生不息》發片派對，邀來彼得・韋恩・威爾森重操一九六〇年代的舊業，演出一場華麗的復古燈光秀，加上油彩幻燈片和泡泡機。組團的歷史遺產層面迅速逼近十五週年並愈積愈高。二〇一五年五月，羅傑和我赴前攝政街理工學院、現在的西敏寺大學為一塊銘牌揭幕，記述他、理克和我在那裡結識。

大衛和我已經在做即將新發行的《傳奇始幕 1965-1972》（The Early Years, 1965-1972），收錄超過二十四小時的歌曲和影片（「這只是試聽版。」我對一位加拿大記者說。「實際上我在完整版裡過日子。」）正如《永生不息》是認可理克對樂團貢獻的機會，這組合輯主要是未發行的素材，讓我們所有人重溫席德在團裡的時光。

人們總是問我完全不可能回答的問題，例如「假使席德留下來會發生什麼事？」倘若你讀過整個樂團歷史（有一本特別好的是鼓手的著作），你會發現人們普遍輕易接受一個想法，認為席德是不幸的天才，如同字面意義上的絆了一跤，成為另一個悲傷的毒品受害者。但我愈來愈覺得，或許我們該體認自己把席德拽往他不想走的路，實際上他想成為藝術家。他做過流行明星這行一陣子，也沒特別喜歡。甚至在我們第二次上《流行之最》節目，他就已表現失去興趣的徵兆。如同當時精神科醫師連恩對羅傑說的，或許席德根本沒瘋，或許瘋的是我們。

這有幾分真實。席德可能在想：「這一切沒那麼棒」，而我們卻無法相信會有人不願意或沒辦法覺得這很棒。

重新聆聽並看過所有素材，讓我產生想法的是即興的部分。樂團的音樂技巧非常基本，不過意識到我們用技巧相對簡單的曲目設法做到些什麼，依然十分讓人驚豔。

由於這批音樂跨越席德離團前後，看見從席德的詞到羅傑的詞有何轉變，以及聆聽所有單曲並嘗試搞懂為何大多進不了十大排行榜，這些讓我很感興趣。彷彿聽眾比我們更清楚樂團擅長什麼，或是他們喜歡我們音樂的哪一點。差不多在《傳奇始幕》發行那時，我看了赫里斯合唱團的紀錄片，他們說樂團發過一張單曲叫〈顛倒的邁達斯王〉（King Midas In Reverse），結果徹底慘敗，因為跟聽眾認為他們該唱的歌相比太過世故。

我還是對樂團露面的視覺素材比音樂本身感興趣。許多影片存放在BBC、百代電影公司（Pathé）和美國的獨立電視臺，它們仍握有一九六〇和七〇年代的現場轉播錄影帶。我們翻出的片段包括樂團上美國音樂綜藝節目《迪克・克拉克秀》（The Dick Clark Show），席德心不在焉，跟我記憶中一模一樣，儘管看見二十二歲的自己穿閃亮襯衫和緊身褲跑小碎步朝鏡頭吼叫頗令人不安：不知為何，我們總是對著鏡頭大吼，就算沒有收音也一樣。可能我們相信夠大聲就能在賽璐珞片上留下印記。

除了這一大批珍稀素材，我們也開始跟維多利亞與亞伯特博物館（V&A Museum）合作一檔展覽，接在他們的大衛・鮑伊展之後。無論我想不想承認，這真的百分之百是在做歷史名聲。我們不得不接受樂團不只成為單一世代、而是一整個未來世代的愛好。這感受非常詭異，考量到在一九六七年，我們全都曉得這波搖滾樂現象為期短暫，幾年內我們要回去某個建築師的辦公室謀生——如果順利的話。連鼓手林哥（Ringo）都計畫在披頭四解散後開連鎖髮廊。

博物館來找我們洽談。其中一位策展人認識小波，討論還在初期階段時，我差點就搞砸了這整件事。我聽說就在幾天前，博物館開了重要會議決定要不要辦這檔展覽，而博物館總監馬丁・羅斯（Martin Roth）認為我反對。

我是在古德伍德的活動認識馬丁的，我想雙方有些誤會。他提到展覽的前景，暗示在成功的大衛・鮑伊展後我們可能再創佳績，我對這有點訝異，說了些類似「問題在於，我們不可能……」的話。我心想，我們沒有鮑伊的大量檔案資料，或演出服裝，而且我們的東西都沒那麼井然有序、預先規畫。

我的語氣明顯太過猶豫負面，馬丁顯然把我的反應解讀成「噢，我可不這麼想」。我不確定這種看法會不會導致展覽取消，但絕對有可能讓人措手不及。所幸我一聽說這件事就寫信給馬丁，告訴他我們很樂意辦展。

這不是第一個平克佛洛伊德展。二〇〇三年我們辦過一次，名叫「平克佛洛伊德：星際間」（Pink Floyd: Interstellar），地點在巴黎東北方的音樂城（Cité de la Musique），屬於維萊特公園（Parc de La Villette）園區的一部分，靠近外圍的環城大道（périphérique）。展覽呈現由史東監督，匯集展示一些充氣物件（豬、金字塔和《動物》巡演的父親）、理克的Farfisa 電風琴，以及我的幾套鼓，包括 Ludwig 葛飾北齋鼓組，方位角調整器和其他許多小物件。

後來我們有機會把更新版的展覽辦在米蘭的蒸汽廠文化藝術中心（Fabbrica del Vapore），前身是一間電車工廠。這次得以應用史東的最佳想像力，他當時已完全融入義大利式、尤其是梵蒂岡的情境。有個點子是把小型物件擺在豪華宅邸內，再由運輸汽船載訪客去看大型物件展出。很遺憾事與願違。這項專案背後的主辦單位沒籌措到必要的資金和贊助——即使史東沒參與，這些東西也絕非低成本就可辦成。回過頭來，展覽計畫垮臺幾乎危及 V&A 的展覽，因為參與義大利專案的每個人仍為努力沒得到報酬感到心煩。

所以起初佛洛伊德陣營明顯缺乏興趣，V&A 展覽的起步明顯不穩固。然而在馬丁和 V&A 團隊的熱忱推動下，計畫進度勢如破竹，展覽命名為「他們的不朽遺產」（Their Mortal Remains）——這是個陰鬱的展覽名稱（出自〈沒人在家〉〔Nobody Home〕的歌詞），但絕對帶有合適的佛洛伊德口吻。

發現展覽秀出強尼・羅頓的「我恨平克佛洛伊德」T 恤時，我捧腹大笑，儘管改用本名的約翰・里頓（John Lyton）堅持不放跟性手槍前團員的合照。也許這檔展覽終將滅亡這群搖滾樂恐龍，像小行星一樣，所以我們保存在琥珀中，但少了當今的演員迪奇・艾登堡（Dickie Attenborough）來抽取我們的 DNA。

《永生不息》發片過後，大衛繼續彈他一貫的老調，宣告這確定、無疑、絕對是平克佛洛伊德的最後專輯：「這是全劇終。」

而在角落裡，有個一臉稚嫩的年輕鼓手低聲但堅定地說：「你又知道了？」

後記

我們在現場八方重組前，羅傑早已為這本書做出獨特的貢獻。傳記即將出版前，他讀完手稿，我們在倫敦一間飯店碰面聽他的想法。他不辭辛苦校對錯誤，並詢問我的一些闡述和重點。這些觀察用綠筆註記，當他翻閱紙頁，我偶爾會驚見用綠筆大範圍揮灑的段落。在某一頁，羅傑只在整段文字上草草寫了個「胡說八道」。但我們為這本書開過會後，氣氛依然友好，因此我們跟我太太小奈和羅傑的女友羅莉（Laurie）歡樂聚餐，誰知竟在餐廳遇見插畫家傑若．史考夫。他偷偷摸摸走到羅傑背後，把手放到……噢不，別再來一次。

大衛顯然常逛跟羅傑同一間文具行，因為他的評論也用綠色螢光筆標示，校稿也同樣細心。以大衛的情況來說，我特別感謝他的意見，因為我知道他一向對任何團員企圖寫樂團史心存疑慮，因為我們沒有一個人每逢史上決定性或創作的一刻全都在場。我盡可能捕捉每段時期的氣氛，儘管我嘗試做到公正，我知道多數時刻無可避免渲染我自身的歡欣、悲傷或疲倦情緒。

理克也加入他的評論，從加勒比海中央的一艘遊艇傳真過來。過了這麼多年，理克終於能夠透露我們在理工學院時，他拒絕給羅傑香菸的真正原因——這件事尤其讓我聽得津津有味。首先，理克說，羅傑要菸的時候有點咄咄逼人——還真不意外。但更糟的是要到菸後，羅傑會拿走整包菸並撕掉外層的玻璃紙，而理克對於讓菸盒保持完好無缺這件事非常執著。

在這本書製作期間，我們失去許多幫助支持這項計畫或在故事中扮演要角的人，包括席德、理克，當然還有史東。進行寫作和研究期間，瓊・查爾德、東尼・霍華德和麥可・凱曼過世（初版發行不久後尼克・格里費斯也走了）。二〇〇八年，布萊恩・莫里森和米克・克魯辛斯基雙雙離世。布萊恩是我們又愛又恨的音樂圈惡棍的原型——提到他的名字，連羅傑都常露出苦笑。我必須稱讚布萊恩幫了這本書大忙，慷慨供應他原本要留在自己回憶錄裡的故事（至今尚未出版）。米克從一九七〇年代初以來擔任可靠的巡演工作人員——當年團隊夠小，讓我們能好好認識彼此。每當混亂狀態介入造成威脅，他總是提供穩定的影響力。諾曼・史密斯、麥可・李歐納和馬克・費雪也不在我們身邊了。

對我來說最難過的損失之一是史帝夫・歐洛克，他於二〇〇三年十月中風過世。由於這本書有相當多篇幅是關於史帝夫被樂團整得很慘，我從史帝夫葬禮過後我寫的一封信中擷取了幾段話：

「我懷念的是共通經驗的部分。我們可以把故事告訴其他人，但是跟在場的人一起重溫往事，往往讓共同分享的笑點、恥辱或原始恐懼變成加強版。意識到我有多少人生與史帝夫共度，以及他是多麼無可取代，我徹底心碎。

說我彷彿失去一位船上夥伴，應該還算貼切。在『佛洛伊德』號這艘好船上，史帝夫與我共事了超過三十年——主要是當二等水手。我們在嚴苛的船長手下工作。瘋船長巴瑞特是第一位；他閃閃發光的雙眼滿懷著寶藏的傳說和奇異的幻象，幾乎帶著我們走向災難，直到我們發動叛變，接著就被那殘酷（且沒那麼愉快的）羅傑支配……隨後羅傑不小心承擔惡果、踏上跳海的木板，被一等水手吉爾摩取代。

在這些冒險歷程期間，儘管有無數晉升的承諾（我要遺憾地說，有些是史帝夫給的），但我卻依舊擔任船上的廚子。史帝夫呢，我想他是水手長。他從未獲准穿上船長制服，但時常要駕駛船隻越過暴風雨的海面，同時所有船員則待在甲板下爭執要如何瓜分寶藏。」

由於團中聚集眾多的自大狂，榮耀從來都不夠大家分，史帝夫的貢獻永遠不可能受到適當認可。說句公道話，他睿智到能夠看清這一點，微笑面對偶爾勉強出現在單一唱片封面或節目單上的「感謝」或甚至「特別感謝」。毫無疑問，這本書有史帝夫的重大貢獻，但我確實後悔沒能跟他一起檢視所有稿子，聽他說「不不不，尼克，完全不是這回事。」

重讀這篇後記，我覺得用再也不在我們身邊的逝者名單收尾或許太消極。如果我坐下來思索這本書代表什麼，我想起的是一切好時光，而不是低落或悲傷的時光。所以我很高興在古德伍德復興嘉年華的某次會議跟八十九歲的喬・梅奧重逢，這位攝政街理工學院的導師在樂團走紅時給我需要的一年休學。更棒的是喬告訴我，在他看來我有可能成為一位傑出建築師，那是我從來不敢問出口的事，這麼說轉換跑道還不算太遲。

此外，假如你想知道為什麼這篇文章擺在全書結尾，而不像常見的序文、前言或導論，別忘了，書名叫作《天團浮生錄》……。

謝誌

首先感謝大衛・吉爾摩、羅傑・華特斯和理察・萊特。接下來，謝謝這些人為我汲取回憶並給予鼓勵：道格拉斯・亞當斯、彼得・巴恩斯、喬・波伊德、馬克・布理克曼、琳賽・柯納、強・柯爾波、奈喬・伊斯特威、艾哈邁・埃梅德・阿爾定、巴布・艾茲林、珍妮・法比安、Mark Fenwick、馬克・費雪、彼得・蓋伯瑞、朗・吉辛、A. A. Gill、尼克・格里費斯、詹姆斯・蓋瑟利、東尼・霍華德、安迪・傑克森、彼得・詹納、霍華・瓊斯、安德魯・金、鮑伯・克洛斯、米克・克魯辛斯基、諾曼・勞倫斯、麥可・李歐納、琳迪・梅森、Lise Mayer、克萊夫・麥特考菲、Dave Mills、布萊恩・莫里森、史帝夫・歐洛克、亞倫・帕克、亞倫・帕森斯、歐布里・鮑威爾、蓋伊・派拉特、傑若・史考夫、Nick Sedgwick、諾曼・史密斯、東尼・史密斯、菲爾・泰勒、克里斯・湯馬斯、Vernon Thompson、史東・索格森、

Judy Trim、史諾伊・懷特、羅比・威廉斯、彼得・韋恩・威爾森、派崔克・伍卓夫和茱麗葉・萊特。

至於幫助這本書誕生，首先最要感謝編輯、謄寫員和強迫症咖啡充煮師 Philip Dodd，他從真正非常初期的階段堅持到成書，偶爾在書稿顯得毫無生氣時被迫出馬推一把。也要感謝 Weidenfeld & Nicolson 出版社的 Michael Dover，他對這本書的熱忱確保書能寫完，以及所有出版團隊，包括 Jennie Condell、Kirsty Dunseath、Holly Harley、Justin Hunt、Jenny Page、David Rowley、Mark Rusher、Alan Samson 和 Mark Stay；圖片研究員 Emily Hedges；David Eldridge 和 Two Associates 設計工作室。

感謝下列人士一路以來的協助：檔案與文物保管員 Stephanie Roberts 和 Tracey Kraft；研究員 Silvia Balducci、Jan Hogevold、Jane Jackson、Lidia Rosolia、Jane Sen 和 Madelaine Smith；Ten Tenths 賽車論壇團隊的 Victoria Gilbert、Julia Grinter、Stella Jackson、Michelle Stranis-Oppler 和 Paula Webb；Jonathan Green 允許我用他本身的研究；提供其餘支援和幫助的 Elina Arapoglu、Jane Caporal、Christine Carswell、Sadia Choudhry、Paul Du Noyer、Vernon Fitch、Matt Johns、Suzenna Kredenser、Chris Leith、Irini Mando、Steve Mockus、Ray Mudie、Olympus Cameras、Tom O’Rourke、Shuki Sen、Rob Shreeve、Di Skinner、Paul Trynka、Sarah Wallace 和 Alan Williams。

我在整本書中很少檢查人名。考量到多年來實際上有數百人跟我們合作與共事（上次巡演我們的團隊有兩百多人），不可能嘉許或提到每個人。向所有無名男女英雄深深致歉，你們沒被忘記。

這本書獻給安奈特，她是副機師、副駕駛，必要時充當完美的搖滾樂妻子。另外獻給孩子們，主要是克柔伊、荷莉、蓋伊和凱里，不過也要獻給所有團員、經紀人和巡演團隊人員長期受苦的子女。

年表——日期與事件

註：唱片發行日期指的是在英國的發行日

年	日期	重要記事
1943	七月二十八日	理克・萊特出生
	九月六日	羅傑・華特斯出生
1944	一月二十七日	尼克・梅森出生
	二月十八日	羅傑的父親艾瑞克・弗萊契・華特斯在義大利安齊奧過世

1945	五月八日	歐戰勝利日——第二次世界大戰的歐洲戰事結束
	八月六日	原子彈投向廣島
1946	一月六日	席德・巴瑞特出生
	三月六日	大衛・吉爾摩出生
	五月三十一日	倫敦希斯洛機場啟用
1947	十月十四日	查克・葉格（Chuck Yeager）駕駛 X-1 試驗機突破音障
1948	六月二十一日	哥倫比亞廣播公司發布首張三十三又三分之一轉密紋唱片
	一月三十日	聖雄甘地遭暗殺
1949	三月二日	上尉詹姆士・加勒格（James Gallagher）駕駛波音 B-50A 轟炸機首度不中停環球飛行

1950	十月一日	大來國際（Diners Club）發行第一張信用卡
1951	五月	倫敦皇家節日音樂廳在不列顛節啟用
	七月	J・D・沙林傑（J. D. Salinger）的《麥田捕手》（*The Catcher In The Rye*）出版
1952	六月十五日	安妮・法蘭克（Anne Frank）的《安妮日記》（*The Diary Of A Young Girl*）出版
1953	二月五日	英國甜食配給制結束（每週限購兩盎司糖果或巧克力）
	四月	碧姬・芭杜（Brigitte Bardot）在坎城影展驚豔全場
	五月二十九日	艾德蒙・希拉里（Edmund Hillary）和雪巴人丹增（Tenzing）征服聖母峰
	六月二日	伊莉沙白二世加冕禮
	十二月	成人雜誌《花花公子》（*Playboy*）創刊

1954	五月六日	羅傑·班尼斯特（Roger Bannister）打破四分鐘內跑完一英里障礙
1955	七月十七日	迪士尼樂園在加州安那翰市（Anaheim）開幕
	九月三十日	詹姆斯·迪恩（James Dean）在主演電影《養子不教誰之過》（*Rebel Without A Cause*）上映四週前車禍身亡
1956	一月三十一日	約翰·里頓（又名強尼·羅頓）出生
	十月	貓王的專輯《搖滾樂》發行 湯米·史帝爾的單曲〈跟山頂洞人一起搖滾〉登上英國排行榜
1957	二月	比爾·海利與彗星合唱團（Bill Haley & His Comets）成為第一個巡迴英國的搖滾樂演出
	九月五日	傑克·凱魯亞克（Jack Kerouac）的《在路上》（*On The Road*）出版
	十月四日	第一枚進入太空的衛星史普尼克一號（Sputnik I）發射

1958	某個時候	立體聲唱片首度發行
	二月	核裁軍運動在倫敦成立
	三月	核裁軍運動首度發起從奧爾德馬斯頓到倫敦的遊行
	三月二十五日	貓王加入美國陸軍
	八月十六日	瑪丹娜・契科涅（Madonna Ciccone）出生
	八月二十九日	麥可・傑克森出生
1959	二月三日	搖滾歌手巴迪・霍利（Buddy Holly）過世
	八月二十六日	亞歷克・伊希戈尼斯（Alec Issigonis）設計的 Mini 汽車問世
	十一月	英國第一條高速公路 M1 開通，從聖奧本斯鎮（St. Albans）到伯明罕市
1960	五月一日	蓋瑞・鮑爾斯駕駛的 U-2 偵察機遭蘇聯擊落
	八月六日	查比・卻克（Chubby Checker）第一次上《迪克・克拉克秀》唱〈扭扭舞〉（The Twist）

年份	日期	事件
1961	某月某日	尼克・梅森通過駕照考試
	四月	尤里・加加林（Yuri Gagarin）成為第一個上太空的人
	八月	柏林圍牆立起
1962	七月十日	電星一號（Telstar）通訊衛星發射
	八月五日	瑪麗蓮・夢露（Marilyn Monroe）被發現身亡
	九月	羅傑・華特斯、理察・萊特和尼克・梅森開始在攝政街理工學院念建築
	十月	古巴飛彈危機
	十月五日	第一部龐德電影《第七號情報員》（*Dr. No*）首映
1963	六月四日	保守黨大臣約翰・普羅富莫（John Profumo）因召妓醜聞辭職
	八月八日	火車大劫案
	八月九日	音樂節目《準備上臺！》在獨立電視網首播

	十月七日	里爾 23 噴射機（Learjet 23）首航
	十一月二十二日	美國總統約翰・甘迺迪在德州達拉斯遭暗殺
	十二月二十一日	戴立克在影集《超時空奇俠》首度登場
1964	一月一日	BBC 電視臺首播音樂節目《流行之最》
	五月	摩登青年和搖滾幫在布萊頓械鬥
	復活節	離岸海盜電臺卡洛琳電臺開播
	十月	哈洛德・威爾遜的工黨政府執政
1965	三月	第一批美軍戰鬥部隊派往越南
	七月二十九日	披頭四電影《救命！》（*Help!*）上映
	八月	第一屆露天諾丁丘嘉年華會在倫敦舉辦
	八月十五日	披頭四在紐約謝亞球場（Shea Stadium）的演唱會，首創觀眾超過五萬五千人的紀錄

十月	茶具樂團在嘉紐埃瑞姊妹莉比和羅西的生日派對表演
十月二十五日	披頭四獲女王頒發大英帝國勳章
十一月一日	舊金山費爾摩音樂廳舉辦第一場演唱會

1966

一月十七日	賽門與葛芬柯二重唱（Simon and Garfunkel）的《沉默之聲》（*Sounds Of Silence*）發行
三月	平克佛洛伊德在大帳篷俱樂部的「即興地下社會」演出
六月二十九日	英國第一張信用卡巴克萊卡（Barclaycard）發行
七月三十日	英格蘭贏得世界盃足球賽
九月八日	影集《星際爭霸戰》在電視首播
九月三十日	平克佛洛伊德的第一場演唱會在倫敦波威斯花園社區諸聖堂舉行
十月十五日	《國際時報》創刊派對在圓屋劇場舉辦
十月三十一日	攜手彼得·詹納和安德魯·金創立黑山丘企業
十一月四日	約翰·藍儂說披頭四現在比耶穌基督受歡迎

十一月二十九日	平克佛洛伊德最後一次在諸聖堂禮拜廳演唱
十二月三日	「迷幻地對決伊恩・史密斯」在圓屋劇場舉辦
十二月十二日	「你一定是在開玩笑吧？」在皇家阿爾伯特音樂廳舉辦
十二月二十三日	地下抓狂俱樂部開幕夜
十二月二十六日	中國展開文化大革命

1967

一月六日	「抓狂埃瑟爾」在倫敦塞摩爾會堂（Seymour Hall）舉辦
一月十一到十二日	進切爾西區的聲音技術錄音室，錄音作品包括〈阿諾連恩〉
一月十七日	平克佛洛伊德在大英國協研究院演出
二月十二日	凱斯・理查在薩塞克斯郡雷德蘭茲鎮（Redlands）的房子遭警方突襲
三月一日	倫敦南岸的伊莉莎白女王音樂廳啟用
三月十一日	單曲〈阿諾連恩〉發行
三月十七日	吉米・罕醉克斯體驗樂團的單曲〈紫霧〉發行
四月一日	EMI唱片發布平克佛洛伊德簽約新聞稿

四月二十九到三十日	「十四小時的幻彩夢」言論自由節在倫敦的亞歷山德拉宮舉辦
五月	普洛柯哈倫樂團的〈蒼白的淺影〉稱霸英國單曲排行榜
五月十二日	「五月遊戲」在伊莉莎白女王音樂廳舉辦
六月	披頭四的《胡椒軍曹寂寞芳心俱樂部樂隊》發行
六月十六日	單曲〈看艾蜜莉玩耍〉發行
六月十六到十八日	蒙特利國際流行音樂節（Monterey International Pop Music Festival）舉辦
六月二十七日	第一部自動櫃員機裝在恩菲德區（Enfield）的巴克萊銀行
六月六日	平克佛洛伊德第一次上《流行之最》，表演〈看艾蜜莉玩耍〉
七月二十八日	地下抓狂俱樂部最後一次在托登罕宮路原址舉辦演出
八月五日	《破曉風笛手》發行
八月十二日	第七屆全國爵士藍調音樂節在溫莎舉辦
九月三十日	BBC 廣播一臺（Radio 1）開播。DJ 東尼．布萊克本（Tony Blackburn）放的第一首歌是對策樂團的〈雨中的花〉（Flowers In The Rain）。

十月三日	彼得・奈特（Pete Knight）駕駛 X-15 試驗機創下六點七馬赫的超音速新記錄
十月九日	切・格瓦拉（Che Guevara）遭玻利維亞政府軍隊射殺
十一月三日	第一次美國巡演在舊金山冬地音樂廳首演
十一月九日	音樂雜誌《滾石》（*Rolling Stone*）創刊
十二月三日	克里斯汀・巴納德醫師（Christian Barnard）成功進行首例心臟移植手術
十二月十四日	吉米・罕醉克斯巡演在皇家阿爾伯特音樂廳展開
十二月十八日	單曲〈蘋果和橙〉發行
十二月二十二日	「聖誕節續臨大地」在倫敦奧林匹亞展覽中心舉辦
十二月二十四日	阿波羅八號進入月球軌道，法蘭克・博曼（Frank Borman）、吉姆・洛維爾（Jim Lovell）和威廉・安德斯（Williams Anders）成為首度看見月球暗面的人類
1968	
一月十二日	大衛・吉爾摩加入，平克佛洛伊德首度以五人編制登臺
四月四日	馬丁・路德・金恩（Martin Luther King）在田納西州曼非斯市遭暗殺

四月六日	正式宣告席德離團
四月十二日	單曲〈那就太好了〉（It Would Be So Nice）發行
四月二十九日	搖滾音樂劇《毛髮》（*Hair*）在百老匯首演
五月	巴黎爆發學生運動
五月二十八日	凱莉·米洛（Kylie Minogue）出生
六月五日	羅伯特·甘迺迪（Robert Kennedy）在加州洛杉磯遭暗殺
六月二十九日	《不解神祕》發行
	海德公園免費演唱會
七月八日	第二次美國巡迴首演
八月十五到十七日	紐約市光景俱樂部（The Scene）
八月二十日	蘇聯部隊入侵捷克弭平「布拉格之春」
十月二十七日	反越戰示威在倫敦格羅夫納廣場的美國大使館外舉行，遭警方驅散
十一月二十六日	奶油樂團的告別演唱會在皇家阿爾伯特音樂廳舉辦
十二月十七日	〈把我對準天空〉發行

1969

一月二日	尼克·梅森與琳迪·路特（Lindy Rutter）結婚
二月九日	波音七四七客機首航
三月二日	協和號客機首航
四月十四日	「奧希孟的一大堆小東西瘋癲兮兮」在倫敦皇家節日音樂廳舉辦
五月十三日	《冬日的葬禮》在坎城影展首映
六月二十六日	為期兩年的第一次重大英國巡迴，在倫敦皇家阿爾伯特音樂廳演出最終場
七月五日	滾石合唱團在海德公園登臺，把表演獻給布萊恩·瓊斯
七月二十一日	尼爾·阿姆斯壯（Neil Armstrong）和巴茲·艾德林（Buzz Aldrin）成為最早踏上月球的人，BBC電視臺報導登月時播放平克佛洛伊德的音樂
八月十五到十七日	胡士托音樂節
八月二十九到三十一日	懷特島音樂節（The Isle of Wight Festival）

十月五日　喜劇節目《蒙提巨蟒的飛行馬戲團》（*Monty Python's Flying Circus*）在BBC首播

十月二十五日　《Ummagumma》發行

十二月六日　滾石合唱團在加州阿爾塔蒙賽車場演出

1970

一月三日　席德·巴瑞特的《無禮嘲笑》發行

二月五日　《無限春光在險峰》首映

四月十日　保羅·麥卡尼宣布披頭四解散

四月十六日　阿波羅十三號安全重返地球

五月四日　四位反越戰抗議者在俄亥俄州肯特州立大學校園示威中遭射殺身亡

六月二十七日　平克佛洛伊德在巴斯藍調與前衛搖滾音樂節演出

七月十八日　第二屆海德公園免費音樂會

七月二十六日　從安提比斯爵士音樂節（Festival International Jazz d' Antibes）展開蔚藍海岸迷你巡迴

	七月二十七日	劇作家肯尼斯・泰南（Kenneth Tynan）的諷刺劇《噢，加爾各答！》（*Oh, Calcutta!*）在倫敦開演
	九月十八日	吉米・罕醉克斯過世
	九月十九到二十日	第一屆格拉斯頓伯里音樂節舉行，時稱皮爾頓音樂節（Pilton Festival）
	十月	安德魯・洛伊德・韋伯（Andrew Lloyd Webber）和提姆・萊斯（Tim Rice）的搖滾音樂劇專輯《萬世巨星》（*Jesus Christ Superstar*）發行，暢銷後劇作才獲得演出機會
	十月四日	珍妮絲・賈普林過世
	十月十日	《原子心之母》發行
	十一月十四日	席德・巴瑞特的《巴瑞特》發行
1971	二月十五日	英國幣制改採十進位
	四月二日	克柔伊・梅森出生
	五月八日	兵工廠首度贏得英格蘭足總盃與歐冠聯賽雙冠軍

五月十二日	米克・傑格與碧安卡・裴瑞茲・莫雷諾・德・馬西亞斯（Bianca Perez Moreno de Macias）結婚
五月十四日	《遺跡》發行
五月十五日	倫敦水晶宮公園派對
五月二十日	飛利浦推出第一臺錄影機
六月二日	雜誌《奧茲國》（*Oz*）遭控淫穢罪開庭
七月三日	吉姆・莫里森（Jim Morrison）過世
八月一日	喬治・哈里遜策畫的孟加拉演唱會在紐約舉辦
八月六日到七日	日本箱根音樂節
八月十三日	第一次澳洲巡迴首演
十月四日到七日	《龐貝現場演唱會》拍攝
十月十日	倫敦橋在亞利桑那州哈瓦蘇湖城重建啟用
十一月五日	《好管閒事》發行

1972

一月二十四日	日本士兵橫井庄一在關島躲藏二十七年後被人發現，他的第二次世界大戰終於結束
二月十七日	《月之暗面》在倫敦彩虹劇院舉辦媒體試聽會
二月二十一日	美國總統理查・尼克森（Richard Nixon）赴中國會見總理周恩來
三月十五日	電影《教父》首映
六月一日	《月之暗面》開始在EMI艾比路錄音室錄製
六月三日	《風起雲湧》發行
八月到九月	蘇聯體操選手奧嘉・科爾布特（Olga Korbut）風靡慕尼黑奧運
九月一日	巴比・費雪（Bobby Fischer）擊敗鮑里斯・史帕斯基（Boris Spassky）成為世界西洋棋冠軍
十一月	《龐貝現場演唱會》影片首映 羅蘭・佩提的馬賽國立芭蕾舞團歐洲巡演最終場演出

1973

一月一日	英國、愛爾蘭和丹麥加入歐洲經濟共同體
三月二十四日	《月之暗面》發行（美國發行日是一九七三年三月十日）

三月十八到十九日	伯爵宮演唱會
十一月二十三日	念力彎湯匙魔術師尤里·蓋勒（Uri Geller）上 BBC 談話節目《汀布列比說不停》（*Dimbleby Talk-In*）
十二月十五日	《絕配》發行

1974

二月四日	報業大亨孫女佩蒂·赫斯特（Patty Hearst）遭共生解放軍（Symbionese Liberation Army）綁架
二月十三日	歌手羅比·威廉斯出生
四月六日	阿巴合唱團以〈滑鐵盧〉（Waterloo）贏得歐洲歌唱大賽
七月二十六日	羅伯特·懷亞特的《最低點》發行
八月九日	美國總統尼克森在水門案後辭職
十月一日	英國第一間麥當勞連鎖店在南倫敦的伍利奇開幕
十一月四日	一九七四年冬季的英國巡演在愛丁堡亞瑟音樂廳首演

1975	三月二十四日	荷莉・梅森出生
	四月八日	《願你在此》巡迴在溫哥華首演
	四月三十日	越戰隨西貢淪陷正式結束
	六月二十日	金字塔氣球在匹茲堡飛走
	七月五日	克奈沃斯村音樂節
	七月十五日	聯盟十九號與阿波羅十八號對接，太空競賽時代結束
	七月二十日	航海家一號探測器降落火星
	九月五日	《願你在此》發行
	十月一日	「顫慄馬尼拉」：拳擊手穆罕默德・阿里（Muhammad Ali）對戰喬・弗雷澤（Joe Frazier）
	十二月二十日	皇后合唱團的〈波西米亞狂想曲〉（Bohemian Rhapsody）音樂錄影帶在《流行之最》播出
1976	二月十八日	倫敦泰特藝廊（Tate Gallery）收藏卡爾・安德烈（Carl Andre）的磚塊作品，引發爭議

十一月	性手槍樂團的單曲〈英國無政府狀態〉（Anarchy In The UK）發行
十二月三日	豬氣球阿吉在巴特西發電廠飛走

1977

某月某日	尼克．梅森買下法拉利250 GTO跑車，車牌號碼「250 GTO」
一月二十八日	《動物》發行
	《動物》世界巡演在多特蒙西伐利亞會議中心首演
五月十九日	性手槍樂團上倫敦區域的新聞節目《今日》（*Today*），跟主持人比爾．格朗迪（Bill Grundy）互相叫囂，上了全國新聞
五月二十五日	首部星戰電影《星際大戰四部曲：曙光乍現》上映
六月二日到七日	伊莉沙白二世登基銀禧紀念
六月十八日	性手槍樂團的單曲〈天佑女王〉（God Save the Queen）奪下英國排行榜榜首
七月六日	《動物》巡迴在蒙特婁奧林匹克體育館演出
八月十六日	貓王過世
九月十六日	馬克．波倫過世

	十一月	詛咒樂團的《靡靡之音》（*Music For Pleasure*）發行
	十二月十六日	歌舞片《週末夜狂熱》（*Saturday Night Fever*）上映
1978	一月	凱特·布希出道單曲〈咆哮山莊〉發行，衝上英國排行榜第一名
	四月一日	日本發表機臺遊戲「太空侵略者」（Space Invaders）
	七月二十五日	全球第一位試管嬰兒露易絲·布朗（Louise Brown）出生
	九月七日	基斯·穆恩過世
	十二月二十七日	西班牙結束四十年的軍事獨裁
1979	二月二日	性手槍樂團貝斯手喜德·威瑟斯（Sid Vicious）過世
	四月	《牆》開始在法國錄音
	五月四日	瑪格麗特·柴契爾成為英國第一位女性首相
	六月九日到十日	尼克·梅森第一次開拉曼二十四小時耐力賽
	六月十二日	布萊恩·亞倫（Bryan Allen）駕駛輕飄信天翁號（Gossamer Albatross），成為第一架飛越英吉利海峽的人力飛機

	七月	新力在日本推出 **Walkman** 隨身聽
	十一月三十日	《牆》發行
	十二月二十二日	〈牆上的另一塊磚 **II**〉登上英國排行榜第一名
1980	二月五日	魔術方塊美國上市會
	二月七日	《牆》巡演在洛杉磯體育場首演
	三月二十二日	《月之暗面》連續三百零三週打入美國排行榜，創下當代專輯的最長上榜記錄
	五月二十二日	機臺遊戲「小精靈」在日本推出
	七月十七日	薩達姆．海珊（Saddam Hussein）成為伊拉克總統
	十一月二十一日	影集《朱門恩怨》（*Dallas*）的著名一集「誰殺了小傑？」播出
	十二月八日	約翰．藍儂在紐約市遭槍殺身亡
1981	二月九日	比爾．海利過世
	四月十二日	第一架太空梭升空

	六月十三到十七日	《牆》在伯爵宮連演五場，成為未來二十四年大衛、尼克、羅傑和理克的最後一次現場演出
	七月二十九日	王子查爾斯和王妃黛安娜的婚禮
	九月七日	《牆》電影版開拍
	十一月二十三日	《傳奇舞曲選》發行
1982	某月某日	桌遊「瑣事問答」（Trivial Pursuit）上市
	一月	艾莉卡·羅伊（Erika Roe）在特威克納球場（Twickenham）打橄欖球世界盃時裸奔
	四月	辛克萊研究公司（Sinclair Research）的 ZX Spectrum 個人電腦上市
	四月二日	福克蘭戰爭開打，阿根廷和英國爭奪福克蘭群島（Falkland Islands）／馬爾維納斯群島（las Malvinas）的主權
	五月二十三日	《牆》電影版在坎城首映
1983	一月一日	網際網路的核心協定機制建立

	三月二十一日	《最後一幕》發行
	十月二十九日	《月之暗面》蟬聯黑膠排行榜四百九十一週，創下史上最久記錄
1984	某月某日	尼克・梅森加入樂富門贊助的 Porsche 團隊拍攝短片《浮生若夢》
	一月	蔚為經典的蘋果麥金塔 128K 個人電腦上市
	四月三十日	羅傑・華特斯的《搭便車的利與弊》發行
	六月	道格拉斯・亞當斯的《銀河便車指南》出版
	九月十六日	影集《邁阿密風雲》（*Miami Vice*）首播
	十一月	援助樂團（Band Aid）的募款單曲〈他們知道聖誕節到了嗎？〉（Do They Know It's Christmas?）發行
1985	二月十九日	影集《東區人》（*EastEnders*）BBC 在首播
	三月	米哈伊爾・戈巴契夫（Mikhail Gorbachev）繼任契爾年科（Chernenko）當上蘇聯總統
	五月	格洛丘俱樂部在倫敦蘇活區開幕

	七月十三日	拯救生命演唱會在倫敦溫布利體育場和費城約翰甘迺迪紀念球場（JFK Stadium）舉辦
		大衛・吉爾摩在溫布利場跟布萊恩・費瑞的樂團一起表演
	八月十九日	尼克・梅森和瑞克・芬恩的專輯《側影》（*Profiles*）發行
	九月一日	發現鐵達尼號殘骸
1986	一月二十三日	第一批音樂人列入搖滾名人堂，包括查克・貝瑞、詹姆士・布朗（James Brown）和貓王
	四月三十日	車諾比核災大火
	五月十六日	電影《捍衛戰士》（*Top Gun*）上映
	六月二十二日	迪亞哥・馬拉度納（Diego Maradona）在世界盃阿根廷對英格蘭的比賽中用「上帝之手」進球
1987	一月	戈巴契夫在公開政策（perestroika）後推行重建政策（glasnost）
	二月一日	愛華（Aiwa）推出數位錄音帶
	四月	羅傑・華特斯發布新聞稿證實他退出平克佛洛伊德

五月二十九日	馬提亞斯·魯斯特（Mathias Rust）把西斯納（Cessna）飛機降落在莫斯科紅場
六月十五日	羅傑·華特斯的《KAOS電臺》發行
八月	平克佛洛伊德開始在多倫多排練《暫時失去理智》巡迴演出
九月八日	《暫時失去理智》發行
九月九日	《暫時失去理智》巡演在渥太華首演

1988

一月二十三日	《暫時失去理智》世界巡迴在紐西蘭西泉（Western Springs）首演，一直到同年八月二十三日在長島的拿騷體育館結束
四月三十日	在美國兩百大專輯排行榜上七百二十四週後，《月之暗面》掉出榜外
六月二十一到二十二日	凡爾賽宮演唱會
十一月十日	洛克希德航太工業（Lockheed）發表F-117A隱形戰鬥機
十一月二十二日	《雷霆之聲》現場演唱專輯發行

1989	二月十四日	針對薩爾曼·魯西迪（Salman Rushdie）寫的《魔鬼詩篇》（The Satanic Verses）下達伊斯蘭教令
	五月十三日	「再度失去理智」（Another Lapse）巡迴在比利時韋爾赫特公園（Werchter Park）首演
	六月	中國北京的天安門學生示威遭到鎮壓
	六月三日到四日、六日到七日	莫斯科奧林匹克體育場演唱會
	七月十五日	威尼斯演唱會
	七月十八日	「再度失去理智」巡迴在馬賽結束
	七月二十六日	美國第一次起訴電腦病毒案件
	十一月二日	柏林圍牆倒塌
1990	二月十一日	納爾森·曼德拉（Nelson Mandela）獲釋
	三月三十一日	蓋伊·梅森出生
	四月二十一日	任天堂 Game Boy 掌上遊戲機在日本上市

	四月二十四日	哈伯太空望遠鏡升空
	五月二十一日	尼克・梅森與安奈特・林登（Annette Lynton）結婚
	六月三十日	克奈沃斯音樂節
	七月二十一日	羅傑・華特斯的《牆》演唱會柏林場
	十一月二十八日	柴契爾辭任首相
	十二月一日	法國和英國工人聯手貫通英法海底隧道
1991	九月五日	蘇聯國會投票解散蘇聯
	九月二十四日	凱里・梅森出生
	十月	卡萊拉泛美公路賽
1992	三月	全球資訊網（World Wide Web）公開發布
	四月十三日	紀錄片《卡萊拉泛美公路賽》上映

1993	六月二十三日	約翰．韋恩．博比特（John Wayne Bobbitt）的「小博比特」遭妻子割掉、尋回並縫合
	九月十三日	亞西爾．阿拉法特（Yasser Arafat）和伊扎克．拉賓（Yitzhak Rabin）握手，跟比爾．柯林頓（Bill Clinton）並肩站在白宮草地上
1994	三月三十日	《藩籬警鐘》發行 《藩籬警鐘》巡迴在邁阿密羅比體育場（Robbie Stadium）首演
	十月二十九日	《藩籬警鐘》巡迴在伯爵宮演出最終場
1995	五月三十日	現場演唱專輯《脈動》發行
1996	一月十七日	比利．科爾根（Billy Corgan）宣布平克佛洛伊德入列搖滾名人堂
	七月五日	第一隻從成年體細胞複製的哺乳動物桃莉羊出生
	十一月	東芝在日本推出第一臺 DVD 播放機

1997	五月一日	英國大選中東尼・布萊爾和工黨大勝
	八月三十一日	威爾斯王妃黛安娜在巴黎車禍死亡
1998	四月十日	《貝爾法斯特協議》（Good Friday Agreement）立下北愛爾蘭和平進程的里程碑
	九月三日	尼克・梅森的書《赤字》（Into The Red）出版
	九月四日	Google 在加州門洛公園（Menlo Park）創立
1999	十二月三十一日	全世界屏息等待千禧蟲末日來臨
2000	五月十一日	泰特現代美術館（Tate Modern）在倫敦開幕
	十二月十二日	經過廢票爭議，喬治・W・布希（George W. Bush）最終當上美國總統
2001	一月九日	蘋果電腦發表 iTunes，六天後吉米・威爾斯（Jimmy Wales）和賴瑞・桑格（Larry Sanger）推出維基百科

	九月十一日	世界貿易中心雙塔在九一一事件中倒塌
	十月二十三日	蘋果電腦推出 iPod
2002	一月一日	歐元區正式啟用歐元硬幣和鈔票
2003	二月十七日	倫敦開始徵收交通擁擠稅
	十月十日	「平克佛洛伊德：星際間」展覽在巴黎音樂城開幕
	十月二十四日	協和機的最後航班，從 JFK 甘迺迪機場到 LHR 希斯洛機場
	十月三十日	史帝夫．歐洛克過世
	十一月二十二日	英格蘭贏得世界盃橄欖球冠軍
2004	二月四日	臉書（Facebook）在哈佛大學推出
	十月七日	《天團浮生錄》初版發行日
	十月三十一日	尼克．梅森和 Ferrari Enzo 跑車在 BBC 的《頂級跑車秀》亮相

十二月十四日	諾曼·福斯特設計建造的米約高架橋（Millau Viaduct）揭幕
十二月二十六日	南亞大海嘯衝擊印度洋周圍國家

2005

四月九日	威爾斯王子查爾斯與卡蜜拉·帕克·鮑爾斯（Camilla Parker Bowles）結婚
四月二十三日	第一部影片上傳 YouTube
七月二日	尼克、羅傑、大衛和理克重組，在海德公園為現場八方演唱會登臺
七月五日	倫敦獲選主辦二〇一二年奧運隔日，恐怖分子在地鐵和公車沿線殺害五十二位市民
十一月十六日	彼得·湯森宣布平克佛洛伊德入選英國音樂名人堂
十一月十七日	羅傑·華特斯的歌劇《光明在望》在羅馬首演

2006

三月六日	大衛·吉爾摩的《唱遊美麗島》發行
三月二十一日	推特共同創辦人傑克·多西（Jack Dorsey）發布史上第一條推文
七月七日	席德·巴瑞特過世

	七月十七日	美國總統喬治．W．布希用「呦，布萊爾（Yo, Blair）」向英國首相東尼．布萊爾打招呼
2007	五月十日	席德．巴瑞特致敬演唱會「最後的無禮嘲笑」在巴比肯藝術中心舉辦
	七月一日	英國所有室內公共空間禁止吸菸
	十一月十四日	連結倫敦和英法海底隧道的一號高鐵開通
2008	九月十五日	雷曼兄弟投資銀行破產
		理克．萊特過世
	十一月五日	路易斯．漢米爾頓（Lewis Hamilton）成為 F1 史上最年輕的世界冠軍
2009	一月二十日	巴拉克．歐巴馬（Barack Obama）就任第四十四任美國總統
	六月二十五日	麥可．傑克森過世

2010	四月十五日	冰島火山艾雅法拉（Eyjafjallajökull）噴發火山灰造成歐洲多座機場關閉
	五月六日	卡洛琳・盧卡斯（Caroline Lucas）成為英國首位綠黨國會議員
	七月十日	羅傑・華特斯和大衛・吉爾摩在牛津郡基丁頓莊園的希望基金會募款活動同臺
2011	一月四日	突尼西亞街頭小販穆罕默德・布瓦吉吉（Mohamed Bouazizi）之死引發「阿拉伯之春」
	五月二日	美國特種部隊擊斃奧薩瑪・賓拉登（Osama bin Laden）
	五月十二日	羅傑在 O2 體育館的《牆》演唱會，大衛和尼克參與表演
2012	八月十二日	尼克・梅森和紅髮艾德、麥可・魯瑟福特、理查・瓊斯在倫敦奧運閉幕式演唱〈願你在此〉
	九月二十一日	EMI 賣給環球唱片成定局
	十二月二十一日	馬雅曆預測的「世界末日」，不過世界繼續運轉

2013	四月八日	瑪格麗特・柴契爾過世
	四月十八日	史東・索格森過世
	七月七日	安迪・莫瑞（Andy Murray）贏得溫布敦網球賽男單冠軍，成為七十七年來首位有此成就的英國人
2014	三月二十九日	英格蘭和威爾斯首度舉辦同性婚禮
	九月十九日	蘇格蘭公投對獨立說「不」
	十一月七日	《永生不息》發行
2015	三月二十五日	BBC 證實《頂級跑車秀》主持人傑洛米・克拉克森離開
	九月十八日	大衛・吉爾摩的《掙脫枷鎖》（*Rattle That Lock*）發行
	十一月十三日	恐怖分子在巴黎發動連環攻擊，在巴塔克蘭劇院（Bataclan）殺害八十九人

2016	六月二十三日	英國脫歐：英國公投脫離歐盟
	十一月八日	唐諾・J・川普（Donald J. Trump）贏得美國總統大選
	十一月十一日	《傳奇始幕 1965-1972》發行
2017	五月十三日	「他們的不朽遺產」在 V&A 博物館開幕

圖片出處

出版社感謝以下人士慷慨提供照片。我們尤其感謝尼克·梅森提供他的照片檔案庫（NMA = Nick Mason Archive）。我們已經盡力查證出處，如有疏漏，將會於再版時更正。

第 1 頁：NMA。第 2 頁：NMA。第 3 頁：（上）Clive Metcalfe；（下）NMA。第 4 頁：Mike Leonard（全部）。第 5 頁：NMA。第 6 頁：NMA（全部）。第 7 頁：（上左）Peter and Sumi Jenner/Graham Keen；（上右）NMA；（下）NMA。第 8 頁：Graham Keen。第 9 頁：（上）Adam Ritchie；（下左）NMA/Wendy Gair；（下右）Adam Ritchie。第 10 頁：（上）Dave Mills；（下）Redferns/

Andrew Whittuck。第 11 頁：（上）Rex Features；（下）NMA。第 12 頁：（上）NMA；（下）Colin Prime/www.rocharchive.com。第 13 頁：NMA（全部）。第 14 頁：NMA（全部）。第 15 頁：NMA（全部）。第 16 頁：Peter and Sumi Jenner。第 17 頁：Storm Thorgerson。第 18 頁：Strange Things Archive。第 19 頁：（上）Jill Furmanovsky's Archive；（下）NMA。第 20 頁：NMA。第 21 頁：NMA（全部）。第 22 頁：Pictorial Press/Jeffrey Mayer。第 23 頁：（上）NMA；（下）The Collection of Steve O'Rourke。第 24 頁：Mick Rock。第 25 頁：Ron Geesin/Richard Stanley。第 26 頁：（上）Juliet Wright/Gerard Bousquet；（下）NMA。第 27 頁：Rex Features/Crollanza。第 28 頁：NMA。第 29 頁：Repfoto/Robert Ellis。第 30 頁：（上）Jill Furmanovsky；（下）NMA。第 31 頁：NMA（全部）。第 32 頁：Rex Features/Everett Collection。第 33 頁：NMA。第 34 頁：NMA（全部）。第 35 頁：NMA（全部）。第 36、37 頁：pyramids, Hipgnosis； band, Jill Furmanovsky。第 38 頁：（上）The Collection of Steve O'Rourke；（下）NMA/Jill Furmanovsky。第 39 頁：（上與中）NMA/Jill Furmanovsky；（下）NMA。第 40 頁：Phil Taylor（全部）。第 41 頁：（上）Phil Taylor；（下）NMA。第 42 頁：（上）Jill Furmanovsky；（下）NMA/Jean Cazals。第

43 頁：Robbie Williams。第 44 頁：Phil Taylor。第 45 頁：NMA（全部）。第 46、47 頁：（全部）NMA。第 48 頁：NMA/Bob Jenkins。第 49 頁：NMA/Mark Fisher。第 50 頁：NMA。第 51 頁：（上）NMA；（下）NMA/VA courtesy The Kobal Collection。第 52 頁：LAT（全部）。第 53 頁：（上）NMA/David Bailey；（下）Jill Furmanovsky。第 54 頁：（上）Robbie Williams；（下）NMA。第 55 頁：（上）NMA；（下）NMA/Dimo Safari。第 56 頁：NMA（全部）。第 57 頁：（上）NMA/Dimo Safari；（下）Alan Davison。第 58 頁：NMA（全部）。第 59 頁：NMA（全部）。第 60 頁：（上）Jill Furmanovsky；（下）Brian Rasic/Rex Features。第 61 頁：（上）Brian Rasic/Rex Features；（下）Jill Furmanovsky。第 62 頁：（上）Gala Wright/Rick Wright Archive；（下）NMA。第 63 頁：（上）Harry Borden；（下）NMA。第 64 頁：Jill Furmanovsky（全部）。

篇章開門頁

第一章：NMA。第二章：Redferns/Andrew Whittuck。第四章：NMA。第五章：Ron Geesin/Richard Stanley。第六章：NMA。第九章：NMA。第十章：NMA。第十一章：NMA/Dimo Safari。第十二章：NMA/Dimo Safari。第十三章：Ahmed Emad Eldin/Jill Furmanovsky

天團浮生錄：平克佛洛伊德的內幕故事

作　　者：尼克．梅森
翻　　譯：楊芩雯、林易澄
主　　編：黃正綱
資深編輯：魏靖儀
美術編輯：吳立新
圖書版權：吳怡慧

發 行 人：熊曉鴿
總 編 輯：李永適
發行副總：鄭允娟
印務經理：蔡佩欣
圖書企畫：林祐世

出 版 者：大石國際文化有限公司
地　　址：新北市汐止區新台五路一段 97 號 14 樓之 10
電　　話：（02）2697-1600
傳　　真：（02）8797-1736
印　　刷：群鋒企業有限公司
2024 年（民 113）5 月初版
定價：新臺幣 750 元／港幣 250 元

ISBN：978-626-98271-7-6（平裝）
＊本書如有破損、缺頁、裝訂錯誤，請寄回本公司更換

總代理：大和書報圖書股份有限公司
地址：新北市新莊區五工五路 2 號
電話：（02）8990-2588
傳真：（02）2299-7900

國家圖書館出版品預行編目（CIP）資料

天團浮生錄 - 平克佛洛伊德的內幕故事/尼克.梅森(Nick Mason) 作；楊芩雯、林易澄 翻譯. -- 初版. -- 新北市：大石國際文化有限公司, 民113.05　512頁；14.8 x 21.5公分
譯自: Inside out : a personal history of Pink Floyd
ISBN 978-626-98271-7-6 (平裝)

1.CST: 梅森(Mason, Nick.) 2.CST: 平克佛洛伊德樂團 3.CST: 樂團 4.CST: 傳記 5.CST: 英國

784.18　　113005534